Edition Neue Texte

Ntozake Shange

Schwarze Schwestern

Roman

Deutsch
von Uta Goridis

Aufbau-Verlag 1988

Titel der amerikanischen Originalausgabe
SASSAFRAS, CYPRESS & INDIGO

Mit einem Nachwort von Friederike Hajek

1. Auflage 1988
Aufbau-Verlag Berlin und Weimar
Ausgabe für die Deutsche Demokratische Republik mit Genehmigung der Rowohlt Taschenbuch GmbH, Reinbek bei Hamburg

Reihengestaltung Heinz Hellmis/Günter Woinke
Typographie Manfred Damaszynski/Christa Wendt
Karl-Marx-Werk, Graphischer Großbetrieb, Pößneck V 15/30
Printed in the German Democratic Republic
Lizenznummer 301. 120/194/88
Bestellnummer 613 865 4
00540

ISBN 3-351-01168-7

All den
Frauen gewidmet,
die den Kampf
nicht scheuen

Wo eine Frau ist, ist Magie. Fällt ein Mond aus ihrem Mund, so ist es eine Frau, die ihre magischen Kräfte kennt, Kräfte, die sie mit den andern teilen kann oder auch nicht. Eine Frau, aus deren Mund der Mond fällt, zwischen deren Schenkeln Rosen blühen und die eine Tiara aus Florida-Moos trägt – eine solche Frau lebt im Einklang mit den Geistern.

Indigo sprach nur selten. In ihrem Mund war ein Mond. Und der Mond in ihrem Mund bewirkte Indigos Gelächter. Immer wenn ihre Mutter versuchte, das Moos auf ihrem Kopf oder die Rosen auf ihren Schenkeln zu trimmen, lachte Indigo.

„Mama, du kannst machen, was du willst, sie wachsen immer wieder nach. Es ist mein Blut. Das Blut der Erde, in dem längst verstorbene Geechees und das Meer stekken."

Wie sie so dasaß, zwischen all ihren Puppen, konnte man Indigo für ziemlich verrückt halten. Als kleines Kind hatte sie rote Bohnen, Reis, Sägespäne oder Palmblätter in Socken gestopft; zusammengeschnürte Bänder markierten die Hälse und verhalfen ihnen zu Köpfen und Oberkörpern. Dann kamen die Augen dran, aus sorgfältig ausgewählten Knöpfen oder Fäden, die Haare aus Garn, das ihre Schwestern und ihre Mutter speziell zu diesem Zweck gefärbt hatten, Kleider aus den feinsten Seidenstoffen, Schuhe aus Leinwand, Unterröcke aus Baumwolle, Fäustlinge oder Fingerhandschuhe aus Satin, liebevoll von Kinderhand bestickt. Diese Geschöpfe waren immer noch ihre Gefährtinnen, Gefährtinnen, die wie niemand sonst mit den Veränderungen in ihrem Leben, mit ihren Stimmungen und Träumen Schritt hielten. Indigo hörte sie im Schlaf sprechen. Manchmal, wenn jemand anderes mit ihr sprach, entschuldigte sich Indigo – ihre Puppen verlangten nach ihr. Es gab soviel zu tun. Die Schwarzen brauchten so viele Dinge. Deshalb verzichtete Indigo auch darauf, ihrer Mutter von all diesen Gesprächen mit ihren Freundinnen zu berichten. Mit Jesus hatten sie nichts zu tun. Überhaupt nichts. Selbst ihre Mutter wußte das, und sie schüttelte den Kopf, so wie Leute das tun, wenn sie etwas Unangenehmes erfahren, und murmelte: „Irgend etwas ist in die Kleine gefahren, ich schwör's. Zuviel Süden steckt in ihr."

Der Süden in ihr, das Land und die Salzwinde ließen sie durch die Straßen von Charleston driften, als wäre sie ein wandelnder junger Baum, und ihre Bewegungen waren die einer verwöhnten jungen Farbigen mit dem allgegenwärtigen Horizont als Liebhaber. Indigo stellte sich vor, kräftige, gekrümmte Äste würden aus ihren Zöpfen wachsen und tiefgrüne Blätter würden ihre Ohren umrauschen und in den Nestern, die sie sich heimlich gebaut hatten, geschützten Verstecken in ihrer Haarkrone, würden Tauben und Papageien schnäbeln. Sie war auch überzeugt, daß die Pflastersteine der Straßen in Wirklichkeit polierte, von Piniennadeln und Baumwollblüten übersäte Austernschalen waren, wenn sie ihre Südstaatentracht trug.

Sie modellierte sich und ihre Welt aus dem, was sie umgab. Sie schaute sich auf der Werft um: Gab es nur Weiße, so machte sie aus ihnen Schwarze, und kauften die Weißen den ganzen Kohl und die Okras auf, so ließ sie sie einfach verschwinden und legte das Gemüse auf die Lastwagen, die die Schwarzen belieferten. Da es in der Welt, in die Indigo hineingeboren worden war, nicht all das gab, was sie brauchte, erfand sie sich den Rest dazu. Das, was ihrer Meinung nach den Schwarzen fehlte.

Zugang zum Mond.

Heilende Kräfte.

Täglicher Kontakt
mit den Geistern.

Mondreisen

Wegbeschreibung von Indigo

Man suche sich einen ovalen, sehr glatten Stein. Wäscht ihn in Rosenwasser, zweimal. Läßt ihn an einem einsamen Ort in der Nachtluft trocknen. Wenn er trocken ist, hält man ihn mit der rechten Hand und streichelt seine Oberfläche mit der Linken. Mit dem Stein in der linken Hand wiederholen. Ohne dabei innezuhalten, umfaßt man nun die linke Hand, in der der Stein liegt, kräftig mit der rechten. Man setzt sich unter einen Baum, von dem aus man auf den Geburtsort seiner Mutter blickt. Man preßt die Hände zwischen dem Busen zusammen und atmet fünfmal schnell und dreimal langsam ein und aus. Man schließt die Augen. Und schon ist man auf dem Weg.

Andere Arten und Weisen, zum Mond zu reisen

(Winterreisen/ungünstige Wetterbedingungen)

In einem gründlich gereinigten Badezimmer zündet man bei offenem Fenster Magnolien-Weihrauchstäbchen an oder, falls nicht vorhanden, Zimtstäbchen. In ein Taschentuch, das einem andern weiblichen Familienmitglied gehört (je älter, desto besser), legt man Kamille, ein unbeschädigtes Osterluzerneblatt und Farnkraut. Man schnürt es mit einem Band aus eigenem Haar fest zu und küßt den Beutel dreimal. Man läßt ihn langsam in eine Wanne mit warmem Wasser gleiten, in das man völlig eintauchen kann. Man stellt an beiden Enden der Wanne zwei weiße, brennende Kerzen auf, läßt eine geöffnete Blüte auf dem Wasser schwimmen, steigt in die Wanne und kitzelt dabei das Wasser mit den Blütenblättern, bis sich seine Oberfläche kräuselt. Man streckt sich in der Wanne aus, die Blume über dem Herzen. Man schließt die Augen. Und schon ist man auf dem Weg.

Nicht alle Schwarzen wollten auf den Mond. Aber einige. Tante Haydee war schon häufig dort gewesen. Sie erzählte Indigo von den rauschenden Festen, die genau dort stattfanden, wo die Weißen ihre Flaggen gehißt hatten und auf und ab gehopst waren. Sie hatten nie gelernt, richtig zu tanzen. Die ganze Zeit hatten sie Schwarze um sich herum gehabt, und immer noch waren sie nicht imstande, den Takt zu halten. Und nun spazierten sie auch noch auf dem Mond herum, als hätte sich dort noch nie etwas abgespielt. Als würden die Frauen nicht jeden Monat die Mondhügel hochsteigen. Als könnten die Meere von Menstruationsblut von einer Mondrakete zurückgehalten werden. Als würden die Schwarzen mit dem Mond verschwinden.

„Wir bleiben, wo wir sind, einverstanden?" Indigo setzte ein paar ihrer Puppen auf die Innenseite ihres Schenkels. Ihre besonderen Lieblinge saßen auf ihrem Schoß. Indigo hatte sich all die Freunde, die sie haben wollte, angefertigt. Afrikanische Puppen, die mit dem Wurzelholz von Baumwollsträuchern gefüllt waren, damit sie keine Sklaven mehr zur Welt brachten. Jamaikanische Puppen mit roten Turbanen und Körpern, die aus Beinwell-Blättern bestanden, da sie auf karibischen und amerikanischen Plantagen arbeiteten und bestimmt Gliederschmerzen hatten. Sie waren über einen Meter groß, hatten riesige goldene Ohrringe aus getrockneten Sonnenblumen und Brüste aus roher Baumwolle. Sie rochen nach Fenchel, Pfirsichblättern, wildem Ingwer und wilden Jamswurzeln. Indigo schmiegte sich immer noch in ihre Arme, wenn sie sich hilflos einsam fühlte und Angst hatte, daß keiner von den Schwarzen um sie herum jemals so mit ihr reden würde wie ihre Puppen und Tante Haydee.

Alle meinten, sie wäre zu schwierig, man könnte einfach nicht vernünftig mit ihr reden. Das stimmte aber nicht. Es war vielmehr so, daß Indigo beinahe handgreiflich werden mußte, damit ihr Cypress und Sassafras zuhörten. Sie hielten sich für so erwachsen und hatten alles den Weißen nachgemacht. Sie wollten auch überhaupt nichts hören von den Dingen, die Tante Haydee wußte. Indigo sah zu, wie sich ihre Mutter über die riesigen Fässer mit der Farbe beugte, wie sie das frischgesponnene Garn aus den Bottichen nahm, auf die Leine hängte und wieder abnahm. Wie Sassafras das Schiffchen durch das Webfach schob. Wie Cypress die Stoffbahnen abnahm und zur Treppe brachte, wo sie die Aufnäharbeiten in Angriff nahm, für die ihre Familie berühmt war. Das ganze Hin und Her ließ keiner Zeit, sich mit der kleinen Indigo über die Bedürftigen und die Schwarzen zu unterhalten. Wenn der Rhythmus unterbrochen wurde, starrte Sassafras einfach nur auf ihren Webstuhl. Cypress betrachtete ihre Arbeit und wußte nicht mehr, wo sie anfangen sollte und wie groß die Stiche zu sein hatten. Mama verbrühte sich mit kochendem Wasser von irgendeiner seltsamen Farbe. Alle waren wütend und konnten nicht mehr arbeiten, Indigo wurde also wieder zu ihren Puppen zurückgeschickt. Sämtliche Puppen im Haus gingen in ihren Besitz über. Und die Welten, die Sassafras sich beim Weben erschloß und die Cypress mit ihrem Körper beschwor, waren verloren für Indigo, der es schließlich gelang, ganz allein mit ihren Gefährtinnen aus Stoff dreiseitige Gespräche zu führen.

Ein kleines Mädchen, das mit ihren Puppen spielt, wird genausowenig beachtet wie die kleinen Jungen, die Fußball spielen und Davy-Crockett-Schirmmützen tragen. Indigo stahl sich deshalb auch sehr bald fort von dem Platz, den man ihr zugewiesen hatte (der Gang entlang der hinteren Veranda), und stattete der Nachbarschaft Besuche ab, begleitet von ihren Freundinnen. Die alten Damen waren entzückt, wenn Indigo mit ihrem Gefolge vorbeikam. Sie steckten ihr selbstgebackene Ingwerlebkuchen zu. Sie versorgten sie mit Tee und Schokolade sowie mit Bibelsprüchen und Geschichten aus ihrem Leben. Indigo besaß nur farbige Puppen und besuchte auch nur farbige alte Damen. Miz Fitzhugh, die Cypress und Sassafras hofierte, als wären sie richtige Weiße, konnte sie nicht ausstehen. Nein, ihre Freundin war Mrs. Yancey mit der tiefen Wisperstimme und den siebzehnhundert Millionen geflochtenen Zöpfchen. Schwester Mary Louise, die einen Garten mit Rosensträuchern und Kräutern besaß, war ebenfalls ihre beste Freundin; die schwarze Methodistenkirche nahm sie mit in Kauf.

Die Straßen von Charleston sind so verschlungen wie die Finger der alten Damen, wenn sie beim Häkeln Erinnerungen an ihre Jungmädchenzeit entwirren. Auffällig ist auch, wie die Frauen von Charleston mit kleinen Dingen umzugehen wissen. Ihre Sorgfalt. Die Macht des Rituals in ihren alltäglichen Verrichtungen. Die banalsten Dinge werden dadurch irgendwie außergewöhnlich. Schwieriges erscheint einfach. Indigo hörte ihren Geschichten zu, den kurzen wie den langen, und dachte dabei, daß sie sich eine Puppe machen würde, der sie all diese Geschichten unterschieben konnte. Als ihr Vater starb, beschloß Indigo, daß nur das geistige Prinzip zählte. Menschen kommen und gehen. Und Tante Haydee hatte gesagt, daß Geister nicht einfach gehen könnten, sonst würde die Erde auseinanderfallen.

Der Süden in ihr.

Wie es hieß, verstand es Mrs. Yancey besonders gut mit den Weißen. Sie konnten ihr einfach nichts abschlagen. Und die Leute meinten, daß sie ihnen wohl Honig ums Maul schmierte oder zumindest sehr viel lächelte. Das wäre die einzige Erklärung für all die wunderhübschen

Dinge in ihrem Haus. Mrs. Yancey hätte sich dieses silberne Teeservice oder diese Spitze nie kaufen können. Man stelle sich nur vor, eine Schwarze, die ihren Nachmittagstee einnahm und Plätzchen dazu aß und dabei dieses ganze Silber auffuhr. Indigo nahm immer ihre Puppenfreundin Miranda zu Mrs. Yancey mit. Miranda hatte einfach bessere Manieren als die meisten ihrer Puppen. Miranda war auch immer tipptopp mit ihrem rotkarierten Latz und ihren kleinen schwarzen Sandalen. Indigo überließ Miranda ihren Sonnenschirm, damit sie nicht so unter der Hitze zu leiden hätte. Welche wohlerzogene junge Dame würde schon ermattet und verschwitzt ankommen wollen? Nur ein paar von Indigos Bauernpuppen hatten sich unbedeckt auf den Weg gemacht.

Indigo steuerte auf Mrs. Yanceys vordere Terrasse zu, zog ihre Unterhose hoch und brachte das Haar in Ordnung, das sich aus ihren Zöpfen gelöst hatte. Sie hatte sich zwar die Hände gewaschen, es aber doch für übertrieben gehalten, sich wegen eines kleinen Besuchs und einer kurzen Unterhaltung auch noch die Zöpfe neu zu flechten. Außerdem war Miranda richtig herausgeputzt. Indigo hatte ihre Haube mit Löwenzahnblüten dekoriert und ihre Achselhöhlen und Kniekehlen mit dem Parfüm ihrer Mama besprüht. Als sie soweit war, drückte Indigo auf die Klingel und wartete. Und Mrs. Yancey kam auch prompt zur Tür. Sie trug Hausschuhe mit völlig abgelaufenen Absätzen, die sich anhörten wie Bill Bojangles, wenn er in Schläppchen steppte. Sie öffnete die strahlendweiße Tür, befreite sich von ihrer Schürze und bückte sich, um Indigo auf die Wange zu küssen.

„Du glänzt heute ja richtig, Indigo, und Miranda geht wohl auf einen Empfang, so fein hat sie sich gemacht, was?"

„Nein, M'am. Wir dachten nur, wir könnten Ihnen etwas Gesellschaft leisten. Ich habe mit Miranda gesprochen, und sie meinte, Sie würden gerade ganz intensiv an uns denken."

„Nun kommt mal rein und macht es euch im Wohnzimmer bequem. Miranda muß den siebten Sinn haben. Sie weiß immer ganz genau, wann ich meine kleinen Mädchen sehen will.“

Mrs. Yanceys Haus roch nach Kohl und Maisbrot, selbst wenn sie Austern mit roter Sauce zubereitete. Indigo stieß Miranda an.

„Riechst du das? Mrs. Yanceys Haus riecht gut, nicht wahr?“ Und in ihrem Haus fühlte man sich auch gut. Es gab so viele weiche Plätzchen, wo man sich hinsetzen und schnuppern konnte. Mrs. Yanceys Hobby waren Kissen, rechteckige, dreieckige Kissen, Formen, die keinen Namen hatten, aber herrlich dufteten, weiche Kissen zum Knautschen, mit Satin und Seide bezogene Kissen, die mit glänzendem Scharlachrot und Gold bestickt waren und kunstvolle Spitze, Kordeln und Troddeln aufwiesen. Mrs. Yancey erklärte Miranda, daß sie all diese Kissen machen würde, weil sie ihr ganzes Leben zwischen einem Fels und einem harten Stein verbracht hätte. Obwohl sie eigentlich inzwischen genug hätte, könne sie einfach nicht anders, als sich immer wieder neue Polster zu nähen. Miranda stellte Mrs. Yancey die Fragen, die Indigo für zu direkt hielt. Einmal, als Miranda und Indigo etwas Ananas-verkehrt-Torte zu ihrem Tee verzehrten und Mrs. Yancey sich darüber ausließ, wie die Weißen die Schwarzen ruinierten, sie dem Alkohol und dem Laster in die Arme trieben, und wie sie anständige junge Mädchen zur Sünde verführten, sie von Allendale bis Hilton Head auf allen Hintertreppen rauf- und runterjagten, platzte Miranda heraus: „Wieso kriegen Sie dann soviel von den Weißen geschenkt? Wenn sie hartherzig und verdorben sind, warum lächeln Sie ihnen dann immer zu?“

Indigo war die Sache peinlich, und sie gab Miranda eine kräftige Ohrfeige.

„Das ist ihr nur so rausgerutscht, M'am.“

„Nein. Nein, Indigo. Sie meinte es so, und es ist nicht richtig, jemanden zu schlagen, der sich nicht wehren kann. Du läßt sie jetzt hübsch in Ruhe und hörst mir gut zu."

Indigo kuschelte sich in die kleine Couch und war beinahe nicht mehr zu sehen zwischen all den Kissen. Miranda beruhigte sich auch wieder und streckte sich neben ihr aus, die Ohren gespitzt.

„Die Leute hier haben nicht gerade die beste Meinung von den schwarzen Frauen. Sie können sich nicht vorstellen, wie ich zu meinen Sachen gekommen bin, und ziehen mich deshalb durch den Dreck, dieses gemeine Pack."

„Oh, nein, M'am, niemand hat das behauptet!" Indigo schoß aus den Kissen hervor und kletterte mit Miranda im Schlepptau auf Mrs. Yanceys Schoß.

„Ich meine das auch nicht, mein Herz. Diese verdammten Tratschmäuler. Ich wollte nur sagen, daß sie einfach verrückt sind, wenn sie behaupten, ich würde mich bei diesen Leuten einschmeicheln. Ich tue nur meine Arbeit … schaue nach dem Rechten, putze, wachse die Böden, wische Staub, bügle, kehre aus. Und wenn ich etwas sehe, was ich gerne hätte, sage ich zu der gnädigen Frau: ‚Das ist wirklich hübsch.' Und dann starre ich sie an, den Blick etwas gesenkt, so von unten herauf. Ich schaue auf das, was ich haben will, und dann gleich wieder der Gnädigen in die Augen. Ich sage meiner Seele, sie soll in diese Sache schlüpfen, und schon weiß die Gnädige nicht mehr, wozu sie das eigentlich braucht. Sie dreht sich um und fragt mich, ob ich es nicht gebrauchen könnte, und ich kann es natürlich bestens gebrauchen. Und ich brauche auch meine Seele wieder, wenn ich hierher in mein Haus zurückkommen will."

Indigo und Miranda dachten noch tagelang nach über das, was Mrs. Yancey gesagt hatte; aber noch viel mehr Gedanken machten sie sich über Mrs. Yancey und Mr. Henderson, der auch als Onkel John, der Schrotthändler, bekannt war. Er sah meistens ziemlich heruntergekommen aus. Indigo stellte sich vor, daß Onkel

John früher, als sie noch nicht geboren war, als gutaussehender Mann gegolten hatte. Mrs. Yancey räumte das auch ein. Sie erschauerte jedoch jedesmal, wenn Onkel John mit dem Pferd und dem Wagen voller Dinge, die niemand haben wollte, vorbeikam, als wäre sie von der geballten Scheußlichkeit dieser Dinge völlig überrumpelt. Sie verzog den Mund, stemmte die Arme in die Hüften und flüsterte entweder diese geflüsterten Flüche, von denen Indigo schon Miranda erzählt hatte, oder sie stieß die Tür mit dem Fliegendraht auf und schrie: „John Henderson, ich will dieses Gerümpel nicht sehen. Hau sofort ab mit diesem Mist, den du herumkarrst, hast du mich verstanden?"

Dann schlug sie die Tür wieder zu, wischte sich die Hände an ihrer Schürze ab und strich über ihre Zöpfe, als wolle sie sich vergewissern, daß bei ihr alles so ordentlich war, wie es bei Onkel John unordentlich war. Aber eines Tages, nachdem sie sich die Lunge aus dem Leib geschrieen hatte, um Onkel John dorthin zu schikken, wo er sein armes Haupt zur Ruhe legte, kam er die Treppe heraufgekrochen.

Miranda und Indigo schauten verstohlen vom Fenster aus zu, sorgfältig darauf bedacht, sich nicht hinter den Vorhängen blicken zu lassen.

Onkel John war schlank und kupferfarben. Indigo erklärte Miranda, das sei sein indianisches Blut. Seine Augen hatten einen verschlagenen Ausdruck – wie die Augen der Jungen, die Cypress nach der Schule verfolgten; Augen, die zu kichern schienen, und der Mund eines stolzen Mannes. Mrs. Yancey kam Indigo eher wie Schwester Mary Louise vor. Sie zierte sich und machte alle möglichen Verrenkungen, kämmte ihr Haar einmal so und dann wieder so – und das alles nur, weil Onkel John an der Haustür stand. Es war absurd. Einfach absurd.

Onkel John mußte dreimal auf die Klingel drücken. Schließlich öffnete Mrs. Yancey langsam die Holztür, die Tür aus Fliegendraht blieb geschlossen.

„Nun, John Henderson, was hast du hier auf meiner Veranda verloren, so wie du aussiehst?"

Womit sie recht hatte. Onkel John war etwas ungekämmt: weiße Kringel fielen ihm über die Ohren, bis unters Kinn; die Revers seiner Jacke waren ziemlich fadenscheinig und seine Schuhe völlig verdreckt. Mrs. Yancey hoffte zumindest, daß es nur Dreck war. Onkel John ließ sich jedoch von Mrs. Yancey nicht einschüchtern. Er schaute sie nur mit seinen kichernden Augen an und sagte: „Ich kam in letzter Zeit öfters hier vorbei, M'am. Ich bin kein junger Mann mehr, und ich dachte daran, daß Sie genau wie ich hübsche Dinge sammeln und daß Sie nicht so aussehen, als wollten Sie immer allein bleiben. Ich hab einen Besuch bei Ihnen geplant, irgendwann mal in nächster Zeit, wenn Sie nichts dagegen haben?"

„John Henderson, Sie haben nicht einmal einen festen Wohnsitz. Sie baden nicht und rasieren sich nicht. Und Sie denken, ich fühle mich durch Sie, einen Mir-ist-alles-scheißegal-Typen, auch noch geehrt. Sie haben doch nicht einmal einen festen Wohnsitz."

„Ich komme um die Abendessenszeit vorbei, einverstanden?"

Mehr sagte er nicht, aber er grinste sogar noch, als er sein Pferd Yoki tätschelte. Er muß ihm hübsche Dinge zugeflüstert haben, denn Yoki wieherte und schien zu erröten, und weg waren sie.

Miranda hatte sich kaum zu Mrs. Yancey und Onkel John geäußert, aber Indigo war überzeugt, daß er Mrs. Yancey sehr viel mehr bedeutete, als sie zugab; ihr Benehmen, nachdem er weg war, ließ das eindeutig erkennen. Und deshalb schlich sich Indigo auch sofort nach dem Abendessen – Eisbein mit Reis und Okras – aus dem Haus ihrer Mutter; sie wollte sehen, ob Onkel John tatsächlich zurückkommen würde, so wie er es angekündigt hatte. Sie nahm außer Miranda auch noch Marie-Hélène mit, da Marie-Hélène so zerbrechlich war, daß sie kaum jemals an die frische Luft kam.

Indigo war froh, daß ihre beiden Puppenfreundinnen dabei waren. Sie hätte ihren Augen allein nicht getraut. Onkel John war pünktlich zur Stelle. Er ging den Weg zu Mrs. Yancey hoch, den Weg, den er nehmen mußte; aber dieses Mal trug er einen Frack und einen Zylinder. Die Gamaschen über seinen Schuhen glänzten in dem lavendelfarbenen Himmel. Ein ebenholzschwarzer Spazierstock mit goldenem Griff ermöglichte es ihm, sich und seine Geschwindigkeit aufrechtzuerhalten. Und dann – als Mrs. Yancey an die Tür kam, waren die Zöpfe auf ihrem Kopf verschwunden. Ihr Haar war einfach überall, wie auf diesen Bildern über den Bars – Seejungfrauen, die mit ihrem Haar ihre Blöße bedeckten, Haar, das sie wie Algen umfloß. Sie trug auch nicht ihre Hausschuhe, sondern Schuhe mit hohen Absätzen und ein hellblaues Kleid, in dem sie wie ein Reiskorn in seiner Schale steckte. Mrs. Yancey nahm Onkel Johns Arm, und sie schwebten praktisch über die Veranda zur Straße hinunter.

Indigo hörte Mrs. Yancey immer wieder sagen: „Onkel John, Sie haben nicht einmal einen festen Wohnsitz." Jeder wußte, daß Onkel John in seinem Wagen lebte, aber keiner hatte je gesehen, was Indigo sah. Onkel John ging zu seinem Wagen, holte einen hübschen Sessel heraus, stellte ihn am Straßenrand auf und forderte Mrs. Yancey auf, sich zu setzen. Und gleich darauf sah Indigo, wie er mitten auf der Straße einen Perserteppich ausbreitete, einen Tisch festlich deckte, einen Weinkübel hervorzauberte und anfing, auf dem Herd hinter seinem Wagen das Essen zuzubereiten. Yoki war ebenfalls ganz festlich; in ihrer Mähne steckten Blumen, und an ihren Hufen waren violette Federn angebracht. Onkel John stellte Kerzen auf den Tisch und befestigte ein kleines Blumenbukett an Mrs. Yanceys Kleid. Sie blickte ständig um sich, als fühlte sie sich nicht besonders sicher in Onkel Johns Wohnzimmer mitten auf der Straße, und tatsächlich kamen auch ganz plötzlich die Geechee Capitans, eine berüchtigte Motorradbande mit Pretty Man als Anführer, die Straße entlanggebraust. Mrs. Yancey sprang beinahe auf ihr Dach. Onkel John ließ sich jedoch nicht beeindrucken von diesen jungen Rowdies auf ihren angeberischen, röhrenden Maschinen. Er schaute hoch, hob die Hand und winkte, und die Geechee Capitans, die noch nie jemandem in Charleston, South Carolina, einen Gefallen getan hatten, bildeten auf beiden Seiten von Onkel Johns Wohnzimmer-auf-der-Straße eine Sperre.

Marie-Hélène flüsterte Indigo zu, sie wäre einer Ohnmacht nahe. Miranda war sprachlos. Indigo versuchte etwas Wohlwollen aufzubringen für die Geechee Capitans mit ihren Lederjacken und den aufgenähten gekreuzten Klingen, den flachen Lederhüten und den schwarzen Stiefeln, beschützten sie doch ihre Freundin, Mrs. Yancey, die mit Onkel John, dem Schrotthändler, mitten auf der Straße zu Abend aß. Indigo stand, solange sie es für richtig hielt, hinter den Büschen, die zu dem Haus der Johnsons gehörten, und schaute zu. Als Onkel John einen Victrola-Plattenspieler aufstellte und eine Fletcher Henderson 78 spielte und Mrs. Yancey zum Tanzen aufforderte, wußte Indigo jedoch, daß es an der Zeit war, nach Hause zu gehen. Zuviel Magie hing in der Luft. Indigo spürte den Mond in ihrem Mund. Er sang. Der Süden in ihr.

Für Freier, die den Segen des Monds wünschen

Man füllt ein in der Sonne funkelndes Glas mit klarem Quellwasser. Fügt etwas frische Minze und einen Mundvoll Honig hinzu. Fährt mit dem Mittelfinger sanft die Kurve seiner Lippen nach, so wie die Geliebte es tun würde. Küßt die Konturen des Fingers, holt so tief Luft, daß die Lenden es spüren, und hält den Atem an, während man sich das Gesicht der Geliebten vorstellt. Man atmet aus, die Geliebte immer noch vor Augen. Mit dem geküßten Finger fährt man zwölfmal den Rand des Glases nach, wobei man jedesmal den Namen der Geliebten ausspricht.

Und jedesmal stellt man sich dabei die freudestrahlende Geliebte vor. Man schließt die Augen. Läßt sich völlig von der Geliebten durchdringen. Und trinkt all die Freude, die einem zuteil wird.

Wenn der Geliebte Augen für eine andere hat

Man schläft auf der linken Seite mit sechs weißen Rosen neben sich auf dem Kissen. Man stopft eine Handvoll Turnera-Blätter in das Kissen und wiederholt das Ganze an drei aufeinanderfolgenden Tagen. Am vierten Tag bereitet man sich aus einer Handvoll Turnera-Blätter etwas Tee zu. Man trinkt zwei Tassen, die eine bei Sonnenaufgang, die andere bei Sonnenuntergang. Die restlichen Turnera-Blätter sollten mit Kubebenpfefferkörnern gemischt und in roten oder blauen Baumwollstoff eingeschlagen werden. (Rot, wenn man große Leidenschaft für den Geliebten empfindet. Blau, wenn man nur seine Treue wünscht.) Trägt man in der Gegenwart des Geliebten den mit Turnera-Blättern und Kubebenpfefferkörnern gefüllten Beutel bei sich, so wird sich alles wunschgemäß erfüllen.

Ohne besondere Wünsche zu haben
Ein Dank für die Gaben des Mondes

(Vollmond erforderlich)

Man nehme ein ganz normales, mit Zimt und Vanille parfümiertes Bad. Wasche sich die Haare mit Himbeertee. Spüle gründlich nach und vergewissere sich, daß man auch alle Stellen des Körpers berührt, die der Geliebte berühren würde. Man gehe völlig nackt nach draußen, ohne Schmuck, ohne Kleidungsstücke. Man strecke sich auf dem Boden aus, öffne sich dem Himmel und denke an den Geliebten. Rieche ihn. Man teile mit dem Mond alle Wonnen, die der Geliebte einem schenkt. Man gebe sich ganz hin. Alle Zeichen des Dankes werden honoriert (kann auch in Gesellschaft des Geliebten durchgeführt werden, wenn er über einem steht, die Beine geöffnet, oder in einem Abstand von fünfzehn Zentimetern neben einem liegt). Bevor man aufsteht, muß man alles, was man über den Geliebten weiß, dem Mond anvertraut haben, da der Geliebte einem sonst nichts mehr geben kann. (Nur für Fortgeschrittene. Im Zweifelsfall warten.)

„... Und eure Söhne werden Hirten in der Wildnis sein. 4. Mose 14;33. Ich glaube, für heute abend reicht das zum Meditieren, Indigo."

„Aber das hat doch überhaupt nichts mit mir zu tun, Schwester Mary Louise." Indigo rutschte auf ihrem Sitz hin und her; sie half Schwester Mary Louise, Blumen für das Treffen auszusortieren, das die Little Shepard Church of Judea für die Jugend organisiert hatte.

„Keine Gotteslästerungen, Indigo. Der Herr mag kein sinnloses Geplapper."

„Ich plappere nicht, Schwester, wirklich nicht. Ich bin eben ein Mädchen, das ist es, und ich möchte wissen, was ich tun soll."

Indigo schob die Rosen von der einen auf die andere Seite, wich dabei geschickt den Dornen aus und handhabte die Knospen behend und sorgfältig. Diese da ist in Ordnung. Diese nicht. Für zerdrückte Blüten gab es keinen Platz auf dem Altar des Herrn. Schwester Mary Louise war immer entzückt, wenn Indigo vorbeikam. Die andern beiden, die eine, die sich nach Norden abgesetzt hatte, und die andere, die immer mit dem Hintern wackelte, hatten nie gelernt, wie man mit Blumen umgeht oder dem Herrn gehorcht. Schwester Mary Louise, die keine Kinder um sich herum hatte, lud Indigo, nicht aber Indigos Puppenfreundinnen ein, unter ihren Blumen zu weilen und den Herrn zu loben, dessen Güte so unendlich war, daß man ihm nie genug danken konnte, und sie lud sie ein, mit ihr zusammen Brot zu backen.

„Du kannst die Brotlaibe aus dem Ofen holen und dich wie ein anständiges, christliches junges Mädchen benehmen, das wär doch was."

Indigo blickte auf die Rosen und dann auf ihre Freundin, Mary Louise Murray, die offensichtlich schon zu lange unter Rosen geweilt hatte. Ihr Gesicht glühte wie die Blütenblätter, und die Adern schimmerten wie die Opale, die sie in den Ohren trug. Ein dicker Zopf, in der Mitte ihres Kopfs angeklatscht, wand sich rund um ihren Kopf; Schlangen im Garten. Blaßgrüne Augen, die auseinanderstoben, wenn der Heilige Geist von ihr Besitz ergriff, wenn Tau auf ihren Sträuchern lag und die Sonne gerade aufging. Indigos Seele sträubte sich gegen Schwester Marys christliche Gesinnung. Sie war aber keineswegs von Natur aus verdorben, sondern hatte nur zuviel mit dem heidnischen Volk da draußen auf den Inseln zu tun gehabt.

„Brot backen, ist das alles, was die christlichen jungen Mädchen tun?“

Indigo spähte in den Ofen. Die Hitze, die ihr entgegenschlug, war so stark, daß sie die Stirn runzelte.

„Ist noch nicht soweit“, sagte sie und ließ die Ofentür sorgfältig wieder zuschnappen. Schwester Louise war pikiert.

„Nein, Indigo, wir backen nicht nur Brot. Die Schönheit dieser Welt liegt uns am Herzen. Blumen und Kinder.“

Schwester Mary Murray war bekannt dafür, daß der Geist auch außerhalb der Kirche über sie kam, und daran änderte auch ihre ganze Frömmigkeit nichts. Manchmal, wenn sie auf den Fischmarkt ging oder ihre Brote austrug, hatte sie zu singen angefangen: „I Ain't Got Weary Yet“ oder „Didn't My Lord Deliver Daniel“, und war verzückt auf der Straße stehengeblieben. Für eine Dekanin kein sehr vorbildliches Verhalten. Bei vielen Predigten wurde sie aufgefordert, darüber zu berichten, wie sie am hellichten Tag vom Teufel heimgesucht worden war, der die Weisen des Heiligen Geistes angenommen hatte und die Sünderin in ihr in Versuchung führte. Manche glaubten, ihre Kinderlosigkeit wäre die Ursache für Schwester Marys Anwandlungen. Sie traten nur ein, wenn sich ein breitschultriger, ungeschlachter Bursche vom Land in einem Abstand von drei bis vier Metern von ihr aufhielt. Andere meinten, Schwester

Mary Louise würde ab und zu einen trinken und sich dann so wunderbar fühlen, daß sie es nicht mehr aushalten konnte. Indigo wußte, daß Schwester Mary Louise in der Tat eine gute Christin war. Die Schwester erlaubte keine Puppen, die redeten, in ihrem Haus.

„Mir kommen diese Dinger nicht ins Haus. Was glaubst du, würde der Herr von mir denken, wenn ich meinen Tisch für diese Dinger decken würde?" Das waren ihre Worte gewesen.

Indigo war verärgert. Das Brot war immer noch nicht fertig. Kleine Mädchen würden Brot backen und sich um die Schönheit dieser Welt kümmern, sagte die Schwester. Indigo hatte das Gefühl, der Magen würde ihr gleich aus dem Mund springen, alle Blumen über den Haufen rennen, die Brote zertrampeln und einen Höllenspektakel veranstalten in Schwester Marys großer weißer Küche, in der Jesus von jeder Wand blickte. Das Abendmahl. Die Verkündigung. Der Berg Golgatha, auf dem er auf seine „Herde" wartete. Indigo war so wütend, daß ihr ganz schwindlig wurde und ganz heiß.

„Schwester Mary Louise, ich habe mit Miranda gesprochen, sie wollte nichts backen."

„Ich sagte dir schon, du bist zu groß, um noch mit Puppen zu reden. Du lieber Himmel, Indigo, schau dich an!"

Indigo versuchte sich auf Schwester Marys Gesicht zu konzentrieren. Sie sah jedoch nur ein Flimmern. Dann versuchte sie, sich selbst zu betrachten, blinzelte aber nur und rieb sich die Augen, um irgendwelche Konturen erkennen zu können. Sie sah, wie sich zu ihren Füßen eine scharlachrote Pfütze ausbreitete. Schwester Mary hüpfte auf und ab.

„Indigo, der Herr hat eine Frau aus dir gemacht. Erhebe deine Augen zum Himmel, um Seinen Segen zu empfangen. Nach oben, sage ich dir. Schau auf Jesus, der dich heute segnete." Indigo ließ sich wie Schwester Mary auf die Knie nieder. Sie lauschte und bewegte sich in ihrem immer größer werdenden scharlachroten See zu der Stimme der grünäugigen Frau, die ihre Gesänge zum Himmel sandte: „Trouble In Mind", „Done Made My Vow" und „Rise and Shine", damit Indigo auch wüßte, „unter wem Maria Magdalena weilte".

„Rede, mein Kind, erhebe deine Stimme, damit der Herr dich als die Frau erkennt, die du bist."

Schwester Mary Louise erhob sich, ihr magerer Körper war mit Indigos Blut bedeckt. Sie zog Indigo behutsam aus und legte ihre Kleider in einen Eimer mit kaltem Wasser. Sie füllte für Indigo einen Zuber mit warmem Wasser, in dem die Blütenblätter von Rosen schwammen: weiße, rote und gelbe für die neue Frau. Sie flocht eine Blumengirlande für Indigo und forderte sie auf, in den Garten hinter dem Haus zu gehen.

„Dort solltest du die ersten Stunden verbringen, umgeben von den Wundern der Schöpfung. Wir mußten den Garten Eden verlassen, weil Eva verflucht worden war. Aber wie ich dir schon sagte, Frauen sind für die Kinder und das Schöne da. Du kannst jetzt beides haben. Empfange Seinen Segen und laß dein Blut zwischen den Rosen fließen. Geh in die Hocke wie bei einer Geburt. Und lächle, so wie du lächelst, wenn der Herr dir eine der Freuden eines Frauenlebens zuteil werden läßt. Geh nun und tu, was ich dir sage. Und hab keine Angst, nur weil du nackt bist."

Schwester Mary schloß daraufhin die hintere Tür. Indigo saß blutend zwischen den Rosen, die voller Duft und Anmut waren.

Außergewöhnliche Augenblicke während der Menstruation

(Indigo zu ihren Puppen, während sie für jede einzelne von ihnen eine Binde aus Samt verfertigte.)

A. Menstruationsfluß:

Lächle, wenn du entdeckst, daß du blutest; ein offenes, ehrliches Lächeln, denn du wirst dich ganz besonders im Einklang mit deinen magischen Kräften befinden. Es sind ganz persönliche, ganz spezielle Augenblicke. Zum Träumen und zum Nachdenken. Wechsle das Bettzeug, nimm deine Lieblingsbettücher. Schlaf mit einem Lorbeerblatt unter dem Kopf. Bade in weißem Ysop, weißen Seerosen. Hör auf die Stimmen deiner Erscheinungen; sie sind in nächster Nähe. Vergiß alle Störenfriede und drückenden Sorgen, laß deinen Körper ausscheiden, was er nicht braucht. Erinnere dich daran, daß du ein Fluß bist, ein Fluß mit Uferbänken aus rotem Honig, an denen der Mond entlangwandert.

B. Bei Störungen während der Regel:

Sei nicht böse auf deinen Körper, wenn das Blut nicht richtig fließt. Iß Erdbeeren und bereite aus den Blättern Erdbeertee zu, um die Regel in Gang zu bringen. Um das Blut stärker fließen zu lassen, trink Sommerwurz. Zur Stärkung, bevor die Regel einsetzt, trink Natterwurz- oder Baldriantee. Gegen Krämpfe kaue wilden Ingwer.

„Indigo, ich möchte nichts mehr davon hören, ist das klar? Ich hole nicht mein bestes Service heraus und decke den Tisch für fünfzehn Puppen, die ihre Regel kriegten." – „Aber Mama, ich habe doch schon allen versprochen, daß wir heute feiern würden – weil wir nun bald erwachsen und richtige Frauen sind. Schwester Mary Louise sagte das auch. Sie sagte, wir sollten ein Fest veranstalten, unsere Lieblingskleider anziehen und unsere Lieblingsspeisen essen."

„Schwester Mary Louise sollte sich mal besser verheiraten, bevor sie völlig den Verstand verliert. Ich möchte nicht, daß du bei dieser einfältigen Frau ein und aus gehst. Und gib mir meinen guten Samt zurück, den du deinen Puppen zwischen die Beine gestopft hast. Renn zur Apotheke und hol dir Kotex. Und komm anschließend hierher zurück und pack diese Dinger weg. Auf den Dachboden mit ihnen. Und dann zu mir, und ich werd dir schon sagen, über was du dir Gedanken machen sollst, jetzt, wo du eine richtige Frau bist."

„Mama, das geht nicht. Ich kann sie nicht wegpacken. Ich habe dann niemanden mehr, mit dem ich reden kann. Niemanden."

„Indigo, du bist zu groß für diesen Quatsch. Mach, was ich dir sage, los."

„Mama, und wenn ich Miranda nicht mehr auf die Straße mitnehme und meine andern Freundinnen oben lasse, kann ich sie dann behalten? Bitte, Mama, ich weiß, daß es nur Puppen sind. Wirklich. Sassafras und Cypress haben auch noch die ganzen Sachen, die sie als Kinder gemacht haben."

„Das stimmt nicht. Wer hat ihre ganzen Puppen? Ich verstehe das nicht – ein so großes Mädchen wie du, das zur Schule schon einen Büstenhalter und Strümpfe trägt und nichts anderes im Kopf hat als diese Komödie. Aber wenn du mir versprichst, daß du sie in deinem Zimmer läßt, und von mir nicht verlangst, daß ich für sie singe, sie füttere und mit ihnen spreche, brauchst du sie nicht wegzupacken. Jetzt aber zur Apotheke."

Indigo ließ ihr Schulbuch auf dem Küchentisch liegen, lief zu ihrer Mutter, die an der Spüle Kohlblätter zerkleinerte, und umarmte sie stürmisch. Die Schürze ihrer Mutter roch immer noch nach Zimt und Knoblauch, sie konnte sie waschen, so oft sie wollte. Es roch wie damals, als ihre Mutter diesen Druck in ihren Brüsten verspürte – als würde die Milch wieder in ihren Brustwarzen explodieren, Feuchtigkeit und Süße verbreiten; aber dieses Mal besänftigten sie Indigos Tränen.

„Indigo, du bist meine Jüngste, aber du machst es mir nicht immer leicht, und das weißt du auch."

„Mama, heute kann ich dir's leicht machen, ich weiß nämlich schon, was du mir erzählen willst, wenn ich zurückkomme."

„Du weißt das wirklich?"

„Ja, du willst mir sagen, daß jetzt, wo ich eine Frau bin, auch Männer hier auftauchen – sie folgen der Spur von Sternen, die ich hinterlasse, wenn es dunkel wird."

„Was?"

„Die Sterne, die zwischen meinen Beinen hervorkommen und die nur Männer sehen können, die stark und reinen Herzens sind."

„Indigo, hör gut zu. Das hier ist Charleston, South Carolina. Und die kleinen schwarzen Mädchen hinterlassen keine Spur von Sternen. Die Jungens, die dir nachstellen, taugen rein gar nichts. Und die Weißen, die sich hier herumtreiben, haben den Teufel im Leib – alles, was sie mit einer schwarzen Frau im Sinn haben, ist gefährlich. Du mußt endlich aufhören mit dieser Komödie. Bitte, tu's für deine Mutter."

„Jedesmal, wenn ich dir etwas erzähle, kommst du mir mit den Weißen. Die Weißen sagen, da kann man nicht hingehen – die Weißen sagen, das kann man nicht tun. Ich hab sie nicht erfunden, was haben sie mit mir zu tun? Ich bin nicht weiß. Meine Puppen sind nicht weiß. Und ich lasse die Weißen in Frieden."

„Das stimmt, aber sie lassen uns nicht in Frieden, kapierst du das nicht?"

„Wenn sie dich nicht in Frieden lassen, mach was dagegen."

„Soll das eine Frechheit sein?"

„Nein, M'am. Ich versteh nur nicht, warum hier plötzlich ein oller Weißer auftauchen soll, der es auf uns abgesehen hat. Das ist alles."

Indigo ging zu ihrer Mutter, und ihre Ernsthaftigkeit schien die Fülle und die Gerüche der Küche aufzusaugen.

„Ich hab dich so lieb, Mama, und du bist eine erwachsene, farbige Frau. Könnte hier wirklich irgendein Weißer auftauchen und dir weh tun – wann es ihm gerade paßt? Oh, ich könnte sie umbringen, wenn sie dir weh täten, Mama, würde ich es tun. Ich würde jeden umbringen, der dir weh tut."

Sie preßte ihr Kind so fest an sich, wie sie nur konnte, so eng, wie sie konnte, und flüsterte so sanft und liebevoll, wie sie konnte: „Nun, wir werden beide gut aufpassen und auch aufeinander aufpassen, okay?"

Indigo nickte, erinnerte sich aber später nur daran, daß selbst ihre Mutter Angst vor den Weißen hatte, daß sie ihr noch das Wort Kotex auf ein Stück Papier geschrieben, eine Dollarnote darumgewickelt und zu ihr gesagt hatte, sie solle das Mr. Lucas in der Apotheke geben.

Obwohl Indigo hartnäckig die Meinung vertrat, daß Mr. Lucas Bescheid wissen mußte, führte er es doch in seinem Laden, damit all die andern schwarzen Frauen sich bedienen konnten, wenn sie es brauchten. Schließlich hatte selbst ihre Mutter gesagt, daß jedes Mädchen unweigerlich einmal im Monat blutete. Manchmal konnte man aus ihr einfach nicht schlau werden, dachte Indigo konsterniert. Dann aber, als Beweis ihres guten Willens und auch in der Hoffnung, daß ihre Kleinste sich die Warnungen zu Herzen nehmen würde, erlaubte ihr die Mutter noch einmal, die arme Miranda auszuführen, die, wie Indigo meinte, entsetzlich darunter litt, daß ihre Ausflüge eingestellt werden sollten.

Die Trauerweiden schienen sich vom Boden aufzurollen und mit ihren Ästen über Indigo und Miranda zu greifen, die ihren letzten gemeinsamen Spaziergang unternahmen, verbunden durch eine lange Freundschaft, eine sehr einfache, unbeschwerte Freundschaft. Miranda dachte, die Trauerweiden versuchten sie zu umarmen, sie in den Himmel zu katapultieren, wo sich niemand darum kümmerte, ob man nun wirklich existierte oder nicht. Indigo sagte mit einer sehr erwachsen klingenden

Stimme: „Nein, sie wollen nur, daß wir uns heute ganz besonders fühlen, das ist alles.“

Miranda war nicht davon überzeugt, genausowenig wie Indigo, die es schaffte, diesen Gang zur Apotheke zu dem längsten in der Geschichte ihrer Familie werden zu lassen.

Nachdem sie den Spalieren der Trauerweiden gefolgt war, bis es keine mehr gab, ging Indigo ehrerbietig grüßend an Mrs. Yanceys Haus vorbei und hintenrum zu Schwester Mary Louise, dann zur Werft, wo sie und Miranda ihrem Vater zuwinkten, der mit den Seejungfrauen auf dem Meeresboden lebte; anschließend marschierte sie zu den Eisenbahngeleisen hinüber, wo sie nach Onkel John Ausschau hielt. Indigo mochte die Farbigen, die geschickt waren und es zu was brachten: die Farbigen auf Schiffen, Zügen, Bussen und Pferden. Yoki war ein Pferd, und Onkel John kam herum in der Weltgeschichte – nach dieser Nacht mit Mrs. Yancey auf der Straße hatte Indigo gewaltigen Respekt vor ihm.

Zwischen zwei verlassenen Eisenbahnwaggons stand Onkel Johns Wagen. Vor mißgünstigen Mitmenschen und dem Wind geschützt, hielt Onkel John Zwiesprache mit der Luft, den Waggons oder Yoki. Farbige lösen sich manchmal in der Schönheit des Lichts auf, vor allem gegen Abend. Wie Wolken, die eine Farbe annehmen und herunterkommen und mit einem sprechen, oder wie Sterne, die in den Körper eines schwarzen Mannes fahren und einen blenden. Onkel John machte auf Indigo diesen Eindruck – wie er so unermüdlich sein Pferd striegelte, dessen Fell schon schimmerte wie die Dämmerung.

„Guten Abend, Onkel John.“

„Humph.“ Mr. Henderson drehte sich nach ihr um, obwohl er ganz genau wußte, wer ihn besuchte; er wollte es nur nicht zeigen. „Oh, wenn das nicht meine kleine Indigo ist, und wen hast du noch mitgebracht?“

„Das ist Miranda. Wir müssen bei Mr. Lucas etwas abholen.“

Indigo paßte auf, daß sie sich nicht verplapperte und ihm erzählte, was sie in der Apotheke abholen sollte; ihre Mutter hatte ihr nämlich eingeschärft, niemandem etwas zu sagen.

„Indigo, Mr. Lucas' Laden ist ein ganzes Ende von hier, stimmt's?"

„Stimmt schon, Onkel John, aber da ist noch etwas anderes."

Er legte die Bürste auf den Boden, zog den Hocker heran, der auf der anderen Seite eines Feuers stand, auf dem entweder ein Huhn oder eine Taube brutzelte, und forderte Indigo auf, sich zu setzen.

„Noch was anderes, sagtest du? Nun, darüber sollten wir uns dann wohl etwas unterhalten."

„Ja, Onkel John. Ich möchte was von dir wissen. Ich frage dich, weil du, solange ich auf der Welt bin, immer nur getan hast, was du tun wolltest."

„Nein, schon lange davor, mein Kind."

„Ist auch egal. Ich möchte auf jeden Fall auch in Zukunft mit meinen Puppen reden. Es sind meine besten Freunde, verstehst du?"

Indigo redete so schnell, daß Onkel John in einem kleinen Kreis um sie herumging, um sie besser verstehen zu können.

„Mama möchte, daß ich sie wegpacke – weil ich nun eine Frau bin, aber mit wem soll ich dann reden? Mit den anderen in der Schule klappt's irgendwie nicht. Richtige Menschen gefallen mir einfach nicht so gut."

Indigo war mit Miranda im Arm von dem Hocker gesprungen – wie eine Frau, die ihr Kind verteidigt. Onkel John blieb einen Augenblick lang stehen und betrachtete die Schatten der Eisenbahnwaggons auf Yokis Rücken.

„Indigo, die Zeit holt uns alle ein. Wir, ich und Yoki, wurden von den Zügen und den Lebensmittelläden eingeholt. In deinem Fall ist es einfach die Tatsache, daß du allmählich erwachsen wirst. Und das versucht dir deine Mama klarzumachen. Du mußt es in dieser Welt zu was bringen. So ist das eben. Mir paßt es auch nicht."

Miranda hatte angefangen zu heulen und kuschelte sich in Indigos Ellenbeuge. Onkel John murmelte etwas vor sich hin und kletterte in seinen Wagen. Indigo stand da und rührte sich nicht. Es hieß, daß sich Onkel John manchmal einfach in seinen Wagen zurückzog, wenn er gesagt hatte, was zu sagen war. Manchmal ging er aber auch in seinen Wagen und kam mit etwas zurück, was einem das Leben leichter machte. Indigo bewegte also keinen Muskel. Miranda betete, daß bei alldem auch was rauskäme. Sie waren immer noch nicht bei Mr. Lucas gewesen. Indigo konnte Onkel John vor sich hin summen hören, während er in dem Wagen herumstöberte. Er suchte etwas für sie – damit sie sich auch weiterhin unterhalten könnte, ohne sich mit richtigen Menschen, schlecht und undurchsichtig, wie sie waren, abgeben zu müssen. Die letzten Sonnenstrahlen fielen auf Indigos Rücken, vertrieben den Kummer, der sie piesackte, aus ihren Gliedern und setzten die ständig auf Miranda einredende Indigo wieder auf ihren Stuhl.

„Siehst du, du dachtest, ich würde abziehen und tun, was Mama gesagt hat, und nie mehr mit dir spielen oder auf Entdeckungsreisen gehen und so tun als ob. Du hattest einfach kein Vertrauen – wie sagte doch Schwester Mary Louise immer?"

„Oh, ihr Kleingläubigen ...", fiel Miranda ein.

Als erstes kam nicht Onkel John, sondern eine Geige zum Vorschein. Onkel John hielt sie natürlich, sie kam jedoch zuerst, dann sein Bein, sein Rücken und das andere Bein, sein teueres, ergrauendes Haupt und als letztes der Arm mit dem Bogen. Indigo und Miranda waren mißtrauisch.

„Zu was brauchen wir denn eine Geige?" kicherte Miranda.

„Psst, Miranda, Onkel John weiß schon, was er tut. Warte nur, du wirst schon sehen."

Onkel John hatte tatsächlich die Absicht, Indigo diese Geige zu überreichen. Sein Gesicht strahlte, seine Arme waren ausgebreitet, und er beschrieb mit der Geige und dem Bogen weite Horizonte, während er auf Indigo zuging, die einfach nur lächelte, ohne zu wissen, wieso.

„Indigo, das hier ist dein neuer Gesprächspartner."

„Eine Geige, Onkel John?" Indigo versuchte ihre Enttäuschung zu verbergen, Miranda versetzte ihr einen Stoß in die Magengegend.

„Ah-ah, damit kann ich überhaupt nichts anfangen, Onkel John."

Sie kauerte auf ihrem Hocker, als hätte sie ihr Rückgrat verloren. Onkel John schien etwas unsicherer, aber immer noch fest entschlossen.

„Hör gut zu, Mädchen. Ich werde dir was erzählen – wie wirklich Nicht-Wirkliches ist. Und zu Zeiten, die schwärzer waren als diese."

Onkel John hielt Geige und Bogen gegen die hereinbrechende Nacht.

„Als wir noch Sklaven waren und nicht frei reden und uns auch nicht frei bewegen konnten – was glaubst du, wer damals das Reden für uns erledigt hat?"

„Die Weißen natürlich", meinte Indigo schnippisch.

Onkel Johns Gesicht war ein kleines wütendes Feuer, das auf seinen Knochen flackerte. Sein Rücken schoß wie ein Mahagonibolzen in die Höhe.

„Wassagstduda? Daß die Weißen für uns redeten – hat man so was schon gehört! Wenn du willst, daß ich dir helfe, dann sag kein Wort mehr, bis ich ausgeredet habe. Also, paß auf. Die weißen Sklavenbesitzer nahmen uns alles weg, aber sie behielten es nicht einmal für sich selbst. Sie schmissen es einfach weg, hörst du. Sie kassierten alle Trommeln, die sie kriegen konnten – nur unsere Füße konnten sie uns nicht wegnehmen. Und die Sprachen, die wir sprachen; sie nahmen uns aber unsere Geister und gaben uns dafür ihren Sohn. Nur die Geige redete noch. Die Geige rief unsere Götter an – die, die übriggeblieben waren –, flößte unsern zerschundenen und einsamen Körpern auf den Feldern und in den Küchen etwas Kühnheit und Hoffnung ein. Die Weißen waren so dumm und glaubten, wenn uns nichts mehr gehörte, könnten sie mit uns machen, was sie wollten, könnten sich überall einmischen und uns den Verstand auspeitschen. Aber die Schwarzen waren schlau, glaub mir das. Sie waren nicht auf den Kopf gefallen; du und ich, wir sind nicht die einzigen, die mit dem Unsichtbaren sprechen. Was glaubst du, ist Musik, und was anders ist der Blues? Und die Kirchenmusik, die sie glücklich macht – was anders als eine Zwiesprache mit dem Unsichtbaren, das sehr viel wirklicher ist, als sich die meisten vorstellen."

Und Onkel John plazierte die Geige ungefähr auf die Mitte seines linken Arms und fing mit Miranda und Indigo eine Unterhaltung an. Ja, eine Unterhaltung. Er sprach zu ihnen. Erschloß ganz andere Welten. Brachte Rhythmus in eine so einfache Sache wie sich setzen und einen Besuch abstatten und ließ, nachdem sich alle ausgeheult hatten, die Sonne wieder scheinen. Jagte die Nacht zum Teufel. Onkel John machte was mit dem Bogen, er ließ ihn hüpfen und über die Saiten gleiten, bis Miranda und Indigo wirklich zu sprechen schienen. Und die Sklaven, die wir einmal waren, hatten so viel zu sagen, daß sie sich alle auf einmal in die Stimmen dieser Kinder – dieses Kindes Indigo – mischten.

Als Indigo versuchte, sich die Geige unters Kinn zu schieben, so wie die Kinder im Schulorchester es machten, kicherte Onkel John nur und schaute weg. Als sie sie näher an die Achselhöhle und näher an ihr Herz gerückt und den Bogen nicht besonders feinfühlig in die Hand genommen hatte, sagte er: „Sprich zu uns, meine Kleine."

Indigo zögerte, legte den Bogen auf die A-Saite, holte Luft und hielt inne.

„Ich kann nicht spielen, Onkel John."

„Doch, du kannst, erzähl Miranda etwas auf deiner Geige. Denn morgen könnt ihr euch schon nicht mehr so einfach unterhalten. Du mußt dich dann auf dieser Geige verständlich machen."

Indigo schaute Miranda an, die über dem Hocker

hing, und dann wieder Onkel John, dessen Augen überall waren, auf ihrem Gesicht, der Geige, dem Bogen; und wie im Fieber ergriff Indigo den Bogen und ließ ihn über die Saiten tanzen, bis sie Miranda klargemacht hatte, wie sehr ihre Freundin sie liebte, bis die Sklaven, die wir waren, einen Chor um das Feuer bildeten, bis sie selbst befriedigt feststellte, daß sie nicht zum Schweigen verurteilt war. Sie hatte viele Zungen, viele Geister, die sie liebten, sichtbare und unsichtbare.

Der Süden in ihr.

Es war so spät, daß Mr. Lucas schon dabei war, seinen Laden zu schließen. Nur ganz hinten brannte noch Licht. Indigo preßte die Geige und den vermoderten Geigenkasten inbrünstig an sich und hämmerte wie eine Besessene gegen die Tür der Apotheke.

„Machen Sie bitte auf, Mr. Lucas. Es ist dringend!" rief sie.

Mr. Lucas, gewichtig und honigbraun, spähte durch die Inschrift auf der Tür: Lucas-Apotheke, Oldest Negro Drugstore in Charleston, S. C. Zwischen dem „S" und dem „C" war Indigos Gesicht, völlig aufgelöst und brüllend. Mr. Lucas machte ihr auf und meinte: „So dringend kann es nur sein, wenn jemand im Sterben liegt oder eine Frau Kotex braucht."

Indigo war verblüfft. „Oh, Mr. Lucas, wie haben Sie das nur erraten?"

„Nun, weil ich schon ewig lange hier bin, Indigo. Sag deiner Mutter, daß es dieses Mal ziemlich knapp war."

„Oh, es ist nicht für Mama, es ist für mich."

Indigo wurde plötzlich puterrot und zuckte zusammen. Sie hatte genau das getan, was sie nicht hätte tun sollen. Mr. Lucas ging einen Schritt auf Indigo zu, als wollte er die Frau in ihr sehen. Er hatte schon jüngere Mädchen als Indigo gesehen, die bereits Kinder hatten. Und er hatte auch Mädchen gesehen, die mehr weibliche Reize aufzuweisen hatten als sie und überhaupt nicht bluteten. Diese hier hatte noch einen Kinderkörper, und doch steckte eine Frau in ihr. Mr. Lucas fiel es schwer, sich zu entfernen und das Kotex zu holen. Er wollte dieses Mädchen, diese Frau genauer anschauen. Er wollte wissen, wie sie sich anfühlte.

Indigo hörte eine Stimme. Sie sah Mr. Lucas auf sich zukommen, und sie hörte diese Stimme. Sie sagte ihr, sie solle ihr Kotex nehmen und auf dem schnellsten Weg nach Hause gehen. Nimm das Kotex und nichts wie raus. Indigo lief nach hinten, schnappte sich die blaue Schachtel, steckte sie und Miranda unter den Arm und schoß durch den Laden, während Mr. Lucas ihr folgte, rumpelnd, ohne sich zu beeilen. Die Geige fegte alle möglichen Toilettenartikel von den Regalen: Zahnpasta, Deodorants, Rasierschaum. Indigo ließ sie beinahe fallen, drückte sie dann aber noch fester an sich, beeilte sich noch mehr, die Stimme machte ihr Beine. Sie erreichte die Tür, wollte sich noch einmal umschauen, tat es aber dann doch nicht. Sie öffnete die Tür, so gut sie konnte, ohne alles fallenzulassen, und rannte hinaus.

Mr. Lucas stand hinten in seinem Laden und betrachtete sein Diplom von der Universität in Atlanta. Er wußte, er könnte Ärger kriegen. Was war nur in ihn gefahren? Ab und zu lief ihm eine Frau über den Weg, die etwas an sich hatte, was ihm keine Ruhe ließ. Etwas, was sich nicht gehörte. Er wußte nicht, was es war, etwas Respektloses, etwas Unverschämtes, als dächten diese Weiber, der Mond würde ihnen gehören.

„Ja, das ist es", konstatierte Mr. Lucas erleichtert. „Die ganze Stadt weiß, daß die Kleine verrückt ist. Wenn sie was sagt, wird ihr doch kein Mensch glauben."

Der Süden in ihr.

Wie man die Spuren des Bösen in sich tilgt

*von Indigo**

(Traditionelle Methode)

Auch wenn es einen aus dem seelischen Gleichgewicht bringt, bleibe man doch ganz still stehen und wiederhole den Namen des Beleidigers, bis einem die Begegnung wieder völlig gegenwärtig ist. Man atme zweimal tief ein und zähle bis sieben. Dann bewege man Arme und Hände in alle Richtungen, damit die Luft wieder rein wird, und wiederhole ganz ruhig den Namen des Beleidigers. Man lasse dabei den eigenen Atem ausströmen, damit alle von dieser Erneuerung profitieren. An einem heißen Ort (in der Küche oder im Freien) lege man warme Breiumschläge auf. Man lasse sie auf sich trocknen, das Gift des Beleidigers wird so dem Körper und der Seele wieder entzogen. Man stelle sich unter eine dampfende Dusche und lasse den ganzen Schmutz und Dreck von sich abschwemmen, ohne daß man die Hände oder einen Waschlappen zu Hilfe nimmt. Man lasse sich ein Bad mit warmem Wasser ein, dem Angelika und Kamille beigegeben werden. In Reichweite stelle man ein großes Glas Quellwasser auf, in dem eine noch nicht geöffnete weiße Rose schwimmt. In dem duftenden Bad liegend, trinke man von dem Rosenwasser – man ist nun wieder eins mit der Natur.

(Für die heutige Zeit)

Man trinke eine kräftige Mischung aus Limonentee und Honig. Daraufhin sollten sich, falls man nicht geschummelt hat, Schweißperlen auf der Stirn bilden. Dieser Schweiß ist das Gift, das der Beleidiger hinterlassen hat. Während man schwitzt, sollte man eine Wanne einlaufen lassen und das Gesicht über den Dampf halten, am besten in kniender Stellung. Man nehme

* (Von Gewalt- oder Racheakten sollte man absehen. Nur während nationaler Befreiungskriege, wenn es gilt, die Ehre der Rasse wiederherzustellen, oder wenn die persönliche Ehre oder die Familienehre schwer verletzt wurden, sollten wir Gewalt/Vernichtung des Gegners ins Auge fassen.)

ein Stück Seide oder Baumwolle, einen Stoff, den man besonders gerne mag und der einen an glücklichere Zeiten denken läßt. Man fülle es mit Kümmel und verschnüre es mit einem Band von der Lieblingsfarbe des ältesten weiblichen Familienmitglieds. Lasse das Beutelchen auf dem Wasser schwimmen. Stelle sich mit gegrätschten Beinen nackt über die Wanne und küsse zuerst die rechte und dann die linke Schulter. Man steige in das Wasser, atme rasch ein und aus. Die giftige Gegenwart des Beleidigers wird sich gänzlich auflösen.

Indigo erzählte ihrer Mutter nichts von Mr. Lucas' bösen Absichten und erwähnte auch nicht, daß ihr neues Instrument reden konnte. Solche Dinge würden nur den Zorn ihrer Mutter erregen und sie explodieren lassen. Indigo überlegte sich neuerdings, was sie sagte und wem sie es sagte. Gewissen Leuten konnte man gewisse Dinge erzählen, anderen nicht. Indigo, die keine Nachbarschaftsbesuche mehr machte und erst wieder zum Abendessen auftauchte, hatte all ihre Puppen in ihrem Zimmer aufgereiht und hielt das Fenster ständig offen. Ihrer Mutter sagte sie, das sei gesund. In New England würden die Leute, selbst wenn es schneit, bei offenem Fenster schlafen: eine Abhärtung für Körper und Geist. Ihre Mutter ließ zwar nur ungern ihre eigenen Fenster offen, aber es schien doch, als würde Indigo sehr viel vernünftiger argumentieren. Die Fenster in ihrem Zimmer blieben also offen.

Indigo bat den Mond ins Zimmer, damit er für ihre Puppengefährtinnen sänge, obwohl sie völlig stumm waren. Indigo dachte, sie könnten nicht schlafen, und wenn die Nachtluft um sie herumtanzte, eine Umarmung, die ein Frösteln hinterließ, nahm Indigo ihre Geige aus dem Kasten und spielte so, wie es ihrer eigenen Methode entsprach. Sie ließ das Instrument sprechen. Schaffte Platz für die Gefühle, die ihr junger Körper nicht immer kontrollieren konnte. Die sprechende Musik veranlaßte die Puppen zum Feiern. Indigo saß am Fenster, bearbeitete ihre Geige, erzählte allen, dem Wind und seinen Brüdern, was in ihr vorging, von ihrem stürmischen Seelenleben und den wunderbaren Welten, die sie in ihrem

Schlaf erfuhr. Und immer, wenn sie ein Gebet auf den Lippen hatte, ließ sie ihre Geige reden. Und auch wenn sie wütend war, griff sie nach ihr. Alles, was sich mit der Geige und dem Bogen machen ließ, schien ihr zuzufliegen. Je nach Bedarf. Legato, staccato, andante, forte, fortissimo, piano, allegro, presto.

„Indigo, wir müssen uns über deine Fiedelei unterhalten."

Indigo wußte nicht, was sie von dem nächtlichen Besuch ihrer Mutter halten sollte. Die Brise fächelte angenehm ihr Gesicht. Indigo kehrte dem sanften Rollen einer nächtlichen Stadt am Meer den Rücken zu und blickte ihre Mutter an.

„Ah, prima, Mama. Ich wollte dir auch noch mehr erzählen, aber ich hatte Angst, du ..."

„Aber wieso denn, Indigo, du hast doch wohl nicht gedacht, ich würde keinen Lehrer für dich finden. Sassafras hat auch soviel Unterricht im Weben gekriegt, wie sie wollte. Und Cypress habe ich nach New York geschickt, damit sie tanzen lernt. Warum solltest du nichts lernen dürfen. Es gibt bestimmt eine anständige Seele in Charleston, die meinem kratzenden Liebling etwas beibringen kann."

Indigo starrte ihre Mutter an. Ihre Mutter war sehr stolz auf ihre Tochter, die sich das Geigespielen selbst beibringen wollte, die aufgehört hatte mit ihren Faseleien und diesen Gesprächen mit ihren Puppen. Sie betrachtete die Werke ihres Kindes – Marie-Hélène, Miranda, Susie-Q, Candace, Lilli – und berührte vorsichtig ihre Hüte und Spitzenunterröcke. Indigo interessierte sich nun für Musik und würde sich ihr genauso aufmerksam und hingebungsvoll widmen wie ihren Puppen, ihren Spielkameradinnen, wie sie sie nannte.

Ihre Mutter blickte zu Indigo hinüber, die immer noch am Fenster saß. Sie sagte kein einziges Wort, saß einfach nur auf ihrer Fensterbank, die Geige in Ruhestellung.

„Nun, Indigo, was hältst du von einem richtigen Lehrer und davon, die Fenster zu schließen, damit sich unsere Nachbarn nicht immer dein Gekratze anhören müssen – zumindest bis du etwas gelernt hast?“

Sie ging strahlend auf ihre Tochter zu, blieb dann aber wieder stehen, als Indigo ihr den Rücken zudrehte, aufstand und diese komischen, disharmonischen, schwer erträglichen Non-Songs spielte, die jede Nacht aus ihrem Zimmer drangen und über die sich Miz Fitzhugh und auch die Daltons schon zweimal beschwert hatten. Sogar Mr. Epps, der drei Häuser weiter auf der anderen Straßenseite wohnte, war auf seinem Weg zur Post vorbeigekommen und hatte gesagt: „Bitte unternehmen Sie etwas gegen diese Geräusche aus Ihrem Haus, oder ich muß die Polizei rufen.“

Nein, Indigo würde dieses Mal nicht ihren Willen haben. Sie würde sich nicht wegen Indigos Geigerei aus ihrem eigenen Haus vertreiben lassen. Sie mußte ein paar Stunden nehmen, diese Leute hatten ja keine Ahnung, mit welcher Leidenschaft sie spielte.

„Indigo, ich versprech's dir. Ich werde den besten Lehrer für dich auftreiben.“

Indigo hörte langsam zu spielen auf, Cis, fünfte Lage, D-Saite.

„Mama, ich bin ganz zufrieden damit, wie die Geige redet ... wie sie klingt. Ich möchte keine Stunden. Ich möchte nur spielen.“

In der Annahme, ihre Mutter wäre nun zufrieden, entfernte sich Indigo vom Fenster. Sie legte die Geige in ihren Kasten und zog sogar die Gingan-Vorhänge zu. Indigo lächelte ihrer Mutter zu, die verdutzt dreinblickte. Sie konnte machen, was sie wollte, Indigo blieb ihr einfach ein Rätsel. Ein braves Kind, aber irgendwie nicht zu begreifen.

„Mama, was st los? Ich sagte doch, ich brauche keine Stunden. Ich bin zufrieden so.“

„Indigo, du kannst sie nehmen, wann du willst, und das ist mein Ernst. Aber in der Zwischenzeit, bis du dich dazu durchgerungen hast, kann ich diesen Spektakel in meinem Haus einfach nicht dulden. Ich habe schon genug am Hals, meine sämtlichen Nachbarn müssen mir nicht auch noch erzählen, bei uns sei nachts der Teufel los. Selbst Miz Fitzhugh hat sich darüber ausgelassen, wie unerträglich deine Geigerei ist. Im Augenblick zumindest. Das heißt nicht, daß aus dir nicht noch eine richtige Künstlerin werden kann. Du kannst nicht erwarten, daß sich das alle gefallen lassen. Keine Stunden, keine Geige in diesem Haus."

Indigo ließ sich auf ihr Bett fallen, zwischen Candace und Marie-Hélène, die ihr zuflüsterte: „Hör zu, Indigo, ich habe eine Idee."

„Mama, wärst du böse, wenn ich woanders spielen würde? Draußen irgendwo?"

Ihre Mutter, die gerade aus dem Zimmer gehen wollte, da sie dachte, ein guter, heißer Palmwein würde ihr guttun, drehte sich herum, um Indigo zu sagen, daß sie mit ihrer Geige hingehen könne, wo sie wolle, solange sie nicht hier im Viertel spielte, und sie könne auch soviel Krach machen, wie sie wolle, sie hätte es nämlich dann mit Fremden zu tun, die sie anflehen würden: „Bitte, Kleine, nimm ein paar Stunden", also genau das, was ihr schon ihre Mutter gesagt hätte.

Indigo tätschelte ihre Violine, die sich neben ihrem Bett befand, genau an der Stelle, an der Tante Haydee ihr Gewehr aufbewahrte.

„Nein, Mama, das wird nicht passieren." Sie gab Miranda einen Gutenachtkuß und legte sich schlafen. Ihre Mutter hinterließ ein Glas Apfelmost und dunkle Schokolade auf Indigos Nachttischchen. Es war Mitternacht, und der Mond war voll.

Schwester Mary Louise wies Indigo und ihrer Geige einen Platz hinter der Hütte zu, in der sie ihre Gartengeräte aufbewahrte – Schaufeln, Vitamine für die Rosen und Veilchen, Torfsäcke, Gießkannen, Gartenhandschuhe, Rechen und Schnüre. Indigo und ihre Geige verströmten zuviel Heiligen Geist. Schwester Mary Louise schwor, daß selbst ihr das zuviel wurde.

„Da hinter dem Schuppen, Indigo, bist du am besten aufgehoben. Du kannst jederzeit dort spielen. Wenn ich mich dazu berufen fühle, komm ich rüber und hör zu."

So hatte also Schwester Mary Louise in dieser Angelegenheit entschieden.

„Den Pflanzen wird's guttun. Zuviel Ordnung, zuviel Wohlanständigkeit lassen meine Blumen zwar gedeihen, aber nicht richtig spektakulär werden. Wir brauchen alle etwas Wildnis um uns herum."

Und das war also der Ort, den Indigo jeden Tag nach der Schule aufsuchte, um sich ihr neues Medium gefügig zu machen.

Indigo wollte mit ihrer Geige so klingen wie die Spatzen und die Zaunkönige. Sie ahmte die Häher und Spechte nach. Und mit den Möwen konnte sie sich besonders gut unterhalten, da sie jeden Tag die Seele ihres Vaters sahen. Indigo war es auch gelungen, das Summen der Dämmerung einzufangen, das Crescendo der Zikaden, das Rascheln der Binsen in einer leichten Brise, das Donnern der Flut und das Lachen ihrer Mutter im Flur. Onkel John meinte einmal, als sie neben seinem Wagen Fische brieten, er hätte beim Aufwachen das Gefühl gehabt, Indigo würde sich zu sehr mit dem Elend der Sklaven, die wir waren, beschäftigen; das würde ihm gefährlich erscheinen, und er würde sie deshalb gern auf die Schönheit dieser Welt und die Freuden, die auch die vor uns genossen hatten, aufmerksam machen. Indigo konnte nicht genug kriegen. Nichts entging ihrer Aufmerksamkeit. Und ihre Geige redete nicht nur, sie polterte, krähte, raschelte, quietschte, seufzte, heulte wie eine Sirene, kicherte, stampfte und höhnte. Ab und zu spielte Indigo sogar Lieder. Lieder, die Schwarze sangen, Tina Turner, B. B. King, Etta James: ihre Songs. Das war ein Geheimnis. Indigo hatte ihren Stolz und wollte diesen Leuten gegenüber, die einfach behaupteten, sie würde nur auf ihrer Geige herumkratzen, nicht zugeben, daß sie sehr wohl zwischen ihrer freien Kommunikation, diesen primären, erbarmungslosen Flügen, und melodischer Musik unterscheiden konnte. Sie spielte diese Lieder ganz leise für sich selbst. Errötete und legte die Geige schnell wieder in den Kasten zurück. Schwarze Folklore und Liebeslieder hatten sie wieder einmal verführt. Mit Jungen hatte sie nichts im Sinn. Sie wollte sich nicht an der Nase herumführen lassen, wollte nicht in die Fänge einer schrecklichen Nacht geraten. Als sie genug hatte von „Sweetheart", „Babee" und „Please, Please, Please", jaulte Indigo: »Oh, Schwester Mary Louise, Sie haben was versäumt."

Irgend etwas kroch ihr Bein hoch, etwas, was dort nichts zu suchen hatte. Indigo schaute nach, beruhigte sich, ein kleiner Zweig, weiter nichts. Warum fuhr dieser Zweig aber nur immer an ihrem Bein hoch und runter und kitzelte sie wie die „Sweethearts" und „Babees", die sie gerade gespielt hatte? Indigo schaute sich vorsichtig um und sah zwei braunhäutige Jungen, die sich über Schwester Mary Louises Zaun beugten.

„Nehmt sofort den Zweig zwischen meinen Beinen weg!"

„Wir wollten uns nur bemerkbar machen. Du bist so sehr mit deiner Geige zu Gange, daß du überhaupt niemanden siehst. Wo hast du denn das gelernt, Kleine?"

„Ich heiße nicht Kleine, und ich habe mir das selbst beigebracht. Und nun haut ab und laßt mich in Ruhe, bitte."

Indigo hoffte, sie hätten nicht ihre Lieder, sondern nur ihre wilden Improvisationen gehört. Irgend etwas sagte ihr jedoch, daß es die süßen Melodien gewesen waren, die die Burschen angelockt hatten. Niemand kam hinter Schwester Mary Louises Haus. In dem Schuppen wimmelte es von Teufeln, Mandigo-Riesen, Kobolden, die von Mulatten und Weißen abstammten, und von unsteten Geistern.

„Wie heißt du denn, Süße?" fragte der Größere. Der

mit den abgetragenen Jeans, die ganz besonders an den Seiten durchgescheuert waren – Jeans, wie sie die Geechee Capitans zum Krabbenfischen anzogen. Sein Haar war kurz geschoren, damit sich kein Ungeziefer darauf ansiedelte, wie Indigo vermutete. Er hatte jedoch einen sehr hübschen Kopf. Er war hinten nicht flach: kein Pfannkuchenkopf, und er türmte sich auch nicht über den Augen auf: kein Wasserkopf. Nein, dieser Junge hatte einen sehr hübschen Muskatnußkopf. Er kitzelte aber immer noch mit dem Zweig Indigos Knöchel, und das, obwohl sie ihm gesagt hatte, er solle damit aufhören. Der andere war klein und stämmig und hatte einen völlig flachen Schädel, aber sehr hohe Backenknochen. Indigo erkannte sofort das Blut der schwarzen Familie, die sich mit Chinesen vermischt hatte. Sie sahen alle so aus. Aber wie dem auch war, sie hatte ihnen gesagt, sie sollten gehen, und sie hatten es nicht getan. Indigo schloß die Augen, als wolle sie entweder losrennen oder -schreien; statt dessen sagte sie: *„Falke, stürz in meine Geige. Falke, stürz in meine Geige. Leopard, spring in meine Geige. Leopard, spring in meine Geige. Man hat es auf mich abgesehen, man hat es auf mich abgesehen.“* Und im Handumdrehen war Indigo so damit beschäftigt, ihrer Geige Lichter und Urwälder zu entlocken, daß sie überhaupt nicht wahrnahm, wie sich die beiden Jungen auf der anderen Seite des Zaunes niederließen. Als sie die Augen wieder öffnete, war ihr sofort klar, daß sie sich durchgesetzt hatte und daß der Zweig zwischen ihren Beinen verschwunden war. Sie lächelte ein winziges Lächeln, spähte über den Zaun und klopfte mit der Bogenspitze gegen das Schienbein des Großen.

„Wie heißt du, Süßer?“ zirpte Indigo völlig größenwahnsinnig. Die Jungen wischten sich den Sand von den Knien und grinsten verlegen.

„Ich bin Spats“, antwortete der Große, „und das ist Crunch. Wir sind Junior Geechee Capitans.“

Indigo hielt sich zurück. „Tatsächlich. Ihr seid beide G. C. Junioren. Ist das nicht toll. Ich bin Indigo.“

Spats sprang als erster über den Zaun. Er wollte nach Indigos Geige greifen. Sie brachte sie geschickt außer Reichweite.

„Ich laß sie von niemandem anfassen. Es bringt Unglück."

Spats zuckte mit den Schultern. „Wie du willst. Stimmt's, Crunch?"

Crunch, der draußen auf dem Weg den starken Mann markierte, schien nicht gerade begeistert zu sein. Ein Mädchen mit einer Geige hatte sie am hellichten Tag in die Knie gezwungen.

„Was zum Teufel hast du mit diesem verdammten Ding gemacht?" brummte Crunch und bewegte seine Ellbogen dabei; sein dichtes, gestutztes Haar und seine empört hochgezogenen Brauen berührten sich beinahe.

„Ich hab's euch gegeben, auf meine Art. Das und nichts anderes, und ihr habt das auch kapiert. Mir mit diesem Zweig zwischen den Beinen rumzufummeln, als ob ich blöd wäre und euch machen ließe, nur weil ihr Jungens seid. Mmpft. Onkel John hat einmal mit mir darüber gesprochen. Er sagte: ‚Indigo, wenn was nicht läuft, hol einfach deine Geige.'"

Spats und Crunch schauten sich an. Ein Mädchen, das Onkel John kannte? Wie konnte Onkel John seine Ratschläge an ein Mädchen verschwenden? Onkel John, von dem sich die älteren Jungs, die richtigen Geechee Capitans, beraten ließen. Sehr beeindruckt und etwas verärgert kreuzten die beiden Jungen die Arme über der Brust und begannen ein allgemein bekanntes und gefürchtetes Ritual: den Geechee-Capitan-Hahnentanz. Spats zog sein ärmelloses, verkehrt herum getragenes T-Shirt mit dem Riß in der Mitte über den Kopf und warf es auf den Boden. Crunch riß sein schwarzes T-Shirt von seinem breiten Brustkasten und warf es auf den Boden. Sie klatschten in die Hände. Klapp, klapp, klapp, klapp. Und spuckten auf den Boden, einmal gen Osten und einmal gen Westen. Danach umkreisten sie Indigo. Langsam-keine-Dummheiten – im Uhrzeigersinn. Langsam-es-könnte-das-letzte-Mal-sein – entgegen dem Uhrzeigersinn. Und noch einmal. Humf. Und noch einmal. Humf. Klapp. Klappklapp. Klapp.

Indigo war nicht von gestern, sie wußte, daß sie entweder eingeweiht oder abgemurkst werden würde. Crunch war wohl nicht übermäßig beeindruckt von ihrer Kunst. Spats hingegen war sehr viel kräftiger, als sein leichter Körperbau vermuten ließ. Indigo hielt den Atem an. Als nächstes würde einer den Rhythmus unterbrechen, und wer immer das auch sein würde, wenn er sich nicht vorsah, würde es ihm sofort an den Kragen gehen.

Spats bewegte sich als erster, blitzschnell. Er hatte Indigo auf seinen schmalen Schultern, bevor Crunch auch nur einen Schritt tun konnte. Es bestand jedoch immer noch die Möglichkeit, daß Crunch sie rammen und über den Haufen rennen würde. Spats blickte zu Indigo hoch, die entzückt darüber war, eine solche Trophäe und außerdem so sicher zu sein. Crunchs flaches Gesicht blieb ausdruckslos. „Okay, Mann, sie ist dabei." Indigo sprang von Spats' Schultern, jubilierend. Die Außenwelt kam zu ihr. Crunch gefiel es zwar nicht, daß sie ein Mädchen war; aber jemand, dem es gelang, einem G. C. oder auch nur einem Jr. G. C. Angst einzujagen, hatte es verdient, entweder eingeweiht oder abgemurkst zu werden. Außerdem hatte sich jemand, der schon ein G. C. war, verbürgt: er würde die betreffende Person allen übrigen gegenüber verteidigen oder in Gegenwart der andern G. C.s angreifen. Es stimmte allerdings auch, daß es nur zwei Jr. Geechee Capitans gab, Spats und Crunch. Und zwar aus dem einfachen Grund, weil sie niemanden finden konnten, der es mit ihnen aufnahm. Bis auf Indigo. Crunch gefiel es einfach nicht, daß sie ein Mädchen war. Spats gefiel das.

Indigo hatte schließlich einen Mond in ihrem Mund. Mit Spats und Crunch im Gefolge waren ihre „Aktionen", wie sie es nannte, konkreter geworden. Indigos Spezialgebiet waren andere Welten, ihre Musik. Spats konzentrierte sich auf seine Hände, geschickte, messerwerfende, die Uhr vom Gelenk reißende Hände. Crunchs Sehnsucht war, die ganze gottverdammte Bude zu demolieren, jeden und jede Bude, wer und was ihm gerade nicht paßte. Ein furchterregendes Trio. Das unmittelbare Problem war: wie ließ sich aus Indigo ein erkennbarer Jr. G. C. machen? Spats hätte Crunch beinahe die Seele aus dem Leib geboxt, als dieser meinte: „Mann, das ist unmöglich. Sie ist ein Mädchen, sie wird nie wie wir aussehen!" Spats zischte ihn an: „Nichts ist unmöglich für einen Geechee Capitan." Und sie stellten Indigos Uniform zusammen. Da links getragene oder abgeschnittene T-Shirts, wie sie sie bevorzugten, nicht das Richtige für sie waren, einigten sie sich auf einen Hut. Spats klaute einen Stetson, den kleinsten, den er bei Kerreson entdecken konnte. In den Geschäften sahen sie es sowieso nicht gern, wenn Schwarze Hüte aufprobierten. Crunch verdrosch ein gelbes Muttersöhnchen, das auf der King Street Ball spielte, und nahm ihm einen hübschen Ledergürtel ab. Sie dekorierten ihn mit den Griffen von Schnappmessern und einer Schlaufe für Indigos Geige. Welcher Geechee Capitan würde schon herumspazieren, ohne beide Hände frei zu haben? Ihr neuer Aufzug machte aus Indigo eine grimmig dreinblickende kleine Schwester. Sie stopfte ihre Zöpfe unter den Stetson, einen dunkelbraunen Hut, der schräg über ihrem linken Auge saß. Spats, Crunch und Indigo waren sich einig, daß sie einen durchaus respektablen G. C. abgab. Trotzdem fehlte Crunchs Meinung nach noch etwas.

„Hör zu, Spats, ich weiß, woran es liegt! Sie hat keinen richtigen Namen. Keinen speziellen Namen!" Indigo hatte ihren Namen schon immer gemocht. Es gab nichts an ihm auszusetzen. Sie war ganz sie selbst. Sie änderte die Natur der Dinge. Farblose, langweilige Dinge ließ sie bunter und interessanter werden. Die Sklaven, die wir waren, wußten genau Bescheid über die Farbe Indigo und über Indigo als Person. Außerdem war es ziemlich gefährlich, jemandem einen andern Namen zu geben. Es stiftet Verwirrung unter den Geistern – sie bringen einem etwas, was für einen andern bestimmt ist. Und die Leute ärgern sich, ihre Gelassenheit verwandelt sich in Wut, wenn man sie bei einem Namen ruft, der weder Gottes Segen hat noch irgendeinem Menschen bekannt ist. Indigo war nicht sehr begeistert von dieser Sache. Nach längerem Hin und Her akzeptierte Crunch „Digo", eine Kurzform von Indigo. Spats war gebildet genug, um die Bedeutung von „digo" in einer anderen Sprache – in Spanisch, genauer gesagt – zu kennen; es hatte etwas zu tun mit „sagen", und seiner Meinung nach war Digo eine Person, die wirklich etwas zu sagen hatte. Wenn sie ihre Geige hervorholte, hörte man besser genau hin.

Der Süden in ihr.

Wenn sie die Chad Street herunterkamen oder durch die Höfe liefen, ließen die Jr. G. C.s keinen Zweifel daran, daß sie die junge Generation von schwarzen Kindern des zwanzigsten Jahrhunderts waren. Ihre Realität hatte nichts mehr mit den Sklavenmarkt-Mythologien zu tun. Und nichts in dem Calhoun House brachten sie mit ihrer Person in Verbindung. Catfish Row bestand einfach aus altmodischen, verstaubten, pastellfarbenen Holzhäusern, gleichbedeutend mit Maisbrei, Austern und Okra, die jeden Abend dort gesotten wurden. In den winzigen Gäßchen wurde seit eh und je Karten gespielt, und auf den altersschwachen Veranden, die sie einsäumten, saßen die Großmütter und taten so, als würden sie überhaupt nichts verstehen. Sie lächelten jedoch, wenn einer eine besondere Glückssträhne hatte und schrille Schreie und dröhnendes Gelächter über die Dächer sandte. Hier traten auch Digo, Crunch und Spats auf; sie verbanden die Fähigkeiten moderner Herumtreiber mit den Hobbies der traditionelleren schwarzen Rebellen.

Besonders gern gingen sie zu Sneed. Sneed war eine Bäckerei, und es gab täglich frisches Brot, Muffins, Kuchen und Gebäck. Die Jr. G. C.s hingen jedoch aus andern Gründen bei Sneed herum – der Laden war nämlich mit einem ganzen Komplex unterirdischer Räume verbunden, in denen um Geld gespielt wurde und Hahnenkämpfe stattfanden; außerdem gab es noch einen rund um die Uhr geöffneten Gesellschaftsraum, in dem sich die abenteuerlichsten Typen aus Charlestons Unterwelt herumtrieben. Spats' Bruder, Pretty Man, sorgte dafür, daß die Transaktionen bei den verschiedenen Spielen in aller Ruhe vor sich gingen. Pretty Man war der Ansicht, daß das Geld ab und zu den Besitzer wechseln sollte und daß er der Glückliche dabei sein sollte, in aller Ruhe natürlich.

Die Bäcker in ihren hohen weißen Mützen und mehlbedeckten Schürzen trugen auch nicht nur ihren Teig in diese Räume, die direkt unter den Öfen lagen. Sie brachten die Gewinnzahlen, die jeden Tag eingingen, in die „Höhlen", wie sie genannt wurden, und wenn sie wieder zu ihren Muffins und gefüllten Teigtaschen hochstiegen, hatte sich vielleicht das Leben eines alten Tortenfreundes von Grund auf geändert. Indigo hatte nichts gegen die Zahlen einzuwenden. Sie spielte auch ab und zu. Herausspringen konnten dabei tolle neue Kleider, Eudoxa-Saiten für ihre Geige, ein Sonntagshut für Mama und Kleingeld für die Geister, die Indigo spätnachts Gesellschaft leisteten.

Zahlen für Wohlstand und größere Unabhängigkeit

Von Indigo

164 – *sehnt man sich nach Heim und Herd und sichereren familiären Beziehungen.*
626 – *will man eine Reise unternehmen zu seiner eigentlichen Heimat, seiner geistigen oder konkreten Heimat, dann spiele man diese Zahl einmal die Woche einen Monat lang.*
208 – *braucht man sofort etwas Geld auf die Hand für ganz alltägliche Dinge; nur montags spielen.*

176 – sucht man eine größere Wohnung für seine Familie, so ist das die richtige Zahl, zusammen mit 164.
508 – sehnt man sich nach Einsamkeit und einem Zufluchtsort, dann spiele man diese Zahl an fünf aufeinanderfolgenden Mittwochen.
141 – leidet man unter unserer rassistischen Gesellschaft, dann spiele man diese Zahl zweimal wöchentlich fünf Jahre lang.
999 – will man sich von einengenden Bindungen finanzieller oder sonstiger Art befreien; täglich.

Hinweise der Geister/ Wie man seine Träume einsetzen kann

Von Indigo

Wenn du eine Möwe über dein Haus fliegen siehst, enthält deine Zahlenkombination eine 7. Stößt sie herab, dann ist auch eine 2 dabei, fliegt sie auf den Mond zu, eine 9.

Läßt deine Mutter etwas auf dem Herd anbrennen und du kannst sie nicht warnen, dann spiel die 1. Wenn deine Mutter gerade deine Lieblingsspeise kocht und anbrennen läßt, dann ist es eine Kombination aus 123.

Küßt dein Freund deine beste Freundin in deinem Haus, dann ist eine 3 dabei. Wenn es dich ärgert, ist deine Zahl 353. Amüsiert es dich, ist es 333.

Wenn du in einem Traum fällst, dann ist eine 8 dabei. Wenn du fällst und nie ankommst oder nicht sagen kannst, wo du ankommst, füge eine 1 hinzu. Weißt du es jedoch, dann spiele statt der 1 eine 6.

Allgemeines

Blumen – 719 / Ein Auto – 520 / Feuer – 882 / Betten – 231 / Das Jesuskind – 777 / Das Kruzifix – 111 / Judas (jemand, der diesen Namen trägt oder Judas Ischariot) – 001 / Eine verstorbene Großmutter – 803 / Ein verstorbener Großvater – 902 / Maulbeersträucher – 756 / Larven – 395 / Gewehre – 246.

Pretty Man beauftragte Spats und Crunch mit dem Ausfegen nach den Hahnenkämpfen. Und es war Spats' Job, die kreischenden, blutenden Tiere hinauszutragen und zu töten, falls es nötig war. Crunch mußte die Rasierklingen von ihren Füßen entfernen. Indigo schaute es sich einmal an und hielt sich dann fern von dem Spektakel. Sie hatte gesehen, wie die Männer den Hahn, auf den sie gesetzt hatten, anfeuerten, damit er den andern fertigmachte. Und dabei schwenkten sie all das Geld, das von Pretty Man kassiert wurde. Pretty Man mußte das reinste Mathematikgenie sein – er behielt die Vorgaben, zahlte aus, kassierte, was ihm zustand, ohne dabei das Spiel auch nur eine Sekunde aus den Augen zu lassen. Indigo spürte, wie erbarmungslose Rachegelüste sich in ihr zusammenbrauten. Erwachsene Männer, die ihren Spaß an verendenden Tieren hatten. Sie spürte Vögel über ihren Augen flattern. Sie entfernte die Rasierklingen von den Hähnen. Legte sie den Zuschauern in die Hand. Sollten sie sich selbst zerstückeln. Die Schmerzen am eigenen Leib erfahren. Spats und Crunch hatten zwar eine vage Vorstellung von Indigos Kräften, daß sie aber so etwas wagte, verblüffte selbst sie.

Die Hähne stolzierten gelassen in der Arena. Die Männer, die darum herumstanden, purzelten jedoch alle übereinander, sie erhoben ihre Fäuste, in denen die Rasierklingen steckten, gegen die Hälse, fuhren damit die Rücken rauf und runter, die Hinterteile, die Knöchel. Ein richtiger Schuhladen kam auf der anderen Seite des Rings zusammen: knöchelhohe Turnschuhe, Laufschuhe aus Reptilienleder, Gigoloschuhe, Arbeitsstiefel. Indigo stand bei der Tür und schaute sich das Blutbad an. Wortlos. Auch Pretty Man schaute sich die Bescherung an. Und er sandte Indigo den bösesten Blick zu, den er zustande brachte. Indigo zuckte zusammen unter seiner Intensität. Das genügte. Die Männer kamen langsam wieder zu sich. Schauten verdutzt um sich. Setzten wieder ihre Hüte auf. Schüttelten das Sägemehl aus ihren Kleidern. Fragten sich, woher das Blut auf den Sitzen kam. Ihre Wunden hatten sich wieder geschlossen, ohne Narben zu hinterlassen. Indigo verfolgte keine bösen Absichten. Trotzdem konnte Pretty Man solche Extravaganzen nicht dulden.

Indigo und Pretty Man verständigten sich, ohne auch nur ein Wort zu wechseln. Schließlich gehörte sie zu den Geechee Capitans. Von diesem Zeitpunkt an hielt Indigo sich in dem Gesellschaftsraum auf und spielte Geige. Da man zwischen Sonnenaufgang und -untergang nur ganze Flaschen kaufen konnte, war es für die Lebemänner von Charleston nur sinnvoll, sich zwischendurch bei Sneed ein Glas Bier oder einen Schuß Whisky zu genehmigen.

Die Bedienung bei Tisch, die Möglichkeit zu spielen und dieses Kind mit seiner Geige, all das war für Leute mit Familie eine angenehme Abwechslung nach der Arbeit – oder vor der Arbeit für diejenigen, die nachts arbeiteten.

Indigo behielt ihren Stil bei. Sie versuchte immer noch auszudrücken, was sie fühlte. Inzwischen sah sie sich jedoch die Leute an und sah zum Beispiel einen dunkelhäutigen Mann mit einer Narbe auf der Wange, schwieligen Händen und müden Augen. Dann ließ sie ihre Seele in die seine fließen, bis sie den glücklichsten Augenblick in dem Leben dieses Mannes aufgespürt hatte, und das spielte sie. Man konnte es daran erkennen, daß die Narbe schon gar nicht mehr so häßlich aussah, wenn Indigo ihrer Geige die Töne entlockte; seine Augen füllten sich mit Energie, und aus ihren Fingern floß Zärtlichkeit, Musik. Die Sklaven, die wir waren, halfen Indigo bei dieser Mission; sie ließen die Seele und die Songs, die Erfahrungen und die vergessenen Rhythmen miteinander verschmelzen. Pretty Man war erleichtert. Indigo hatte eine Aufgabe. Er konnte Onkel John erzählen, daß sich in seinem Revier keine Teenager-Circe mehr herumtrieb. Es war nicht mehr daran zu zweifeln, daß sie sich zu einer Frau entwickelte, die ihre Fähigkeiten einzusetzen wußte. Es fehlte ihr nur noch etwas Übung.

Pretty Man wußte nicht, wie Indigo das Geigespielen anging, aber er wußte, daß sie ein Naturtalent war. Spats hatte ihm erzählt, daß sie erst wieder zu Hause spielen dürfte, wenn sie Unterricht nähme. Ein Lehrer kam also nicht in Frage. Viele Wege führen nach Rom, und Pretty Man war sich nur noch nicht über den richtigen im klaren, weil er nicht sehr viel Phantasie besaß. Nein, etwas ganz Einfaches bot sich an. Pretty Man mochte einfache Lösungen: Geld, eine zuverlässige Frau, Respekt. Mabel, seine Freundin, war ein einfaches, nettes Mädchen, das im Gesellschaftsraum aushalf. Pretty Man schickte Mabel in ihrem engen roten Rock in die Stadt, wo sie nach Platten mit Violinmusik schauen sollte. Sie würde eine Zeitlang die Musik des Musikautomaten durch etwas anderes ersetzen. „Ja", sagte er zu sich selbst, „Digo wird nach Gehör spielen. Eine Zeitlang zumindest, und dann wird man schon weitersehen."

Mabel, die so pflichtbewußt war, wie nur ein Südstaatenmädchen sein konnte, kam mit einem ziemlich seltsamen Sortiment von Violinmusik und Violinisten aus den Plattenläden zurück. Yehudi Menuhin spielt Bartók, „Violinkonzert Nr. 2". Papa John Creach. „Duke Ellington Jazz Violin Session" mit Svend Asmussen, Stephane Grappelli, Ray Nance und Billy Strayhorn. Heifetz spielt Bach, „Sonaten und Partitas ohne Begleitung". Und Stuff Smith. „Ich habe eine von jedem Geiger genommen", zirpte Mabel. Pretty Man schaute sich jedes Album an. Nickte mit dem Kopf. „Und nun steck sie in den Musikautomaten." Gesagt, getan.

Pretty Man versprach Indigo einen Dollar für jede Melodie, die sie auswendig lernte oder zusammen mit der Platte spielen konnte. Pretty Man bezeichnete alles von Bach bis Ellington als Melodie. Smith' „Blues in the Dungeon" war genau so eine Melodie wie Bartóks zweiter Satz, das Andante tranquilo. Indigo war nicht wild darauf, ihre Ästhetik zu verändern. Im Gegenteil, sie sagte zu Pretty Man, es wäre blödsinnig, etwas zu spielen, was schon jemand anderes spielte. Aber Spats und Crunch beratschlagten über diese Angelegenheit und kamen zu dem Ergebnis, daß Indigo die Kasse der Jr. G. C.s gewaltig zum Klingeln bringen könnte. Selbst Indigo bestritt das nicht. Der ganze Fisch und die ganzen wunderschönen Sachen, die die Jr. Geechee Capitans den nicht-so-begüterten Schwarzen zukommen lassen konnten, wo doch Weihnachten sozusagen vor der Tür stand. Indigos Gegenwart hatte sich in der kleinen Gang tatsächlich bemerkbar gemacht. Geschenke für alle, die sie verdienen. Und zum Teufel mit allen, die uns nicht ernst nehmen: die neuen Slogans. Neue Prioritäten, die sich für die Geechee Capitans herauskristallisierten.

Pretty Man gab Mabel das nötige Kleingeld für den Musikautomaten, wenn Indigo übte. Indigo bemühte sich nach Kräften. Trotzdem entgingen ihr gelegentlich die Nuancen und die Meisterschaft ihrer Vorbilder; ihre eigenen Rhythmen kamen ihr dabei in die Quere. Ihre Oktaven entsprachen nicht immer denen von Creach oder Heifetz. Sie vergaß auch einmal, daß sie sich während Ellingtons „Tricky Licks" keine Soli herausnehmen konnte, und überspielte einfach Ray Nance. Pretty Man war beeindruckt von Indigos Entschlossenheit, sich nicht unterkriegen zu lassen. Mabel machte sich Sorgen, denn die Leute waren an Indigos Gefiedel gewöhnt, eine Musik, die ihre Seelen zum Sprechen brachte; sie fingen an zu meckern, blieben nicht mehr lange, hinterließen kein Trinkgeld, wurden einfach unleidlich. Etwas fehlte.

Einmal am späten Nachmittag – eine Zeit, um die der Gesellschaftsraum gewöhnlich voll war mit Männern und Frauen, die sich über die Schwarzen, über ihre Geschäfte und über die Zukunft ausließen – schaute sich Mabel die Sache etwas genauer an. Es tat sich nichts, nur Indigo und der Musikautomat spielten. Geigen. Geigen. Geigen. Weiße, die vom Grab auferstanden waren, um die Schwarzen zu vertreiben, sie von einem hübschen Platz, ihrem Platz, zu vertreiben. Dieses Gefiedel verdarb den Leuten die Laune, sie bestellten keine Drinks mehr, keine Maisbuletten und auch keinen Kohl mit Katzenfisch, den Mabel so herrlich würzte. Nichts als leere Tische. Nichts als dieses Gefiedel. Früher, als die Kleine noch spielte, wie es ihr paßte, war das Geschäft besser gelaufen. Und auch die Unterhaltungen. Außerdem erkundigte sich Pretty Man dauernd danach, wie es mit Indigo voranging. „Macht die Kleine Fortschritte?" fragte er. Als ob Mabel nichts anderes zu tun hätte, als sich an jeden „Blues in C" oder jeden „Arabian Song Nr. 42" zu erinnern. Nein. Nein. Mabel schaute zu Indigo hinüber, die neben dem Musikautomaten saß, zuhörte, Griffe übte und vor sich hin summte. Schluß damit. Mabel zog den Stecker aus der Wand. Ging auf Indigo zu und sagte: „Indigo, gib mir dieses Ding. Und zwar sofort, hörst du? Pretty Man möchte, daß hier nicht mehr gespielt wird. Also los, gib sie her." Indigo bewegte sich mit der Geschwindigkeit des Mondlichts. „Spats, Crunch, *G. C. in Not, G. C. in Not.*" Indigo setzte ganz massiv ihr eigenes Geigenspiel ein. Was für ein Kriegsgeschrei in dem Gesellschaftsraum, in dem sich sonst nur Hüften und Busen bewegten. Mabel war zu durchdrungen von ihrer Mission, die alten Zustände wiederherzustellen, um sich klarzumachen, daß Indigos Gegenwart das von vornherein ausschloß.

Spats und Crunch kamen angerannt. Spats warf Mabel bei jedem Schritt, den sie machte, Stühle vor die Füße. Crunch wehrte Mabels grapschende Hände von Indigos Gesicht und Geige ab. Mabel verwandelte sich in eine Löwin, duckte sich, fauchte. Die Jungens taten alles, um Indigo zu retten; ihr Haar oder ihre Geige.

Mabel begann die Jungen mit ihren Nägeln, Absätzen, Zähnen und ihrer Stimme zu attackieren. Sie erflehte sich von überallher Beistand: von Moses und ihrer Mutter. „Jesus Maria, befreit mich von dieser Fiedel.“ Spats hatte ein paar Kratzer abbekommen. Crunch war total ramponiert. Alle waren sehr erschrocken. Mabel schrie nach Pretty Man. Pretty Man war Mabels Alter. Die Situation war brenzlig.

Spats hielt es für besser, sich aus dem Staub zu machen. „Mein Bruder würde es bestimmt nicht zulassen, daß wir auf seine Braut losgehen.“ Die Geige unterm Arm, stolperte Indigo durch die Höhlen, eskortiert von Spats und Crunch. „Das dicke Ende kommt erst. Verdammt, wir sollten uns besser nicht blicken lassen, wenn Pretty Man erfährt, was wir getan haben.“ Crunchs Gehör war auf Mabels Schreie nicht geeicht. Aber Pretty Man und einer seiner Wutanfälle! Indigo wurde langsamer. „*Wir* brauchen nirgendwo hinzurennen.“ Spats war nervös. „Wir müssen hier raus.“ Crunch war schon verschwunden. Spats versuchte Indigo an ihrem freien Arm mitzuzerren. „Digo, mach schon. Pretty Man darf uns nicht erwischen. Los.“ Indigo schüttelte den Kopf. „Nein, ich geh zurück und schau nach Mabel.“ Und auch Spats war weg.

Indigo erfuhr die Höhlen zum erstenmal in ihrem Leben. Die Luft war dunkel und schwer. Das Brot, das gerade gebacken wurde, stieg ihr in die Nase. Bleiern. Ihre Geige, die inzwischen wieder an ihrer Seite baumelte, lastete auf ihrer Seele. Scham kroch ihre Wangen hoch. Sie würde sich um Mabel kümmern. Mabel war in Schwierigkeiten, und zwar wegen Indigos Geige und weil Indigo ein Geechee Capitan war. Mabel war einfach eine Frau. Auch Indigo würde eines Tages nur eine Frau sein. Die Scham ließ ätzende Tränen über ihre Wangen rollen und trieb sie zurück in den Gesellschaftsraum.

Angst drückte sie im Dunkeln gegen die Wand, als Pretty Man, hübsch wie immer, zur Bäckerei hochrannte.

Er stopfte sich beim Gehen das Hemd in die Hose und nahm Haltung an.

Indigo wünschte, die Stilettogriffe auf ihrem Geigenkasten wären Stilette. Sie würde seinen Rücken damit spicken – aber eigentlich wollte sie gar niemanden verletzen. Die Schwarzen hatten schon zuviel durchgemacht.

Die Höhlen fingen an zu seufzen, jedoch nicht aus Kummer, sondern weil sie Indigos Erkenntnis zustimmten. Die Sklaven, die wir waren, hatten den Schrecken am eigenen Leib erfahren; sie hatten den Sonnenaufgang mit Schmerzen verwechselt und Gleichgültigkeit als Freundlichkeit akzeptiert. Nun drangen ihre Stimmen aus den Wänden, zogen Indigo zu sich heran.

Indigo fuhr mit den Händen die Wände entlang, um das, was sie sangen, um ihre Stimmen festzuhalten. Statt dessen berührten ihre Finger kalte, harte Eisenringe. Ihre Handflächen und Finger waren voller Rost. Sie folgte den Ringen, Ketten, Fußfesseln. Die Höhlen offenbarten das Leiden der Ihren, ohne daß die Lieder auch nur einen Augenblick verstummten. Je fester Indigo die Ketten umklammerte, desto weniger Scham empfand sie; Mabels dünne, klagende Stimme schwebte über dem Chor der Höhlen, der so dickflüssig war wie Blut. Indigo kannte ihre Aufgabe. Die Schwarzen hatten genug gelitten.

Notbehandlung von offenen Wunden bei Schmerzen

Von Indigo

Die Wunde mit viel kaltem Leitungswasser behutsam ausspülen. Infektionen werden dadurch zum größten Teil verhindert. Falls vorhanden, ein sauberes Leinentuch gegen die Wunde drücken, um das Blut zu stillen. Wiederholen, wenn der Druck nicht ausreicht.

Es gibt auch noch eine andere Methode, bei der der Boden einer rostfreien Pfanne gegen die Wunde gepreßt wird. Die Kälte der Pfanne verhindert sowohl das Anschwellen als auch das Bluten. Ein Umschlag aus Alraunenbeeren kann als vorläufige Wundbehandlung Wunder wirken.

Notbehandlung von Wunden, die nicht äußerlich sind

Nimm den Verletzten vorsichtig in die Arme und wiege ihn so sanft wie ein ruhiges Meer. Summe dabei irgendeine Melodie und wiederhole zärtlich seinen Namen. Biete ihm ein Getränk aus roten Sonnenblumen an, um sein Blut und seinen Geist zu reinigen. Fasten und absolute Stille lassen den Verletzten seine eigenen Kräfte erkennen, Kräfte, die es ihm ermöglichen, sich selbst zu pflegen und zu heilen. Vorsicht bei neuen Bekanntschaften, man konzentriere sich besser auf sich selbst.

Indigo wickelte ihre Puppen vorsichtig in den weißen Baumwollstoff ein, der aus den Webräumen ihrer Mutter stammte. Links von dem Mond, den sie auf ihre Wand gemalt hatte, türmte sich ein Hügel aus kleinen, ovalen Formen auf, aus dem kleine Stofffüße ragten. Die Sonne war im Schwinden begriffen, zarte Orangetöne umspielten die Puppenköpfe, die alle nach Osten zeigten. Marie-Hélène und Miranda wurden als letzte eingewickelt. Indigo nahm sie beide in die Arme, küßte ihre Stirnen und hielt sie etwas von sich weg, um noch einen letzten Blick auf ihre besten Freundinnen zu werfen. Sie verbeugte sich noch einmal vor ihren verhüllten Gefährtinnen und spielte, so gut sie sich noch daran erinnerte, das Stück von Bartók. Jede Note verlangte Präzision, Aufrichtigkeit und Tiefe.

Mein Gott, dieses Kind ist das reinste Wunder, dachte ihre Mutter, Hilda Effania, die ihr von der Tür aus zuhörte und zuschaute. Sie hatte sich, so schnell sie konnte, die Hintertreppe hochgeschlichen, als sie aus Indigos Zimmer *richtige* Musik hörte. Sie bedauerte es inzwischen auch beinahe, daß sie der Kleinen nicht gestattet hatte, das zu spielen, was ihr die Seele eingab. Was Tante Haydee gesagt hatte, stimmte schon: „Die Kinder kommen ganz von selbst drauf, man muß ihnen nur genügend Spielraum lassen." Indigo spielte die lyrischen Fragmente, die sie auswendig konnte, und fügte noch ein paar Noten von „Cotton Tail" hinzu. Sie verneigte sich sehr förmlich – legato – und drehte sich herum, um ihre Geige in den Kasten zu legen. Sie sah ihre Mutter, zögerte und stammelte: „Mama, ich glaube, ich bin inzwischen doch zu groß, um noch mit Puppen zu spielen, was denkst du?"

„Ich erinnere mich, daß ich das mal gesagt habe, als ich gerade alle Hände voll zu tun hatte, an einem ganz besonders schlimmen Tag. Wahrscheinlich damals, als du deine Periode mit einem Essen feiern wolltest."

„Mit einem Menstruations-Essen, Mama."

„Richtig, ich glaube, ich habe gesagt, du sollst sie auf den Dachboden packen." Hilda Effania biß sich auf die Lippen und setzte ein besorgtes Lächeln auf.

„Indigo, du brauchst die Kleinen deshalb nicht gleich zu begraben. Sie machen sich sehr gut in deinem Zimmer. So lange ich mich erinnern kann, bist du mit deinen Puppen ins Bett gegangen. Auch wenn ich ziemlich in Rage war, als ich das sagte, was ich sagte – du weißt doch genau, daß es nicht so gemeint war. Behalte deine Puppen, so lange du willst. Und Miranda ist auch zum Weihnachtsessen eingeladen." Hilda Effania wollte, daß Indigo diese Niedergeschlagenheit, die sich in ihrem Rücken ausdrückte, und diese Traurigkeit in ihrem Blick verlor. Aber Indigo war fest entschlossen.

„Nein, Mama, ich denke nicht, daß sie tot sind, sondern daß sie sich nur etwas ausruhen." Indigo blickte voller Verlangen zu ihrer Mutter hoch. Sagte aber nur: „Mama, ich könnte es unmöglich ertragen, wenn sie auch erwachsen würden. Unmöglich, Mama, einfach unmöglich."

Hilda Effania war wieder einmal hilflos. Aber sie konnte Indigo an sich pressen und immer wieder ihren

Namen flüstern, bis die Kleine schließlich zu reden anfing.

„Mama, es ist schwer, nicht wahr?"

„Was ist schwer, Indigo?"

„Eine erwachsene Farbige zu sein. Du meintest das auch. Und nur weil ich erwachsen werden muß, brauchen meine Puppen doch nicht auch gleich erwachsen zu werden. Ich kann ihnen das ersparen. Mama, bringen wir sie auf den Dachboden. Du und ich. Mrs. Yancey will ich nicht einladen, obwohl Miranda sie bestimmt vermißt. Nur du und ich, wir sollten uns was ganz Besonderes einfallen lassen."

Hilda Effania setzte sich mit Indigo auf das Bett. Sie wiegte ihr Kind in den Armen, streichelte ihren Rücken und summte irgendeine Melodie, die sie erfand, während sie sang.

„Ich weiß nicht, ob es wirklich so schwer ist, eine erwachsene Farbige zu sein, Indigo. Ich kann mir aber gut vorstellen, daß du nicht willst, daß deine Freundinnen erwachsen werden. Wenn sie nämlich erwachsen sind, müssen sie auch irgendwann mal aus dem Haus. Aber sie können ja ewig kleine Mädchen bleiben."

„Wie, Mama?"

„Du weißt doch, es ist bald Weihnachten, und es gibt Hunderte von kleinen Mädchen, von ganz, ganz kleinen Mädchen, bei denen Miranda, Marie-Hélène und all die anderen gut aufgehoben wären. Du und ich, wir wissen doch beide, daß es auf der ganzen Welt keine solchen Puppen gibt wie sie."

Hilda Effania unterdrückte ein Lächeln. Sie sah Indigo vor sich, wie sie aus der Küche Reis klaute und aus dem Nähzimmer Knöpfe und Stoffreste aus Satin, die bei Miz Fitzhughs Ballkleidern abgefallen waren.

„Ich meine das ganz ernst, Indigo, auf der ganzen Welt gibt es keine solchen Puppen."

„Und du denkst, wir sollten sie irgendwelchen fremden Leuten geben?" fragte Indigo empört.

„Du hast gesagt, sie wären nicht tot, sondern würden

sich nur ausruhen", meinte Hilda Effania und setzte sich Indigos Stetson auf den Kopf. „Ich muß schon sagen, für einen Männerhut sieht er sehr gut aus, Indigo."

Indigo riß ihr den Hut vom Kopf, dachte einen Augenblick nach und stellte sich völlig aufgelöst vor ihre Mutter.

„Mama, ich mache für die andern kleinen Mädchen neue Puppen, ehrlich, ich versprech's dir. Aber ich möchte, daß du und ich eine kleine Feier für meine Puppen veranstalten und daß wir sie dann schlafen lassen, bis ich ein Baby habe oder bis Cypress oder Sassafras eines haben. Bitte, Mama, ich möchte, daß sie in der Familie bleiben."

Sie hatte recht. Nach Indigo würde es keine Babies mehr in der Familie geben, bis eine ihrer Töchter soweit war und eines nach Hause brachte. Hilda Effania konnte diesen Familiensinn, den Indigo an den Tag legte, nur unterstützen. Sie tat ja schließlich alles für ihre Töchter. Und nun bewahrte Indigo, die gerade zwölf Jahre alt war, ihre Schätze für die zukünftigen kleinen Mädchen in der Familie auf. Hilda Effania, die ihre beiden anderen Töchter nur zu schnell heranwachsen gesehen hatte, fand das sehr vernünftig. Heute hatte Indigo sie eingeholt.

„Okay, was für eine Feier möchtest du denn haben?"

„Ich möchte, daß du irgendein Kirchenlied singst, während ich eine nach der andern hochtrage. So hatte ich mir's vorgestellt, Mama. Anschließend komme ich dann wieder herunter und helfe dir bei dem Gumbo, das du für Cypress und Sassafras machen willst, wenn sie nach Hause kommen. Darf ich das, bitte?" Indigo war ganz aufgeregt; sie begann und beendete den größten Abschnitt ihres Lebens.

Hilda Effania zog sich auch noch um, nachdem sie sich mit dem Ganzen soweit angefreundet hatte. Sie schlüpfte in ein Crêpe-Kleid mit Perlen und schwarzem Samt um die Schultern, legte etwas Rouge auf und tuschte sich die Wimpern. Auf ihren Vorschlag hin zog

Indigo ihr weißes Kommunionskleid aus Taft an. Hilda Effania postierte sich auf der Treppe der zweiten Etage, die zum Dachstuhl führte. Indigo trug feierlich jede einzelne Puppe die gewundene Treppe empor, während hinter ihr die Stimme ihrer Mutter zu den Dachbalken hochstieg:

„Gott will's machen, daß die Sachen
Gott will's machen, daß die Sachen
gehen, wie es heilsam ist; laß die Wellen
höher schwellen, wenn du nur bei Jesus bist."

„Mama, dieses Gumbo ist unwahrscheinlich." Sassafras aß so schnell, daß sie den Satz kaum hervorbrachte.

„Mama, wenn ich den Weißen am Callahan College erzählen würde, daß ich gerne etwas rote Sauce und Reis mit Garnelen, Muscheln, scharfer Wurst, Mais, Okra, Huhn und Krabben hätte, würden sie auf dem ganzen Campus verkünden: ‚Diese kleine Schwarze übertreibt wirklich. Stell dir vor, was sie zum Abendessen haben wollte!'"

Cypress stand bei der Anrichte neben der Spüle und machte ihre pliés, die Sassafras mit ihrer Geschichte unterbrochen hatte.

„He, S., hör auf mit deinen Späßen. Ich kann meine Übungen nicht machen."

„Ich habe Mama dabei geholfen, Sassafras. Gut, daß es dir schmeckt", zirpte Indigo; sie saß am Tisch und machte eine Puppe für ein kleines Mädchen, das, wie ihre Mutter gesagt hatte, sonst nichts zu Weihnachten bekäme.

Hilda Effania war im siebten Himmel. Alle ihre Töchter waren zu Hause. Cypress war aus New York gekommen, wo sie Ballett studierte. Und Sassafras hatte die schreckliche Busfahrt von New England nach South Carolina auf sich genommen. Sosehr sie sich auch verändert hatten, für sie waren sie immer noch ihre kleinen Mädchen. Wenn sie in der Küche spinnen konnte, während ihre Töchter ihren Tätigkeiten nachgingen, war Hilda Effania einfach selig.

Von ihrer Ecke aus konnte sie alle beobachten. Sassafras war immer noch beim Essen und hatte immer noch ihren Speck auf den Hüften. Falls das Essen der Weißen wirklich so schrecklich war – bemerkbar machte es sich nicht. Cypress hingegen war zu dünn um die Taille herum. Als weigerte sie sich, den Körper, den ihr der Herr gegeben hatte, einfach so hinzunehmen. Gegen ein farbiges Hinterteil ließ sich nichts machen. Hilda wußte, daß Cypress so wild entschlossen war, eine Ballerina zu werden, daß sie endlos hungern würde, aber dieses Hinterteil würde sie deshalb doch nicht loswerden. Indigo bemühte sich nach Kräften, mitzureden, wenn die Großen sich unterhielten. Hilda spann ihr Garn. Später würden sie ihr helfen, es zu färben, einzuziehen und zu weben. Wie immer.

„Sassafras, ‚dir' und ‚dich' sind nicht dasselbe. Cypress, deine Schwester heißt Sassafras, nicht S."

Cypress, die gerade dabei war, eine arabesque penché auszuführen, meinte: „Erzähl doch mal was Neues."

Hilda Effania holte tief Luft und seufzte laut. Sie mußte ihr das abgewöhnen, diese Allüren, die sie aus dem Norden mitgebracht hatte.

„Tut mir leid, Cypress, ich fürchte, ich habe dich nicht verstanden."

Cypress nahm wieder die erste Position ein, bras en repos.

„Oh, Mama, ich habe das nur so gesagt, unser Slang."

„Hörte sich aber ziemlich frech an", sagte Hilda Effania, ohne sich vom Spinnen ablenken zu lassen.

„Man bedient sich einfach eines gewissen Vokabulars, um sich selbst und den andern seine Intentionen klarzumachen. Das sagte Madame."

Cypress führte ein croisé devant aus, hielt ihr Gleichgewicht und lächelte.

„Und Madame lehrt euch wohl auch, euern Müttern übers Maul zu fahren?" fuhr Hilda fort. Sassafras sah gelangweilt drein, obwohl Cypress keine Anstrengung scheute, sie mit ihren neuen Fähigkeiten zu beeindrukken: rond de jambe en l' air gargouillade; cabriole; brisé. Sie wiederholte bei jeder Bewegung diese Worte.

„Cypress, sprichst du überhaupt noch Englisch? Oder haben in New York alle Französisch gelernt, dem Ballett zuliebe?" Indigo lachte. Hilda lächelte stillvergnügt. Cypress' Körper entspannte sich und erschien Hilda sehr viel natürlicher.

„Mama, würdest du meiner hinterwäldlerischen Schwester erklären, daß ich nur versuche, ihr etwas Kultur beizubringen."

„Sie ist anwesend. Du kannst ihr das selbst sagen."

„Cypress, ich gehe auf eine Schule, in der Kultur, per se, überhaupt nicht erwähnt wird, weil nämlich die ganzen Weißen dort sozusagen die Kultur verkörpern oder zumindest versuchen, uns das weiszumachen."

Sassafras lehnte sich zurück. Cypress hatte recht. Was sie ihnen da vortanzte, war wirklich sehr hübsch. Ein richtiges Geschenk, das sie ihnen machte.

„Cypress, kannst du das noch mal vormachen? Ich möchte sehen, wie das geht. Bei den Anglos sieht das ganz anders aus. So wie du es machst, erscheint es ganz einfach."

„Zeig es mir auch bitte, ich möchte auch wissen, wie das geht."

Indigo stach ihrer Puppe eine Nadel in die Brust und stand auf, bereit, ihre erste Stunde an der Stange zu nehmen.

Hilda wünschte nur, Alfred, ihr Mann, könnte sie sehen – wie sie in Reih und Glied neben ihrer Spüle standen und bei Cypress eine Ballettstunde nahmen, während Sassafras Dunbar zitierte. Sie waren ganz seine Kinder: dickköpfig, abenteuerlustig, ihren Träumen nachhängend. Hilda hatte ihre eigenen Träume. Sie wollte weniger die Welt als das Leben ihrer Töchter verbessern. Damit sie nicht das tun mußten, was sie ihr ganzes Leben getan hatte. Auf jedes Wort hören, das aus dem Mund dieser Weißen kam. Auch wenn es nicht so schlimm war. Und sie eigentlich mit ihrem Leben zufrieden war. Sie stellte gern Stoffe her, sie faßte sie gern an, mochte die Farben und auch den Arbeitsrhythmus.

Sie wollte einfach, daß sie glücklich würden. Wie auch immer. Durch was auch immer. Und durch wen auch immer.

„Oh, wie konnte ich das nur vergessen, Skippie Schuyler gibt eine Weihnachtsparty, und ich glaube, auf dem Tisch neben der Tür liegt auch eine Einladung."

„Skippie Schuyler, der Arztsohn, hat uns eingeladen, Mama?"

„Warum denn nicht? Niemand in Charleston kriegt eine bessere Ausbildung, niemand geht auf bessere Schulen als ihr. Außerdem seid ihr bei weitem die Hübschesten hier."

Sassafras rannte hinaus, um die Einladung zu holen. Festes, weißes Papier mit Golddruck.

Eugene Alphonso Schuyler, III
bittet
Sassafras, Cypress & Indigo
zu einer
Weihnachtsbowle

16 bis 19 Uhr *in Begleitung/ R.S.V.P.*

Indigo hüpfte im Zimmer herum. „Mama, Mama, ich bin auch eingeladen! Ich! Und er kennt mich nicht einmal."

„Nein, aber vielleicht hat er von der hübschen Kleinen gehört, die sich mit diesen Geechee Capitans rumtreibt", bemerkte Hilda.

Sassafras und Cypress warfen Indigo einen strafenden Blick zu.

„Indigo! Mit wem treibst du dich da herum?" kreischte Cypress.

„Mit den Jr. G. C.s, aber ich hab schon Schluß gemacht. Ich hab Schluß gemacht mit ihnen."

„Was ist denn dabei, Mama? Bei Eugene Alphonso

Schuyler III wird sie kaum solche Jungs treffen. Es leben die Schwarzen!"

„Sassafras, bist du verrückt! Indigo kann doch nicht mit diesen Typen auf der Straße herumhängen."

Cypress fand die Sorglosigkeit ihrer Schwester unverantwortlich. Typen wie sie hatten schon Leute umgebracht oder zu Krüppeln geschlagen. Sie hatte das aus nächster Nähe gesehen – dort, wo sie lebte, auf der Lower East Side.

„Cypress, ich habe, abgesehen von ein paar reichen schwarzen Muttersöhnchen wie Skippie, die auf unser Partner-College gehen, seit über fünf Monaten keine Schwarzen gesehen. Jeder Schwarze, dessen Farbe nicht abgeht, ist für mich das reinste Juwel, glaub mir."

„Aber ich hab euch doch gesagt, daß ich Schluß gemacht habe. Ich möchte auf Skippies Party. Wirklich."

Indigo verstand nicht, was es zwischen den beiden gab. Was war los? Sie würden alle zusammen gehen. Indigo erinnerte sich an die Wheeler-Mädchen. Diese spillrigen, gelben kleinen Mädchen.

Sie waren wie Honig in einem Wolfsrachen, wie Arsen in Schokolade. Als Jr. G. C. hatte Indigo ihnen gezeigt, wohin sie gehörten. Was würden sie machen, wenn sie ihr auf der Party begegneten?

Sassafras hatte einfach Lust hinzugehen. Schwarze zu treffen. Drei Stunden lang handfeste Unterhaltungen mit Schwarzen zu führen. Ohne daß sie immer erklären mußte, was sie eigentlich meinte. Zu tanzen. Mit jemandem, der den Rhythmus der Songs kannte. Eine Hand, die keine Angst davor hatte, ihre Hand zu berühren. Sie wollte hingehen.

Cypress dachte über das Wort „Weihnachtsbowle" nach. „‚Weihnachtsbowle' heißt hier wohl was ganz anderes. Bestimmt. ‚Weihnachtsbowle' ist was Alkoholfreies für Kinder. Wie kann Mama nur annehmen, daß ich zu so was gehe – nichts als ein paar reiche schwarze Gören. Ich würde lieber mit einem erwachsenen Mann ausgehen oder ‚Giselle' anschauen."

Hilda Effania kannte ihre Töchter. Sie wußte, daß Indigo befürchtete, ihre Eskapaden mit Spats und Crunch könnten ihr erstes öffentliches Auftreten gefährden. Sie wußte, daß es Sassafras völlig gleichgültig war, welche Schwarzen sie traf, solange es nur Schwarze waren. Und sie wußte, daß Cypress zuviel wußte.

Indigos frisch gewelltes und getrimmtes Haar stand wild um ihren Kopf, als sie in der Tür erschien.

„Mama, ich habe mit Charlie, Eward, Butch, Philip und sogar mit Skippie getanzt."

„Und nicht nur das. Sie hat auch Spats und Crunch zu den Schuylers eingeladen", sagte Cypress vorwurfsvoll.

„Sie schienen sich gut zu amüsieren mit ihren komischen Hüten."

„Sicher. Wir haben uns alle gut amüsiert."

Sassafras hatte mit Skippie Schuylers Vetter zweiten Grades aus Richmond – auch ein Arztsohn – auf der Veranda Zungenküsse ausgetauscht.

„Mama, von den Wheeler-Mädchen hatte keine ein Kleid an, das speziell für sie genäht worden war. Wie findest du das?"

Hilda Effania warf Cypress einen von diesen Wir-sprechen-uns-später-noch-Blicken zu. Die Kleine hatte irgendwo Alkohol aufgetrieben. Aber Hilda Effania fühlte sich geschmeichelt. Ihre Töchter waren ein großer Erfolg gewesen. Und sie wußten das auch. Jeder wußte es. Sie wußte es. Sie versuchte, eine ernste Miene zu machen, als sie Sassafras von der Veranda hereinrief. Aber alles war so aufregend. Sassafras kam schließlich wieder aus der Kälte herein.

„Ach, Mama, ist Liebe nicht toll?"

Cypress stand in der Ecke und führte ihre battements mit der Grazie eines Panthers aus. „Mama, ich möchte zurück nach New York."

„Mama, ich glaube, ich muß Tante Haydee besuchen. Sie hat mir einmal gesagt, ich brauche einfach nur den

Mond zu beobachten, und heute abend konnte ich den Mond nicht einmal sehen."

„Mach dir deswegen keine Sorgen, mein Liebling. Morgen feiern wir alle zusammen Weihnachten. Und nach dem Weihnachtsmann sehen wir dann weiter."

„Ach, Mama, nicht der Weihnachtsmann." Alle drei gemeinsam.

„Doch, der Weihnachtsmann." Hilda Effania gab jeder ein Glas heißen Palmwein und ein Stück Kuchen. Sie hörte sich die Geschichten ihrer Töchter an, die Fünf- und Zehnminutenflirts, über die sie berichteten.

„Und dann sagte er... weißt du, was Billy zu mir sagte; ich weiß, ich war auserwählt... Und rat mal, Mama, was dann passierte ..."

Hilda Effania konnte Weihnachten kaum erwarten. Christ ist geboren. Halleluja. Halleluja. Ihre Töchter waren nach Hause gekommen. Das ganze Haus vibrierte. Hilda Effania trällerte nur noch vor sich hin und veranstaltete eine wahre Kochorgie. Schon vor Sonnenaufgang war sie auf den Beinen. Die kleinen Begleiter des Weihnachtsmanns hatten kaum Zeit gefunden, in den Kamin zu kriechen. Sie kicherte. Was für ein Morgen das werden würde. Ja, in der Tat, für ihre Mädchen war das Beste gerade gut genug. Dinge, von denen normale Sterbliche nicht zu träumen wagten, fanden gerade noch Gnade vor ihren Augen. Wie sollte es auch anders sein – ihre Kleinen waren über Weihnachten nach Hause gekommen. Hilda Effania veranstaltete eine Kochorgie. Das kleine Jesuskind lag in seiner Krippe. Der Herr sei gelobt. Hilda Effania sang:

„Des ew'gen Vaters ewig Kind
Jetzt man in der Krippe findt.
In unser armes Fleisch und Blut
Verkleidet sich das ewig Gut. Halleluja."

Frühstück mit Hilda Effania und ihren Töchtern am Weihnachtsmorgen

Hildas Truthahnragout

1 Pfund gekochtes Truthahnfleisch in Würfeln (helles und dunkles Fleisch)
2 mittelgroße gehackte Zwiebeln
1 gehackte rote Paprika
1 ganze gekochte Kartoffel in Würfeln
1 Eßlöffel Speisestärke
3 Eßlöffel Butter
Salz und Pfeffer nach Geschmack (nach Wunsch ein Schuß Kornschnaps)

In einer schweren Pfanne Butter erhitzen. Zwiebeln und rote Paprika anbraten. Wenn die Zwiebeln glasig sind, Truthahn hineingeben. Brutzeln lassen und Kartoffeln hinzufügen. Umrühren. Ist die Soße zu dünn, mit der Speisestärke andicken, ist sie zu dick, etwas Kornschnaps hineinrühren. Mit Salz und Pfeffer abschmekken. Cayenne-Pfeffer nicht vergessen.

Katzenfisch / wie Albert ihn mochte

1/2 Tasse Mehl
1/2 Tasse Maismehl
Salz, Pfeffer
1/2 Tasse Buttermilch
3 geschlagene Eier
Öl zum Kochen
Zitronen
6 frische Fische

Mehl und Maismehl durchsieben. Salz und Pfeffer hinzufügen. Die geschlagenen Eier gut in der Buttermilch verrühren. Fisch in die Eier und Milch tauchen. Dann in dem Mehl-Maismehl-Gemisch wenden. Öl in der Pfanne heiß werden lassen. Fisch auf beiden Seiten anbraten, nicht zu lange. Die Zitronenscheiben werden bei Tisch gereicht.

Dreifruchtmarmelade

1 Tangerine
1 Papaya
1 Limone
Zucker
Kaltes Wasser

Schalen der Früchte vorsichtig abreiben. Die Stückchen sollen sehr dünn sein. Fruchtfleisch zusammenschneiden; Inneres der Früchte ganz lassen und zusammen mit den Kernen in ein Baumwolltuch einschlagen. Die Wassermenge beträgt ungefähr dreimal soviel wie das Fruchtfleisch und die Schale zusammengenommen – so läßt sie sich am besten abschätzen. Über Nacht stehenlassen. Am nächsten Morgen eine halbe Stunde lang kochen. Die Kerne in dem Beutelchen hinzufügen. Mitkochen und eine diesem Beutel entsprechende Zuckermenge (weiß oder braun) einrühren. Mehrere Stunden stehenlassen. Dann wieder unter ständigem Rühren zum Kochen bringen. Man kann immer wieder probieren, obwohl man auch sieht, wann sie geliert. Man bringe sie sofort auf den Tisch oder fülle sie in Gläser, die mit Zellophan verschlossen werden, solange die Marmelade noch heiß ist.

Sie wird zusammen mit Maismehlgrütze gegessen (ich bin sicher, du weißt, wie man sie zubereitet), Spiegeleiern, Speckscheiben, Buttersemmeln und Tante Haydees roter Piment-Marmelade. Ich würde dir dieses Rezept auch verraten, aber Tante Haydee hat noch niemandem erzählt, wie man sie macht. Ich bewahre in meiner Speisekammer immer ein Glas für besondere Gelegenheiten auf. Und ich werde diesen Herbst auch wieder eines kriegen.

Mamas Frühstück, das unten vor sich hin kochte, ließ eine nach der anderen wach werden. Indigo rannte in die Küche. Sassafras drehte sich auf den Bauch und versuchte, noch etwas länger zu schlafen; hier gab es Gott sei Dank keine Hausmutter, die eine Kuhglocke läutete.

Himmlisch. Cypress bürstete ihr Haar und begann mit ihren täglichen pliés und Streckübungen. Hilda Effania saß am Küchentisch, trank einen extrastarken Kaffee mit Magnolia-Milch und fragte sich, ob ihr Baum wohl Anklang finden würde.

„Frohe Weihnachten, Mama." Indigo strahlte. „Kann ich eine Tasse Kaffee mit dir zusammen trinken? Außer mir ist noch niemand wach. Später können wir uns dann den Baum anschauen – wenn sie alle aufgestanden sind. Soll ich sie holen?" Noch bevor Hilda Effania nein sagen konnte, hatte Indigo sich ihren Kaffee eingeschenkt. Aber Hilda war so glücklich, daß sie Indigo wahrscheinlich auch noch einen Schuß Bourbon genehmigt hätte.

„Nur eine halbe Tasse, Indigo. Und auch nur heute." Hilda beobachtete Indigo, die sich ganz ähnlich wie Cypress bewegte. Den Kopf hocherhoben, ein langer, gestreckter Rücken und daneben noch etwas von Sassafras' ruhiger Zurückhaltung.

„Du hast dich also gestern abend auf deiner ersten Party prima amüsiert?"

„O ja, Mama." Indigo hielt inne. „Aber weißt du was?" Indigo setzte sich mit ihrer leicht bräunlichen Tasse Milch neben ihre Mutter. Sie rührte ihr festliches Frühstücksgetränk um und schaute dabei so ernsthaft wie nur möglich drein. Sie blickte ihrer Mutter in die Augen.

„Mama, ich glaube nicht, daß es soviel Spaß macht mit den Jungens, wie alle behaupten."

„Wie meinst du das, Liebling?"

„Okay, sie tanzen mit einem, und irgendwann einmal heiratet man sie. Ich mag aber meine Geige viel lieber. Und ich mag auch meine Puppen viel lieber als die Jungen. Sie sind schon in Ordnung, aber man kann sich nicht richtig mit ihnen unterhalten."

Hilda Effania kicherte. Indigo ging ihren eigenen Weg, bestimmte ihr eigenes Tempo. Keine weitere mannstolle, hoffnungslos Besessene in ihrem Haus. Ihre

Jüngste war vernünftiger als die andern beiden. Alfred hätte sich gefreut. Er mochte Unabhängigkeit.

„Guten Morgen, Mama. Frohe Weihnachten." Sassafras war noch dabei, ihren Bademantel zuzubinden, als sie ihre Mutter küßte.

„Frohe Weihnachten, Indigo. Das Christkind hat dir wohl eine Tasse Kaffee beschert."

„Das ist nicht meine erste Tasse Kaffee. An meinem Geburtstag habe ich auch welchen getrunken."

„Oh, pardon. Ich habe gar nicht bemerkt, daß du schon so erwachsen bist. Aber ich war ja auch nicht hier, verzeihst du mir?"

Sassafras war morgens nie sehr angenehm. Und Weihnachten machte keine Ausnahme. Indigo und ihre Mutter schauten sich an und schnitten Grimassen; sie würden sich diesen Tag nicht von Sassafras verderben lassen.

„Guten Morgen. Guten Morgen. Guten Morgen allerseits." Cypress flog durch die Küche: coup jeté en tournant.

„Frohe Weihnachten, Cypress", rief die Familie im Chor.

„Oh, Mama, du mußt die halbe Nacht aufgeblieben sein, um all die Sachen zu kochen, die ich rieche." Cypress lüpfte die Deckel der Kochtöpfe und öffnete die Klappe des Backofens.

„Cypress, du weißt, ich lasse mir nicht in die Töpfe schauen, bevor das Essen auf den Tisch kommt. Also weg von meinem Herd."

Cypress wandte sich ihrer Mutter zu und lächelte. „Mama, können wir den Baum sehen?"

„Ich bin noch nicht fertig mit meinem Kaffee", gähnte Sassafras.

„Du kannst ihn doch mitnehmen. Mache ich auch", drängte Indigo mit sanfter Gewalt.

Der Baum prangte neben dem Wohnzimmerfenster. Hilda Effania hatte ihn mit Stroh und Stoffen bedeckt. Satinbänder von scharlachroter, limonengrüner, fuchsiaroter und strahlendgelber Farbe tanzten auf den ausladenden Zweigen der Tanne. Winzige Engel aus getrockneten Palmblättern schwebten auf den oberen Zweigen. Glänzende Äpfel neben Zuckerstäbchen und Lebkuchenmännchen entlockten den Mädchen Schreie des Entzückens und riefen alte Erinnerungen wach; sie erkannten ihre eigenen Bastelarbeiten. Die schwarzen Satinsterne mit dem aufgenähten Jesuskind hatte Cypress als Zehnjährige gefertigt. Sassafras betastete die Leiern, die sie für eine singende Kinderschar hergestellt hatte – kleine Puppen aus Sackleinen mit Leiern, die sie bastelte, seit sie eine Nadel einfädeln konnte; zwischen ihnen befanden sich die Miniaturausgaben von Indigos Puppen. Hilda Effania hatte sich jedoch für diese Weihnachten noch etwas ganz Besonderes ausgedacht. Mit Seide bespannte Rahmen in verschiedenen Pastelltönen enthielten die Kinderfotos ihrer Töchter und eines von ihrem Hochzeitstag: Hilda Effania und Alfred am 30. November 1946.

Allgemeine Unruhe. Rascheln von Papier. Bewundernde Ausrufe. Indigo hatte von Cypress einen winzigen Büstenhalter aus Spitze bekommen. Von Sassafras ein Paar winzige Ohrringe – baumelnde, goldene Violinen. Indigo hatte für ihre beiden Schwestern Puppen gemacht, die ihnen aufs Haar glichen. Beide waren 1,50 m groß, hatten Hüften und trugen Büstenhalter. Indigo hatte ihnen die alten Kleider angezogen, die Cypress und Sassafras zu Hause gelassen hatten.

„Schau mal in ihre Unterhosen", platzte Indigo heraus. Cypress fühlte mit der Hand nach. Sassafras zog ihrer Puppe die Hose aus. Beide förderten Binden aus Samt zutage, auf denen schräg über einem aufgenähten Herz ihr Name eingestickt war.

„Oh, Indigo. Das kann doch nicht wahr sein. Du hast doch nicht deine Periode gekriegt?"

„Indigo, du hast deine Periode?"

„Ja, sie hat ihre Periode bekommen", stimmte Hilda Effania ein und versuchte das Gespräch auf ein anderes Thema zu bringen. Sie hatte zwar gewußt, daß Indigo

Puppen nähte, aber nicht, daß die Puppen ihre Periode hatten.

„Und was habt ihr sonst noch Hübsches bekommen?" fragte Hilda herausfordernd.

Cypress zog ein seltsam geformtes Paket hervor, das ganz in Goldpaillettenstoff eingewickelt war.

„Mama, das ist für dich."

Auf dem andern Paket stand überall „Sassafras".

„Hier, rat mal, für wen?" Cypress hielt sich an Indigos Schultern fest. Indigo trug ihren neuen Büstenhalter über dem Nachthemd. Während sie darauf wartete, daß ihre Mutter und ihre Schwestern die Geschenke auspackten, machte Cypress ihre tendues.

„Beweg dich nicht, Indigo. Wenn du dich bewegst, verliere ich mein Gleichgewicht."

„Oh, Cypress, wie schön." Hilda Effania fiel einfach nichts anderes ein. Cypress hatte ihr ein schwarzes Seidenneglígé mit einem sehr gewagten Bettjäckchen geschenkt.

„Ich muß mir genau überlegen, wann ich das anziehe, und ihr seid bestimmt nicht da, um mich darin zu bewundern."

„Ach, Mama, probier's doch mal an", bettelte Cypress.

„Ja-ah, Mama, zieh's an. Es sieht richtig unanständig aus." Indigo verzog das Gesicht und kicherte.

„Oh, Cypress, die sind ja toll. Es ist kaum zu glauben."

Sassafras hatte die bestickte Box aufgeklappt. Sie war mit cremefarbener Seide gefüttert und enthielt sieben handgeschnitzte Häkelnadeln verschiedener Größe aus Kirschbaumholz.

„Ich bin sicher, keine von den weißen Mädchen am Callahan College hat jemals in ihrem weißen Leben solche Nadeln gesehen." Cypress umarmte ihre Schwester und streckte dabei ihren Fuß.

„Indigo, du mußt den Büstenhalter unter deinen Kleidern tragen, nicht drüber. Mama, schau dir diese Kleine an."

Hilda Effania war verschwunden.

„Ich probiere dieses skandalöse Ding an, Cypress. Schaut doch mal nach den Zetteln unter dem Christbaum“, rief sie aus ihrem Schlafzimmer, während sie sich begutachtete und dachte, nicht schlecht für eine Witwe mit drei beinahe erwachsenen Töchtern.

Hilda Effania hatte die Zettel für ihre Töchter geschrieben, um ihnen zu erklären, wo der Weihnachtsmann seine Geschenke versteckt hatte. Eine Gewohnheit, die noch von dem ersten Weihnachtsfest datierte, an dem Sassafras bezweifelt hatte, daß ein dicker weißer Mann ihren Kamin herunterkäme, um ihr etwas zu bringen. Hilda löste das Problem, indem sie für ihre Kinder Zettel hinterließ, die vom Weihnachtsmann stammten. Sie mußten also das ganze Haus nach ihren Geschenken durchsuchen, von oben bis unten, und konnten nicht mehr daran zweifeln, daß der Weihnachtsmann dagewesen war. Auch als ihre Schulkameraden und eine prosaische Wirklichkeit diesen Mythos zerstörten, behielt Hilda die Gewohnheit bei, ihre Geschenke zu verstekken. Die Vorstellung, daß jede ihr Geschenk in aller Ruhe auspacken konnte, gefiel ihr.

Die besondere Beziehung, die sie zu jeder einzelnen von ihnen hatte, war so vor Eifersüchteleien, Scherzen und dem ganzen Weihnachtstrubel geschützt. Hilda Effania fand es sehr befriedigend, ihren Töchtern einen Augenblick der Besinnung zu schenken.

Sassafras, meine Älteste,

ganz hinten in der Speisekammer
liegt was vom Weihnachtsmann für Dich.
In einer roten Schachtel neben dem Dachfenster
ist etwas, was Dir Dein Vater gerne gegeben
hätte. Und draußen neben dem Schuppen
in einem Eimer mit Stroh ist das Geschenk
von Deiner Mama.

Alles Liebe, Deine Mama

Cypress, mein Liebling,
unter meinen Hutschachteln in dem Schrank
eine Treppe höher liegt das Geschenk,
das Dir der Weihnachtsmann gebracht hat.
Schau auch hinter die Tomatenkonserven
vom letzten Jahr – dort wird das Geschenk
liegen, das ich von Papa für Dich besorgt habe.
Das, was ich für Dich ausgesucht habe,
liegt unter Deinem Bett.

XOXOX, Mama

Süße kleine Indigo,
dieses Mal ist es ganz leicht. Der Weihnachtsmann ließ etwas neben Deiner Geige liegen. Ich bei dem Herd draußen auf der rechten Seite. Zieh Dir Deinen Mantel an, wenn Du rausgehst. Und oben in dem Geschirrschrank ist was ganz Besonderes von Daddy. Sei vorsichtig.

Ich habe Dich sehr lieb,
Mama

Ganz hinten in der Speisekammer zwischen dem Mehl und Reis fand Sassafras eine Kette aus winzigen Porzellanröschen. Oben auf dem Dachboden, gegenüber von Indigos Puppenberg, stand auch die rote Schachtel, die eine gewebte Mohairdecke enthielt, türkis und silber. Ja, ihr Vater hätte bestimmt gewollt, daß sie sich zum Schlafen in etwas Warmes einwickeln konnte. Als sie zum Schuppen herausrannte, stieß Sassafras den mit Stroh gefüllten Eimer um. Vor ihr auf dem Boden lagen acht Stränge von dem feinsten Garn ihrer Mutter, in allen Farben. Sassafras ließ sich daneben nieder und befühlte ihr Garn.

Cypress wollte zuerst das Geschenk ihrer Mutter. Unter dem Bett griff sie in Tüll. Ein Tutu. Mama war einfach unschlagbar. Als sie das ganze Gebilde aus dem Versteck hervorgeholt hatte, kamen Cypress die Tränen.

Ein tutu juponnage, der ihr bis zu den Knöcheln reichte, rosa und lavendelfarben. Die Taille bestand aus einer breiten Schärpe, die so kunstvoll bestickt war, wie sie es noch nie gesehen hatte. Winzige Spitzenschuhe in Weiß und Rosa mit Bändern, die wunderschön an braunen Knöcheln aussehen würden. Atemberaubend. Cypress blieb auf ihrem Zimmer und tanzte bis Mittag in ihrem Tutu. Bei den Tomatenbüchsen fand sie dann „The Souls of Black Folks" von Dubois, ein Geschenk von ihrem Papa. Sie hatte als einzige darauf bestanden, ihn Papa zu nennen, nicht Daddy oder Vater. Er hatte nichts dagegen gehabt. Und würde deshalb auch jetzt nichts dagegen haben. „Tausend Dank, Mama und Papa." Cypress ging langsam zu dem Schrank im ersten Stock, wo sie ein Paar Ohrringe aus Opal, ihr Geschenk vom Weihnachtsmann, vorfand. Um ihrer Mutter zu danken, führte Cypress neben ihrem Toilettenspiegel einen vollständigen port de bras à la Cechetti aus. Die Spiegel inspirierten sie.

Indigo sah genau nach, ob irgend etwas neben ihrer Geige lag, was nicht dort gelegen hatte. Als sie ihre Violine erblickte, wußte sie sofort, was sie vom Weihnachtsmann bekommen hatte. Einen nagelneuen Geigenkasten. Kein altes, ramponiertes Ding wie der von Onkel John. Der neue Kasten war aus Krokodilleder und mit weißem Samt ausgeschlagen. Außerdem hatte ihr Hilda Effania neues Kolophonium und neue Saiten gekauft. Und die Geige mit gereinigter Naturwolle abgepolstert. Indigo lief mit dem Kasten plus Inhalt zu dem Herd im Hof, wo sie ein Notenständer erwartete, auf dem „Eine Praktische Methode für Violine" von Nicolas Laoureux lag.

„Ach, du lieber Himmel, Mama hat recht. Sie würde bestimmt sauer sein, wenn ich nie Noten lesen lerne."

Sie blätterte in dem Heft herum, ohne auch nur das geringste zu verstehen. Indigo nahm aber jede Sache, die sie nicht verstand, sofort in Angriff. Mühsam schleppte sie Geige, Notenständer und Lehrbuch ins Haus. Hinter den Weingläsern, die Hilda Effania nur ganz selten benutzte, aber regelmäßig abstaubte, lag ein Granatarmband von ihrem seligen Vater. Es erschien Indigo so leicht, daß sie es bestimmt immer würde tragen können, wenn sie spielte. Und auch, wenn sie mit dem Mond Zwiesprache hielt.

Hilda Effania beschloß, den Versuch zu wagen und den Rest des Vormittags in ihrer extravaganten Aufmachung, Cypress' Geschenk, zu verbringen. Die Mädchen waren ganz still, als sie in ihrer schwarzen Spitze ins Wohnzimmer kam. Sie sah wie auf diesen verschwommenen Fotos von damals aus, als sie noch nicht geboren waren. Indigo lief zu dem Sessel und brachte die Kissen in Ordnung.

„Mama, ich habe mein Geschenk für dich."

Hilda Effania schluckte. Es ließ sich unmöglich voraussagen, was Indigo auf Lager hatte.

„Schön, mein Liebling. Ich bin gespannt. Sogar richtig aufgeregt."

Indigo öffnete ihren neuen Geigenkasten, nahm ihre Violine heraus, tat so, als würde sie die Saiten stimmen (was sie schon getan hatte). Einen Augenblick lang herrschte absolute Stille, dann fing sie an, „My Buddy" zu spielen, das Lieblingslied von Hilda Effanias Mutter. Als sie fertig war, verbeugte sie sich vor ihrer Mutter. Ihre Schwestern applaudierten.

Sassafras hatte zwei Geschenke für ihre Mutter: einen gewebten Wandbehang aus Jute und Bast, den sie „Du weißt, woher wir kommen, Mama" genannt hatte, und sechs Amethyste, in die Löcher gebohrt waren, damit ihre Mutter sie für ihre eigenen Kreationen benutzen konnte.

„Mama, du mußt mir versprechen, nichts daraus machen zu lassen, kein Armband, keinen Ring, nichts. Sie sind für deine eigenen Sachen."

Sassafras wollte, daß ihre Mutter das Weben als Ausdruck ihrer selbst betrachtete und nicht als etwas, was ihre Familie für Miz Fitzhugh tat. Hilda Effania versuchte sich vorzustellen, wo zum Teufel sie diesen „Wandbehang", wie Sassafras es nannte, aufhängen sollte.

„Bestimmt nicht, mein Liebes. Ich würde nie etwas damit machen, was nicht in deinem Sinne ist."

Als es an der Tür klingelte, wußte Hilda Effania nicht, was tun. Sollte sie hochrennen? Einfach ruhig sitzen bleiben? Ihren Morgenmantel holen? Es blieb ihr zu nichts mehr Zeit. Indigo öffnete die Tür.

„Frohe Weihnachten, Miz Fitzhugh. Wollen Sie nicht hereinkommen?"

Hilda ließ sich in ihren Sessel zurückfallen. Cypress warf ihr ohne große Umstände einen Pullover zu, damit sie sich bedecken konnte. Miz Fitzhugh in rotem Wollkostüm, grüner, maßgeschneiderter Satinbluse, roter Schottenmütze – alles Hildas Design – und diesen schlichten braunen Pumps, wie sie die weißen Frauen trugen, wünschte allen „frohe Weihnachten". Sie sagte, Mathew, ihr Butler, würde später zur Abendessenszeit etwas Gebäck und Wildbret vorbeibringen. Miz Fitzhugh mochte Sassafras am liebsten von den drei Schwestern. Und deshalb finanzierte sie auch ihre Ausbildung am Callahan College. Die andern beiden – die Größenwahnsinnige, die Ballerina werden wollte, und die Starrköpfige mit ihrer Geige – waren für Miz Fitzhugh zuviel. Sie interessierten sich nicht einmal fürs Weben. Was war nur los mit den Farbigen, nicht einmal einen anständigen Beruf wollten sie erlernen.

Trotzdem nahm Miz Fitzhugh jede von ihnen in ihre zerbrechlichen, von blauen Adern durchzogenen Arme und verteilte die jährlichen Schecks für das Sparkonto, das sie ihnen bei ihrer Geburt eingerichtet hatte. Niemand sollte sagen, daß ihre Farbigen im Elend lebten. Sie wußte freilich nicht, daß Hilda Effania die Mädchen über das Geld verfügen ließ. Hilda war der Meinung, daß eine Mutter in der Familie genügte. Und für ihre Töchter war sie die Mutter. Ihre weiße Herrschaft war zwar mächtig generös, aber sie war weder die Mama, noch war sie das Manna vom Himmel. Und wenn eine der Mädchen jemanden brauchte, dann war das ihre Aufgabe – davon war Hilda Effania überzeugt; in der Tiefe ihres Herzens wußte sie auch, daß die Weißen einfach etwas eigentümlich waren.

„Ach, Miz Fitzhugh, das ist wirklich sehr nett von Ihnen", flötete Hilda.

„Nun, Hilda, Sie wissen doch, daß ich die Mädchen wie meine eigenen betrachte", gestand Miz Fitzhugh. Cypress startete eine Serie wütender ronds de jambe. Sassafras las das herumliegende Einwickelpapier auf, als gäbe es nichts Wichtigeres auf der Welt. Indigo spürte einen enormen Ärger in sich aufsteigen. Als nächstes sah sie nur noch, wie Miz Fitzhugh verzweifelt ihren Hut festhielt. Und ein Windstoß schob sie, blies sie einfach aus der Tür. Wahrscheinlich weil sie blaues Blut oder blaue Adern hatte – was immer es auch war –, würde Miz Fitzhugh sich nie anmerken lassen, daß etwas Seltsames vor sich ging, davon war Indigo überzeugt. Sie ließ sich widerstandslos aus der Tür blasen samt ihren weißen Glacéhandschuhen, ihrem roten Schneiderkostüm und allem Drum und Dran. Sie verschwand wie auf Befehl, winkend und auf Wiedersehen rufend.

Selten war aus Hilda Effanias Haus so viel ausgelassenes Gelächter gedrungen wie nach Miz Fitzhughs blitzartigem Verschwinden. Hilda versuchte sie nachzumachen, während sie ihre Tochter umarmte.

„Miz Fitzhugh, wissen denn Ihre Nachbarn, daß Sie Ihre Farbigen anfassen?" Und Hilda gab auch gleich die Antwort: „Oh, ich sag das schon keinem."

Schließlich gingen alle auf ihr Zimmer, wo sie ihren eigenen Sorgen und Wünschen überlassen waren. Hilda blieb in der Küche, schnippelte das Fett von ihrer Gans, machte sich an ihrer Maronenfüllung zu schaffen und fragte sich, wie sie mit einem völlig leeren Haus fertig werden sollte. Und es würde leer sein, nicht einmal Indigo würde nächsten Januar zu Hause sein.

„Ja, Alfred, ich glaube, ich hab schon alles richtig gemacht. Sassafras geht auf diese feine Schule zusammen mit den Kindern von reichen weißen Eltern. Cypress studiert mit Effie zusammen in New York klassisches Ballett. Ist das nicht was? Und Indigo schicke ich nach Difuskie zu Tante Haydee. Miz Fitzhugh versprach mir einen Lehrer für sie. Sie möchte nicht, daß die Kleine in diese Krawalle hineingezogen wird – diese Integrationsgeschichte, Weiße und Schwarze, die auf dieselben Schulen gehen sollen. Du weißt schon, bei dir da oben sieht's wohl genauso aus?

Nein, Alfred, das ist keine Gotteslästerung. Ich kann mir nur nichts anderes vorstellen. Aber ich will's versuchen. Ich möchte, daß die Mädchen es einmal gut haben. So wie wir es uns damals dachten. Anständige Männer. Große Häuser. Kinder. Reisen nach Paris und London. Und ab und zu in die Oper. Nette, anständige Freunde. Erinnerst du dich noch, wir sagten immer, wir seien die nettesten und interessantesten Leute, denen wir je begegnet wären? Bei unseren Kindern soll es anders sein. Weißt du, ich hab richtig Angst davor, allein hier zu bleiben. Auch wenn ich mit dir immer reden kann. Und das kann ich doch, nicht?

Ich werde Miz Fitzhugh sagen, daß Indigo auch einen richtigen Violinlehrer braucht, wenn sie sie nach Difuskie schicken will. Oh, Alfred, es ist einfach unglaublich, was sie alles mit diesem Ding macht. Und du solltest Cypress sehen, wie sie tanzt. Und Sassafras, wie sie webt. Wenn du nur ab und zu hier sein könntest, damit wir es den andern zeigen könnten – schaut her, was Hilda Effania und Alfred in die Welt gesetzt haben."

Als ihr Weihnachtsessen dann endlich im Ofen, im Kühlschrank, auf der Anrichte stand, schlief Hilda Effania in ihrem neuen Negligé ein, das Porträt von Alfred aus dem zweiten Weltkrieg an den Busen gedrückt.

Indigo, mein Spatz!
Ich habe alles mögliche eingekocht, um es meinem Mädchen zu schicken, u. a. Tomaten und Gurken. Ihr kennt mich, ich muß mich einfach beschäftigen, obwohl ich, weiß der Himmel, bald eine Tonne wäre, wenn ich all das essen würde, was ich koche. Ihr fehlt mir wirklich sehr. Eine Mutter macht schon einiges in ihrem Leben durch. Ich habe sehr viel gebetet und sehr viel über Euer und mein Leben nachgedacht. Es wäre doch ein Armutszeugnis – ein Haushalt mit lauter erwachsenen Frauen, die sich danach sehnen, die Welt kennenzulernen, und die ich daran hindere, nur um mich nicht so einsam zu fühlen. Aber kein Wort mehr davon. Ihr arrangiert Euch auf Euere Art und ich auf meine. So hat der Herr das nun einmal gewollt.

Ich hörte von Sassafras, daß sie bis zur Westküste per Anhalter gefahren ist, während sie mir gesagt hatte, sie würde sich nach einer Mitfahrgelegenheit umsehen. Auf sie ist einfach kein Verlaß. Ich kann nachts nicht schlafen, weil ich mir solche Sorgen mache um sie. Aber inzwischen ist sie ja nun endlich in Los Angeles und richtet sich dort hoffentlich etwas häuslich ein. Ich schaue immer, ob ich nicht Cypress' Gesicht entdecke, wenn sie im Fernsehen über diese Jugendlichen berichten, die in Kalifornien übergeschnappt sind. Ich schwöre, etwas in meinem Innern sagt mir, daß sie sich in San Francisco herumtreibt, von oben bis unten mit Sternen und Friedenssymbolen bedeckt. Ich bete zu Gott, daß die TV-Kameras sie nicht entdecken. Sie könnte anfangen zu tanzen, und ich wüßte überhaupt nicht mehr, was ich meinen Nachbarn sagen sollte. Daß ich eine in voller

Kriegsbemalung tanzende Tochter in Haight-Asbury habe? (Lächeln.) Du bist ein richtiger Trost für mich. Du warst immer vernünftig und rücksichtsvoll. Ich möchte aber nicht, daß Du Dich über diese Geschichte aufregst, und Du sollst mit Deinen Schwestern auch nicht zu hart ins Gericht gehen. Sie sind nicht wirklich leichtsinnig. Nur ein bißchen wild.

Nimm es mir nicht übel, wenn ich Dir sage, daß Du Dich ruhig etwas mehr amüsieren solltest. Tante Haydee war noch nie ein guter Unterhalter. Wenn sie noch etwas Schlaf findet bei all diesen Frauen, die, kaum dreht man ihnen den Rücken zu, schon wieder ein Baby kriegen, dann ist das ein wahres Wunder. Und wenn ich mir's so überlege – würde es Dir vielleicht mehr Spaß machen, selbst eines zu kriegen, als immer nur den andern dabei zu helfen? Das soll aber nicht heißen, daß Du Dich mit einem von den Inselbewohnern einlassen sollst! Ich werde nach einem netten jungen Mann hier in Charleston Ausschau halten. Eigentlich hättest Du Arzt werden sollen. Warum immer nur Krankenschwester spielen, bei all der Erfahrung, die Du inzwischen hast?

Der Herr wird Dir schon den Weg zu anständigen Freuden weisen, so wie er auch dafür sorgt, daß anständige, ehrliche Arbeit ihre Früchte trägt. Die Heiligen seien gelobt. Ich muß mich beeilen, die Erdbeeren kochen über. Meine ganze Liebe gehört Euch. Ich renne mal los.

Alles Liebe,
Mama

Ein Haus, aus dem nur Tenorsaxophon-Solos kamen. Manchmal hörte man auch einen Mann und eine Frau, die sich stritten, ansonsten aber immer nur Musik. Sassafras und Mitch lebten zusammen in diesem Haus, das unter den wildwuchernden Hecken und abblätternden Schindeln beinahe völlig verschwand. Obwohl sie mitten in L. A. lebten, war ihre Treppe immer mit dürrem Laub bedeckt. Sassafras dachte, es wären die Geister, die ihnen Glück brachten. Mitch machte jedoch sie dafür verantwortlich, weil sie nie einen Besen zur Hand nahm. Immer diese Musik und die schwarze dänische Dogge, Albert, die eigentlich Mein-Name-ist-Albert-Ayler hieß. Keiner der Nachbarn kannte ihren ganzen Namen, deshalb brauchte Sassafras auch keine Angst zu haben, daß sie gestohlen würde; sie kam nämlich nur, wenn jemand sie bei ihrem vollen Namen rief. Sassafras hatte sie nach dem Bühnenstück benannt, das sie nach ihrem Album angefangen hatte, und nach dem Liebhaber, dem sie nie begegnete ... Albert Ayler war aus dem East River gezogen worden. Daß sie ihren Hund so respektlos nach seinem Mentor, dem Tenorsaxophonisten Ayler, genannt hatte, war auch einer der Gründe, weshalb Mitch so fasziniert von ihr war. Sassafras steckte so voller Liebe, daß sie nur jemandem einen Namen zu geben brauchte, und schon sandte eine ganze Schar von Geistern die besten Schwingungen aus – gleichgültig, mit wem oder was sie in Berührung kam.

Durch das Fenster neben Sassafras' Bett war Walter Cronkites Stimme zu hören. Sie saß dort in ihrem langen blauroten Baumwollrock und häkelte für Mitch eine neue Mütze. Die langen Wände des verfallenden, beinahe schon viktorianischen Hauses waren vollständig mit Gemälden bedeckt, die die Heldentaten der afrikanischen Schwarzen darstellten. Jedesmal wenn die Hausbesitzerin die abbröckelnde Decke reparieren kam, schien sie sich äußerst unbehaglich zu fühlen; ihre Spießerlippen wurden dünner als eine Nadel, und ihre Bakkenmuskeln spannten sich an. Sassafras machte es Spaß, zu beobachten, wie der alte Besen durch den total schwarzen Charakter, den das Haus angenommen hatte, verunsichert wurde. Der Besen kriegte im Monat hundert Dollar für die ganze Wohnung, aus der Mitch und Sassafras ein bleibendes Monument zu Ehren nicht unterzukriegender schwarzer Kreativität gemacht hatten. Als sie bei der sechsundsechzigsten Masche angelangt war, blickte sie um sich und fragte sich, ob noch etwas an dem Haus verbessert werden könnte, damit aus ihm der ideale Ort für Mitch und sie würde, der Ort, an dem sie bleiben könnten bis zur Revolution oder bis zu ihrem Umzug in diese Kommune für schwarze Künstler und Handwerker, die außerhalb von New Orleans im Entstehen begriffen war, nicht weit von einer Kolonie von schwarzen Nationalisten. Sassafras war davon überzeugt, daß schwarze Kunst nicht in den Händen der Weißen bleiben dürfe, daß Schwarze nicht in den Händen der Weißen bleiben dürften. Im Augenblick war sie jedoch hier, in Highland Park, Los Angeles, umgeben von weißen Prolos und Chicanos, und das nur, weil Mitchs Bewährungshelfer dagegen war, daß sie in ein schwarzes Viertel zogen – und weil sie nicht mehr als hundert Dollar im Monat bezahlen konnten – und außerdem auch nicht das Geld hatten, sich in diese Künstlerkommune außerhalb von New Orleans einzukaufen: beinahe eintausend Dollar in bar.

Sassafras blickte also um sich, ob für sie nicht noch etwas zu tun blieb, was ihrer Liebe neuen Auftrieb geben und ihre Tage hoffnungsvoller beginnen lassen könnte als im Augenblick, wo sie an jedem Monatsende, wenn alles knapp wurde, völlig aufgefressen wurden von ihren Sorgen.

Sie blickte auf die Flickenvorhänge, in die sie so viel Arbeit gesteckt hatte, auf die Makrameevorhänge vor den Türöffnungen – jeder trug den Namen eines ihrer Helden. Der lange aus purpurfarbener Jute war für Malcolm, ihren König. An seinem Ende waren Kugeln eingewoben, und in der Mitte steckten getrocknete, sandbedeckte Zweige. „Kugeln und Land, das uns gehört", hatte Sassafras gesagt, als sie auf Mitchs Schultern stand, um ihn aufzuhängen. Dann gab es welche für Fidel, Garvey, Archie Shepp und Coltrane. Ein wie eine Vagina geformter Behang aus Pailletten und Federn, den sie für Josephine Baker verfertigt hatte, war von Sassafras in ihr Zimmer verbannt worden; Mitch bestand darauf, daß sie ihn versteckte, da es sich für die neue afrikanische Frau nicht geziemte, Dinge von so eindeutig sexueller Natur herzustellen. Gerade als sie sich an Mitchs Tirade gegen ihr Kunstwerk aus Federn erinnerte, spürte sie, wie sich die Tür öffnete, und da war er auch schon – ihr kosmischer Liebhaber, das Wunder aller Wunder: Mitch.

Mitch mußte sich etwas bücken, als er eintrat; er war über zwei Meter groß und hatte so lange Gliedmaßen wie ein Watussi-Krieger, ein Watussi mit äthiopischen Augen, die den Schwung eines Regenbogens hatten, und goldenen Ohrringe in beiden Ohren. Sie kamen aus Mexiko und waren besonders fein ziseliert (echte Antiquitäten). Seine Nase war leicht gebogen wie die von Nasser, und man hatte in seiner Gegenwart das Gefühl, in der Nähe eines Olmeken-Gottes zu weilen. Mitch betrachtete sich auch selbst als Gott, und er ermahnte Sassafras immer wieder, sich nicht durch ihre Sterblichkeit kleinkriegen zu lassen, sondern zu leben, als wäre sie ein Stern an seinem Firmament.

Mitch trug ein blaues, handgewebtes Hemd, dessen Manschetten Sassafras mit Spitzen besetzt hatte, ein orangefarbenes Medaillon aus Koralle und kupferfarbene Kordsamthosen, die so stramm auf seinen Schenkeln saßen, als wäre er der Casanova der Stadt. Er klang jedoch eher ernst und brüsk, als er sich Sassafras zuwandte, die versuchte, ihre Häkelarbeit unter ihren Rökken zu verstecken.

„Warum schreibst du nicht, Mädchen? Denkst du, wenn du hier rumhockst und Mützen für mich häkelst, wird aus dir eine Schriftstellerin? Ich habe so viele von diesen verdammten Dingern, daß ich sie verschenken muß, und dir fällt nichts Besseres ein, als wieder eine zu häkeln. Wenn ich nicht wüßte, daß du dich nur so rührend um mich kümmerst, weil du dich vor dem Schreiben drücken willst, könnte ich dir ja noch dankbar sein, aber du machst doch all diesen Kram und auch diese Dinger, die an jeder Wand hängen, nur, damit du nicht zu schreiben brauchst."

Sassafras biß sich mit den Zähnen so fest auf die Lippen, daß sie den Schmerz kaum mehr aushalten konnte; sie war gerade dabei aufzustehen, um Mitchs Strafpredigt zu entfliehen, als er sie zurück aufs Bett schubste.

„Glaub mir, Sassafras, ich möchte nur, daß du mit dir selbst zufrieden bist. Du hast dir vorgenommen zu schreiben, das Leben der Schwarzen in neuen Bildern auszudrücken, und was machst du – immer nur Handarbeiten. Wenn du damit dein Leben verbringen willst, okay." Mitch geriet wieder in Rage; er packte mit der einen Hand Sassafras' Schulter und drehte mit der anderen Kinn und Augen in seine Richtung. Und Sassafras konnte der Wahrheit nicht ausweichen: der Mann, den sie liebte, war unzufrieden mit ihr und ihrem Häuslichkeitsfimmel; sie hatte ihr ganzes Leben lang nur gewebt, geknüpft und gehäkelt, und es war an der Zeit, daß Sassafras sich zur Schriftstellerin mauserte. Mitch hatte ihr Gesicht gewaltsam an seines herangezogen und bedrängte sie.

„Hör zu, Sassafras, geh in dich und versuch herauszufinden, was dich zurückhält. Du kannst ganz neue Welten erschaffen, Mädchen. Ein für allemal, ich möchte nicht mehr nach Hause kommen und dich so vorfinden – du hockst herum und hörst einem Weißen zu, der dir das Denken völlig abnimmt, der dir die Nachrichten der Weißen ins Haus bringt, und du glaubst, keiner wüßte, daß du den Geistern etwas schuldest. Sassafras, auch wenn dir keiner sagt, daß du schreiben mußt, wirst du es doch immer wissen. Und nimm dir das besser zu Herzen, sonst endest du noch als versoffene Schlampe, die versucht, sich mit irgendeinem blöden Arsch von Lehrer zu trösten, einem, der nicht merkt, was für ein verlogenes Luder du im Grunde bist."

Langsam ließ Mitch Sassafras wieder Kontrolle über ihr Gesicht gewinnen; er erhob sich und präsentierte sich in voller Größe, damit Sassafras auch nicht vergessen konnte, wer in allen Lebenslagen uneingeschränkt recht hatte. Er zog das Hemd in seiner Hose zurecht und verließ das Zimmer, um auf seinem Horn zu üben.

Sassafras war noch ganz benommen von Mitchs Wortschwall. Sie saß so starr und unbeweglich da, daß ihre alte Angst, tatsächlich eine Katatonikerin zu sein, wiederkam und sie vor lauter Schrecken anfing, auf ihrem Platz herumzurutschen, nur um sich vom Gegenteil zu überzeugen. Mitch hätte sich das sparen können, auch wenn es der Wahrheit entsprach. Es war einfach zu blöd, wenn ein Mann sich verpflichtet fühlte, ihr zu sagen, sie solle sich schöpferisch betätigen. Genausogut könnte er ihr sagen, sie solle Kinder kriegen, wo sie doch keine Kinder wollte ... sie konnte kaum sich selbst ernähren, und Mitch ernährte überhaupt niemanden. Er tat nichts, als dieses blöde Horn zu spielen und ab und zu in der nächsten Bar nachzufragen, ob sie nicht einen Avantgarde-free-style-Saxophonisten gebrauchen könnten. Uff.

Sassafras ertappte sich dabei, daß sie sich wieder mit Mitch statt mit sich selbst beschäftigte; ihr Bestreben war es jedoch, so perfekt wie möglich zu sein, für ihn, der selbst so perfekt war und dauernd strebend sich bemühte. Sassafras erforschte ihr Innerstes, versuchte ihre Geheimnisse aufzustöbern und sie mitzuteilen, wie Richard Wright und Zora Neale Hurston es getan hatten … und so rückhaltlos wie die Lady, wenn sie sang.

Do Nothing till You Hear from Me
Pay no Attention to What's Said

Und aus dem Schrank kam Billy, die Lady, in marineblauen Crêpe gehüllt und mit Rheinkieseln behangen. Sie befestigte gerade eine Gardenie in ihrem Haar, als Sassafras begriff, was vor sich ging.

Die Lady gab einen wohlbekannten Seufzer von sich. Sassafras versuchte, so ruhig wie möglich zu erscheinen, und sagte: „Ich freue mich wirklich, dich wieder einmal zu sehen – seit Mama mich ins Bett brachte und ‚Der Herr behüte unser Kind' sang und du auf meinem Kissen saßt und mit einstimmtest, habe ich dich nicht mehr gesehen."

Die Lady lächelte etwas von oben herab und bestand darauf, daß Sassafras ihr gut zuhören solle.

„Es ist der Blues, Sassafras, der dich vom Schreiben abhält, und mich haben die Geister geschickt, weil ich darüber Bescheid weiß… denn ich bin: Miss Browns Blues …"

Die Lady hatte eine mit Perlen besetzte Zigarettenspitze in der Hand, und die verschlug der verdutzten Sassafras völlig den Atem. Die Lady redete und redete.

„Wen von uns magst du denn ganz besonders, Sassafras? Ma Rainey, Mamie Smith, Big Mama Thornton, Freddie Washington, Josephine, Carmen Miranda? Du weißt doch, wir sind alle ziemlich melancholisch, da uns der Blues im Blut liegt, wir sind aber auch sehr glücklich, weil wir unsere Lieder haben. Mach dein eigenes Lied, Sassafras, und laß es zum Himmel emporsteigen, damit wir, die Geister, es aufnehmen und einstimmen können. Wir brauchen dich, Sassafras, du mußt dein Bestes geben; davon zehren wir, das erhält uns am Leben. Aber werde nur nicht hochnäsig und übermütig, denn wir, die du so sehr liebst, sind auch nur ganz gewöhnliche

Frauen, und wir merken sofort, wenn uns jemand dumm kommt. Schreib also ein paar Gedichte und Stories für uns, damit wir unser Befreiungslied singen können. Befrei uns von dem Blues und diesen traurigen Geschichten."

Die Lady blickte auf die Tür zu ihrer Rechten und rief: „Kommt, Girls", und ganze Heerscharen von braunhäutigen Tanzgirls mit Straußenfedern auf dem Kopf und Stepschuhen an den Füßen strömten herein und tanzten den Cakewalk um Sassafras, die versuchte, die Muster auf ihren bestickten Kleidern herauszufinden und auf ihrem Platz zu bleiben, obwohl es ihr schwerfiel, nicht auch aufzuspringen und mit dem Hintern zu wackeln, als die perlengeschmückten Frauen gemeinsam ihre Hüften kreisen ließen und sich dabei in ihre Richtung bewegten. Sie sangen: *Sassafras weiß schon, wo's langgeht, in Sassafras' Hüfte steckt Liebe, in Sassafras' Hüfte steckt Wahrheit ... Sassafras hat eine Aufgabe, Sassafras hat Pflichten, Pflichten, die sie erfüllen muß, bevor sie mit uns tanzen kann ... whooeee.*

Sie lösten sich ganz plötzlich wieder auf, und Sassafras konnte sie in der Garderobe schwatzen hören; sie vertrauten sich Geheimnisse über ihre Liebhaber, ihre Chefs an, sprachen über die Kinder, die bei ihren Großmüttern blieben, wenn sie auf Tournee gingen ... Und Sassafras erkannte, daß sie auch noch ganz andere Dinge tun konnte als nur Stoffe weben. Die Lady war dabei, aus der Tür zu schlüpfen, als sich Sassafras noch einmal nach ihr umdrehte, um ein letztes Mal ihre Magie zu verspüren; die Lady flüsterte nur: „Wir brauchen dich, du mußt du sein, Sassafras, bis du es kaum mehr aushalten kannst ... bis du dich kaum mehr selbst erkennst und nur noch singst, die ganze Zeit."

Sassafras schloß schnell die Tür hinter den plappernden Frauen. Mitch kam auf sie zu, und der Raum fing an sich zu drehen, als er seine verrückte Musik spielte – als würde er sich selbst in Stücke reißen, sich geißeln und sich blutig kratzen. Das Horn wiegte sich sanft im Rhythmus seines Körpers, die Töne waren jedoch entsetzlich: nur Wut und Rache. Er nahm das leichte Instrument aus seinem Mund und fuhr ein- oder zweimal mit der Zunge über das Rohr, bevor er seine Hand unter Sassafras' Rock gleiten ließ, um sie zu kitzeln.

„Machst du was zu essen, Süße?" Mitch grinste sein Valentino-Grinsen, in der einen Hand das Horn und in der anderen Sassafras. Sie kicherte, war aber nicht bei der Sache und murmelte: „Ja, ja, sofort, ich möchte nur noch schnell was aufschreiben, bevor ich in die Küche gehe."

Sie rieb sich ungeduldig die Schläfen, denn ausnahmsweise ging ihr etwas anderes als Mitch im Kopf herum. Sie hatte keine Lust, sich mit ihm abzugeben, er belästigte sie nur. Sie hielt sein Handgelenk zwischen Daumen und Zeigefinger fest. „Ich hab jetzt was anderes vor."

Mitch ließ sie sofort los. Er drängte sich nicht auf, eine Frau mußte schon nach ihm schmachten. Sassafras konnte also gehen. Und Mitch griff wieder nach seinem Horn und blies die Melodie der Looney Tune Cartoons, die er sich als Kind in der Erziehungsanstalt in Philadelphia anschauen mußte: dadadadada, und er imitierte Porky Pig, das sagte: „D-d-d-d-das war's, meine Lieben." Er grinste vor sich hin, als Sassafras die Küchentür hinter sich zuschlug und mit jedem Topf, den sie in die Hand nahm, rebellisch klapperte.

Mitch hatte Sassafras überzeugt, daß alles Kunst war; nichts konnte also im Leben auf die leichte Schulter genommen werden. Kreativität steckte in jeder Sache, die jemand richtig anpackte; das war eines ihrer Mottos. Sassafras hatte eine kleine Flagge angefertigt, eine Aufnäharbeit, die über dem Herd hing und genau das besagte:

Wer was tut
ist auch kreativ
auf das Tun kommt es an

Sie setzte sich auf den Stuhl, den sie für sich reserviert hatte, um darüber nachzudenken, was sie zum Abendessen kreieren sollte. Sie ließ sich alles mögliche durch den Kopf gehen, bis sie plötzlich auf die Idee kam, einen Reistopf zu machen, Reis mit kurz angebratenem Spinat, Pilzen, Paprika, Makrelen und roter Sauce. Wenn sie dieses üppige Mahl zubereiten würde, bliebe kaum noch etwas für den Rest der Woche übrig; da Mitch ihr aber heute schon einmal Perfektion gepredigt hatte, beschloß sie, ein perfektes Essen auf den Tisch zu bringen und es ihm zu überlassen, die restlichen Menüs perfekt zu gestalten, denn „man kann nicht an allen Ecken und Enden sparen und was Großartiges zustande bringen", wie er zu sagen pflegte. Und Sassafras machte sich an die Arbeit.

Sassafras' Reistopf Nr. 36

$1^1/_2$ Tassen mittelgroßer brauner Reis
100 Gramm Paprika
1 Tasse junge Erbsen
$^1/_2$ Tasse frische Walnüsse
$^2/_3$ Pfund geräucherter Cheddar-Käse
$^1/_2$ Tasse Kondensmilch
Mit gehacktem Knoblauch und Cayennepfeffer abschmecken

Reis wie üblich zubereiten. In einem feuerfesten Topf mit einem Durchmesser von zwanzig Zentimetern Reis, Käse, Paprika, Walnüsse und Erbsen schichten. Knoblauch und Cayennepfeffer darübergeben. Rundherum etwas Milch zugießen, damit der Reis nicht am Rand hängenbleibt. 20–30 Minuten schmoren lassen, bis der Käse geschmolzen ist und die oberste Schicht eine hübsche braune Farbe hat.

Sassafras' Lieblingsrezept für Mitch Nr. 10
Spinat

1–2 Bündel japanischer Spinat
8 größere Pilze
2 Eßlöffel Pflanzenöl (Saflor-Öl ist besonders leicht)
2 Eßlöffel Tamari
1/2 Kaffeelöffel fein zerriebener Rosmarin
4 scharfe Paprika

Den Spinat sorgfältig in kaltem Wasser waschen. Die Stiele mit der Hand abbrechen – nicht schneiden – und den Spinat in einem Sieb abtropfen lassen. Pilze waschen. Der Länge nach schneiden, damit die Stücke noch die Pilzform aufweisen. In eine schwere, gußeiserne Pfanne Öl gießen und erhitzen, bis es zu zischen anfängt. Die Flamme zurückdrehen und den Spinat gleichmäßig in der Pfanne verteilen. Mit den Pilzen bedecken, Rosmarin und Tamari darüberstreuen. Bei schwacher Hitze dünsten, bis die Spinatblätter zusammenfallen und gar sind. Nicht verkochen. Mit Paprika dekorieren und sofort servieren.

Sassafras: die einzige Art, Fisch zu grillen
Makrelen

Fisch gründlich reinigen. In zerlassene Butter tauchen, Salz und Pfeffer zugeben.

Auf beiden Seiten etwa 4 bis 6 Minuten grillen.

Rote Sauce: Sassafras' Variante

1 kleine Dose Tomatensauce
1 Tasse Sherry zum Kochen oder Sangria
1/2 Tasse feingehackte Petersilie
1/2 Tasse feingehackte Zwiebeln
Knoblauch und Cayennepfeffer nach Geschmack

In der Saucenpfanne Sherry mit Tomatensauce verrühren. Angebratene Zwiebeln, Petersilie und Gewürze hinzugeben. Während der Fisch gebraten wird, mit etwas Brühe begießen, der Rest kommt auf den Teller.

Beim Kochen machte Sassafras wie gewöhnlich ihre Yoga-Atemübungen oder auch ihre Bauchtanzbewegungen während der Pausen. Die Bewegungen ergaben sich beinahe von selbst. Jedesmal wenn sie einen Stiel abriß, spannte sie ihre Muskeln an, und sie entspannte sie wieder, wenn das Blatt in das Sieb fiel. Auf dem Weg vom Herd zum Ausguß atmete sie zehnmal kurz ein und aus. Um auch keine Minute zu vergeuden, führte sie nach jeweils zehn Muskelkontraktionen mehrere relevés aus; es ergab sich also folgendes Schema: anspannen – relevé – entspannen. Und das so lange, bis das Abendessen fertig war; wenn sie dann die Makrelen aus dem Ofen holte, war Sassafras eine energiegeladene, zufriedene Frau.

Sassafras lief aus der Küche, um Mitch zum Abendessen zu holen. Sie warf einen kurzen Blick ins Atelier, um festzustellen, wie sich Malutensilien und der Jeden-Tag-kreativ-sein-Mythos zueinander verhielten. Es würde höchstens eine Woche dauern, bis die Acrylfarben aufgebraucht wären und Mitch nur noch Ocker übrigblieb; Wasserfarben gab es ausreichend; die Tuben mit den Ölfarben waren aber bis zum letzten Tropfen aufgebraucht. Sassafras war gerade am Überlegen, wieviel ein paar neue Pinsel kosten würden – regulär oder verbilligt –, als sie unglückseligerweise einige in Stiefeln steckende Füße im Haus herumtappen hörte. Und ein paar männliche Stimmen vernahm, die den Schlummer ihrer Pflanzen störten. Sie beendete rasch ihre Bestandsaufnahme von Mitchs Malutensilien und zwang sich zu einer freundlichen Gastgeberhaltung den unerwarteten Dinnergästen gegenüber. Otis und Howard Goodwin-Smith, zwei Brüder aus Chicago, die seit Korea in L. A. lebten, das heißt, seit sie erwachsen waren.

Sie versuchten manchmal, die Jungs aus Chicago zu spielen, aber die südkalifornische Mentalität, die keineswegs hip war, sprach schon nach fünf Minuten aus jedem Wort, das sie in den Mund nahmen. Otis war Schriftsteller, was Sassafras irgendwie verunsicherte, Howard ein Maler, der verzerrte, in afrikanische Mystik getauchte Phallussymbole malte, im Grunde nichts anderes als Vergewaltigungsphantasien. Die Goodwin-Smith kamen von der South Side. Sassafras mußte sich zurückhalten, als sie die Brüder begrüßte; eigentlich wollte sie sie fragen, warum sie nicht ihre weißen Frauen mitgebracht hätten. Sie spürte, wie ihre Augen spöttisch funkelten und ihr Mund lächelte, während sie sagte: „Wie schade, daß Jennie und Olga nicht kommen konnten ... wir sehen uns nie."

Otis und Howard schauten zu Mitch hinüber, der Albert, den Hund, anblickte, damit Sassafras auch in aller Ruhe die beiden Brüder aufs Korn nehmen konnte. Dann trottete Albert zu Howard hinüber, der auf dem Boden kniete, um Mitchs neues Wandgemälde besser sehen zu können. Wenn sich Albert auf die Hinterbeine stellte, war er beinahe zwei Meter groß, und er hatte sich auf die Hinterbeine gestellt, in der Absicht, den Chauvinisten Howard zu bespringen. Sassafras sah, wie Albert sich zurückbog und Howard die Vorderpfoten über den Rücken hieb; sie sah seinen ölig glänzenden Penis aus dem Fellbeutel kommen, Howards jeansbedeckte Rückseite in Angriff nehmen. Howard war schockiert und versuchte Albert auszuweichen. Sie bewegten sich in Kreisen durch das ganze Zimmer; Albert jagte Howard um die ziemlich ramponierte Samtcouch, den Friseurstuhl, aus dem sich eine Chaiselongue machen ließ, und um das Wandgemälde, das auf dem Boden lag. Immer rundherum. Sassafras funkelte und holte das Essen. Mitch fing an, den Lone Ranger Song zu spielen. Otis krümmte sich vor Lachen, und Howard zog schließlich einen Turnschuh aus, um Albert zu besänftigen, der es immer auf kleine Männer abgesehen hatte. Sie aßen mit

Stäbchen, im Rhythmus zu Ron Carters „Uptown Conversation".

Otis hatte den Friseurstuhl okkupiert und verkündete von seinem Hochsitz: „Ich habe euch allen ein Exemplar von meinem neuen Buch, ‚Ebenholz-Votze', mitgebracht... mit Widmung des Autors, Mitch, hier ..."

für Sassafras ...
ich weiß, daß Deine unschlagbar ist.

Sassafras fiel beinahe um. Sie warf Mitch einen Blick zu, um seine Reaktion festzustellen; er schien sich jedoch gut mit den Jungs zu amüsieren, denn er meinte: „Sassafras hat eine der besten westlich der Rockies, Mann, und das kann von mir aus auch jeder wissen, denn sie gehört mir!"

Sie brachen alle in schallendes Gelächter aus, außer Sassafras, die wie von der Tarantel gestochen war und nur einen Wunsch hatte – ein für allemal mit dieser männlichen Zotenreißerei Schluß zu machen. Sie zwang sich jedoch, gute Miene zum bösen Spiel zu machen, da Mitch an seinen Freunden hing, und wollte sich diskret zurückziehen. Aber Otis rief zu einer Lesung seines neuen Werkes auf, bei der Mitch Saxophon spielen und Howard sich auf einem ziemlich abgenützten Tamburin als Avantgarde-Schlagzeuger profilieren sollte.

Die Revue

OTIS: Sassafras, du mußt dich auf den Friseurstuhl setzen, ganz die Superfrau, die du bist, während ich aus meinem Meisterwerk (*haha*) vorlese, das den schwarzen Frauen der ganzen Welt gewidmet ist.

SASSAFRAS: Otis, ich – ich gehe mal schnell in die Küche.

OTIS, MITCH, HOWARD (*im Chor*): Neinneinnein ... du mußt dir das anhören, babeee!

Mitch hebt Sassafras hoch und setzt sie in den Friseurstuhl; er kneift sie ins Bein und lächelt.

MITCH: Los, Otis. Wir müssen diese Frau, mit der ich zusammenlebe, hochleben lassen, auch wenn sie nicht versteht, warum wir sie brauchen, jeden Morgen ... und jeden Abend, wenn die Sonne untergeht ...

Mitch singt, als wäre er Ray Charles, und zieht eine Show ab wie Little Richard.

OTIS: Ich fang jetzt an. *I'ma read all about it* – kein Wort wird ausgelassen – aber zu Beginn möchte ich Edwin Starr, zirka 1963, zitieren:

extra extra reeeeeeead allll about itttttt

MITCH: Sassafras, was ist los mit dir? Setz dich. Otis muß sein Buch zu Ende bringen; er hat noch nicht einmal die erste Seite gelesen ...

SASSAFRAS *(ohne sich zu rühren):* Einen Augenblick, Mitch, verdammt noch mal. Du hast doch eine Mutter, die du angeblich so sehr liebst, und eine Tochter von einer Schwarzen, die nichts mehr mit dir zu tun haben will ... und du hast mich; verdammt durcheinander hast du mich gebracht, und ich versuche, dich glücklich zu machen ... verdammt, ich brauche mir diese Scheiße nicht anzuhören. Diese schwachsinnigen, perversen Geschichten von all den Frauen, die ihr in euerm beschissenen Leben gefickt habt, interessieren mich nicht ... sie sind zum Kotzen. Ich bleibe nicht einfach brav hocken und höre mir an, was ein paar nichtsnutzige Nigger über schwarze Frauen verzapfen; über mich und meine Schwestern; als würden wir auf einem Sklavenmarkt gekauft und verkauft ... Zuchtvieh für die Weißen, weil ihr ganz geblendet wart von den verfluchten Glasperlen, die sie euch mitbrachten ... Scheißkerle!

Ja, ihr habt richtig gehört, Scheißkerle, in meinem Haus herumhocken und mich auch noch dazu auffordern, mein verbrieftes Recht, vergewaltigt zu werden, zu feiern. Gottverdammte Scheißkerle. Außer Frauen nichts im Kopf; sonst bringt ihr wohl gar nichts auf die Reihe?

Mitch sieht Sassafras an, als wäre sie eine Nutte. Er legt sein Horn weg, sagt jedoch kein Wort. Otis und Howard kichern nervös und machen Anstalten zu gehen.

OTIS: Wirklich, Sassafras, es tut mir leid, daß du das in die falsche Kehle gekriegt hast …

Er lächelt. Alle drei verlassen das Haus. Beim Hinausgehen steckt Howard seinen Kopf durch die ausgebeulte Tür aus Fliegendraht.

HOWARD: Du kannst sagen, was du willst, Sassafras … Ich *weiß*, du hast 'ne tolle Muschi!

Auf dem Weg zu der zweitürigen neunundfünfziger Cherry Limo brechen sie in unbekümmertes Gelächter aus. Sassafras bleibt lange vor dem Friseurstuhl stehen, ohne sich zu rühren.

Als sie sich dann schließlich bewegte, ging sie zu ihrem Webstuhl …

Stoffe weben, eine Frau sein
und voller Sehnsucht
nach der Erde
bodenständiger Blues
ein paar reife Beeren
inneres Geschehen
Geister
auf ungeteerten Straßen
Zehen staubig und frei
Gesichter im Wind
frisch wie
der Morgen
um Gingan Fenster und
weitgeöffnete Augen
den Tagen folgend
vorgegebene
Bilder der Natur

ich frohlocke
aus voller Kehle
und werde langsamer
wie ein Fluß
der wächst
und breiter wird.

ich bin sassafras/ die tochter einer weberin/ aus charleston/ ich bin eine frau, die stoffe webt wie alle frauen, die was taugen/ auch die tochter des monds webte schon/ sie spann das goldene vlies der sonne/ sie spann die ganze nacht/ die tochter des monds/ ich habe finger geerbt, die aus dem vlies weiche stoffe machen/ ich erschaffe wärme, symbole des wohlbefindens/ mama/ hast du mir nicht gezeigt wie/ kettfäden eingezogen werden/ wie sterne in selbstgesponnene baumwolle gewebt werden/ mama/ hast du mich nicht nach deiner lieblingsfarbe benannt/ sassafras/ so kräftig und gleichmäßig/ so schön mit tiefen, fruchtbaren grüns/ wie tee gemacht wird, um die kühlen abende angenehmer werden zu lassen/ wir weben, ich und meine schwestern von überallher/ wir weben unsere stoffe/ lieben unsere kinder/ ehren unsere männer/ die uns vor unsern feinden beschützen/ wir errichten altäre und entzünden kerzen als zeichen unserer ergebenheit/ wir spenden nahrung/ kleidung/ hoffnung/ bieten unsere schöße zum füllen dar.

Sassafras hatte beinahe unbewußt die mühselige Arbeit in Angriff genommen, den vierschäftigen Rahmen, den sie aus Charleston mitgebracht hatte, zum Weben einzurichten. Die exzentrische Familie, für die ihre Familie zuerst als Sklaven und dann als Freigelassene gearbeitet hatte, hatte es für angemessen gehalten, Sassafras die Webrahmen zu überlassen, an denen ihre Vorfahren Tausende von Malen seit ihrer Befreiung gesessen hatten. Sassafras war immer sehr stolz darauf gewesen, daß ihre Mutter ein Handwerk hatte, daß die Frauen in ihrer

Familie noch andere Fähigkeiten besaßen, als nur Kinder in die Welt zu setzen und sich Sperma einzuverleiben. Sie war in einem Raum voller Spinnräder, Tisch- und Hochwebstühlen aufgewachsen, und ihre Mutter hatte immer Arbeit gehabt, denn die Fitzhughs trugen ausschließlich handgesponnene Sachen – bis sie es sich nicht mehr leisten konnten. Sassafras wollte eigentlich nie weben, aber sie konnte einfach nicht anders. Dem ungesponnenen Vlies und dem fertigen Garn und den hübsch gemusterten Stoffen haftete etwas an, was für sie so lebensnotwendig war wie das Tanzen für Carmen de Lavallade oder das Singen für Aretha Franklin. Ihre Mutter hatte es getan und davor die Mutter ihrer Mutter; zu weben war für sie die einzige Tradition, die das Dasein einer Frau bunt und verlockend und nicht dürftig und müde erscheinen ließ. Sie war überzeugt, daß Saphire nie so bösartig gewesen wäre, wenn ihr Kingfish einen Webstuhl geschenkt hätte. Sie glaubte auch nicht, daß der bronzene Dionysos die traurigen, frigiden Frauen Thebens retten wollte, indem er sie von ihrem Webrahmen weglockte, sondern daß er eher unter Osiris' Schutz die Europäer auszurotten versuchte, bevor sie auf der ganzen Welt die regenbogenfarbenen Völker versklavten ... denn Frauen, die weben, haben Zeit nachzudenken – die thebanischen Frauen brauchten nur damit aufzuhören, und schon fiel die Stadt. Sassafras war also überzeugt, daß ihre Kunst für das Wohlergehen aller Frauen, wie auch für ihr persönliches Wohlergehen, einfach unerläßlich war. Während sie das Schiffchen durch das Webfach schob, beschwor Sassafras sich die Frauen früherer Zeiten und ferner Länder herauf: die Tolteken, die schimmernde Goldfäden spannen; ostindische Frauen, die komplizierte Muster für Shakti entwarfen, der Kreativität bewirkte und Kreativität zerstörte; und die Navajo-Frauen, die dicke Wandteppiche herstellten. Sie hätte auch gerne eine Afrikanerin überredet, sich zu ihnen zu gesellen – zu ihnen, den Weberinnen –, aber die Geister sagten: „Nein, darauf mußt du verzichten ...

in Afrika weben die Männer, und die Frauen ..." Sassafras warf den Kopf nach links und entließ ihre Versammlung von Weberinnen aus aller Welt, während sie die Spule des Schiffchens neu bewickelte. Mitch war nach Hause gekommen.

Hallo, Sassafras …

Wie geht's Mamas Liebling? Du scheinst ja Wunder gewirkt zu haben in Deinem kleinen Heim. Paß nur auf, daß Du es nicht zu bunt treibst. Man sollte sich in einem Haus entspannen und erholen können. Das eine ist nicht möglich ohne das andere. Wie Du siehst, habe ich auch meine Ästhetik – schwarz oder nicht. Sie kommt aus dem Süden, das reicht. (Lächeln.)

Die Wheeler-Mädchen kamen letzte Woche aus Vassar zurück. Sie waren eine Klasse unter Dir, glaube ich. Auf jeden Fall haben sie sich völlig afrikanisiert. Sie haben ihren Namen geändert und wickeln sich in diese riesigen, alten Stoffbahnen … ganz wie die Mammis, wenn Du mich fragst. Ihre Mutter, Gertie, weigerte sich, sie aus dem Haus zu lassen – zuerst mußten sie zu Mrs. Calhoun und sich die Haare trimmen lassen. Es ist ganz gut, daß Ihr, Du und Deine Schwester, nicht nach Hause kommt; ich kann mir schon vorstellen, wie Ihr ausseht!

Der kleine Schuyler, der zuerst nach Dartmouth ging und jetzt in Meharry ist, hat schon zwei Autos zu Schrott gefahren, und sein Vater hat immer noch kein Machtwort gesprochen. Ich verstehe nicht, wie man sich so an der Nase rumführen lassen kann, nur weil man seine Kinder liebt; Gott sei Dank ist er nicht mein Sohn. Es ist derselbe, der Dich das ganze Wochenende lang beanspruchte, als ich bei Dir in New England zu Besuch war. Versuch nur nicht, mir einzureden, ich würde mich täuschen – ich bin vielleicht nicht gerade emanzipiert, aber ich bin auch nicht von gestern. Ich begreife nicht, was Du an ihm gefunden hast. Diese ganze Erziehung, die sie ihm angedeihen lassen, und das ganze Geld, das sie in ihn stecken – und er führt sich auf wie einer aus den Slums.

Was noch … ach, stell Dir vor, Du warst in der Zeitschrift für die Ehemaligen vom Callahan College. Anscheinend bist Du von all den reichen Gören die einzige, die das Zeug zu einer Künstlerin hat. Nimm's mir nicht krumm, ich habe ihnen die Unterlagen zukommen lassen, zusammen mit ein paar Arbeiten von Dir. Das war das mindeste, was ich tun konnte, nachdem Mrs. Fitzhugh sich so für Dich eingesetzt hat. Ich begreife nicht, warum Du die Schule so schlimm fandest … keine Abschlußprüfung machen wolltest und stur dagegen warst weiterzustudieren. Ach, Sassafras, das Weben ist eine feine Sache, aber bei all den Möglichkeiten, die Schwarze Deiner Generation haben, versteh ich einfach nicht, warum Du Dir immer den schwersten Weg aussuchst.

Es tut mir leid, daß ich das auch noch sagen muß, aber es ist dieselbe Geschichte – Du weigerst Dich anzunehmen, was der Herr Dir zugedacht hat, und das wegen eines richtigen Stiefkinds unserer Gesellschaft. Wie konntest Du nur mit einem Mann zusammenziehen, der kein anständiges Zuhause hatte – nicht einmal eine Waise war, sondern einfach nur ein Tunichtgut? Sogar ich habe schon von den schrecklichen Zuständen in den Erziehungsanstalten gehört. Und was passiert? Meine eigene Tochter zieht in der Weltgeschichte rum und geht sogar nach Kalifornien, um sich in einen Mann zu verlieben, der absolut nichts zu bieten hat, keine richtige Familie, keine Ausbildung, keine Zukunft. Du brauchst nur einen Augenblick nachzudenken, mein Liebling, dann siehst Du, daß das, was Du gelernt hast, den Horizont dieses jungen Mannes einfach übersteigt. Was kannst Du von ihm lernen? Du solltest zu Gott beten, daß er Dir den richtigen Weg weist, und ihm gleichzeitig danken, daß er Dir so viel Verstand gegeben hat, daß Du Dir nicht Dein Leben verpfuschst, indem Du in Sünde lebst. Du hast zumindest noch die Möglichkeit,

Deinesgleichen zu treffen, Leute, die zu schätzen wissen, was für eine patente junge Frau Du bist. Wirklich, mein Liebling, versuch mal etwas rauszukommen und Dich zu amüsieren. Wir mußten schon immer kämpfen. Und Du erreichst nichts, wenn Du einfach zu Hause hocken bleibst und Dich weigerst, Deine Aufgabe in unserer Gesellschaft zu erfüllen.

Ruf Tante Loreen an. Ihre Stiefsöhne sind, wie gesagt, alle Akademiker und sehen blendend aus ... (Worte, die hoffentlich nicht in den Wind gesprochen sind.)

Alles Liebe,
Mama

PS: Du mußt Mitch nicht alles erzählen, was ich über ihn schreibe ... es ist doch eine offene Beziehung, humf. Was Du brauchst, ist eine geschlossene!

Die Nächte in Los Angeles sind nie ganz dunkel; die Lichter der unzähligen Schnellstraßen hüllen es in ewiges Dämmerlicht; Sassafras brauchte deshalb auch kaum jemals elektrisches Licht, Kerzen genügten. Als sie den Kopf aus ihrem Arbeitszimmer steckte, um nachzusehen, wo Mitch auf seinem Horn spielte, war das Haus, ihr Haus, in heidelbeerblaues Licht getaucht. Die Möbel und die Bilder an den Wänden waren in eine heidelbeerfarbene Aura gehüllt, was sie bei ihrer Suche nach Mitch als sehr tröstlich empfand.

„Hallo, Sassafras, laß dir mal was vorführen!"

Mitch war in dem vorderen Zimmer. Seit dem Abgang von Otis und Howard hatte Sassafras einen Abstand von fünf Metern zu diesem Zimmer bewahrt. Zögernd durchquerte sie die eisblauen Räume ihres Bereichs, um zu sehen, was Mitch dieses Mal auf Lager hatte. Sie war sogar entzückt, daß er so schnell nach ihr gerufen hatte – er war kaum fünf Minuten zurück. Mitch grinste, das Horn in der einen und eine seltsame, akkordeonähnliche Röhre in der andern Hand.

„Hallo, Liebling", nuschelte Sassafras kokett. „Was gibt's?" Mitch sah toll aus in seinem orangefarbenen Crêpe-Jackett, auf das mit Perlen prächtige Adler gestickt waren: Quetzal, der schöpferische Geist der Azteken, zierte seine Brust, und um den Hals trug er das Ashanti-Halsband aus Perlen, das Sassafras erst vor ein paar Tagen noch voller Eifer fertiggestellt hatte. Mitch grinste einfach und sah toll aus, geruhte aber nicht, ihr zu antworten; er fing an, vor ihr auf und ab zu gehen, ohne sie auch nur einen Augenblick aus den Augen zu lassen. Grinsend und ganz ruhig, mit all seiner Kraft und seiner exquisiten Anmut schlug er ihr mit der Röhre übers Gesicht. Dann brach er in lautes Gelächter aus, setzte die Röhre an den Mund, erzeugte darauf hohlklingende Töne wie auf einer Bierflasche und schlug sie wieder, immer noch lachend.

Sassafras war fassungslos. Sie rührte sich nicht, gab keinen Ton von sich. Mitch warf die Röhre in die Luft, und sie rollte sich zusammen wie die Spielzeugschlangen der Kinder; Sassafras wollte sie aufheben, aber Mitch stieß sie zur Seite. Und als er die Röhre wieder in den Händen hatte, ließ er sie in der Luft kreisen – und schlug zu, immer und immer wieder.

„Mitch, bist du wahnsinnig… hör auf, hör sofort auf … Ich halte das nicht aus, du tust mir weh… hör auf, Mitch, du tust mir weh!“ Und er hörte auf, nahm sein Saxophon und fing an, das Solo von Eric Dolphys „Green Dolphin Street“ zu spielen. Sassafras ging langsam aus dem Zimmer, betäubt und völlig durcheinander. Mitch sagte kein Wort.

Sassafras stolperte durch die Küche. Geistesabwesend griff sie nach den Autoschlüsseln, ließ den Hund hinaus und erneuerte die Katzenstreu. Sie schloß die Tür zu ihrem Webraum ab und ging schließlich aus dem Haus. Mindestens eine Stunde lang saß sie im Auto vor dem Haus. Sie war noch nie von einem Mann geschlagen worden; sie hatte sich geschworen, daß sie jeden, der das versuchte, auf der Stelle verlassen würde. Und sie hatte bei ihrem ersten Rendezvous in dem japanischen Garten des Austellungsgeländes zu Mitch gesagt: „Wenn du mich jemals schlägst, gehe ich oder besuch dich im Gefängnis.“ Mitch hatte nichts darauf geantwortet, genausowenig, wie er ihr heute abend geantwortet hatte. Und Sassafras heulte; sie litt und hatte Angst, Mitch, den sie über alles liebte, verlassen zu müssen. Sie ließ das Auto an und fuhr über den Pasadena Freeway nach Santa Monica, wo sie anhielt und zuschaute, wie die Sonne über dem menschenleeren Strand aufging. Sassafras war so zu wie die verriegelten schmuddligen Bars am Pier. Sie war völlig erstarrt, und das Meer, das in der Dämmerung des neuen Tages ihre Knöchel umspülte, erweckte sie nicht aus ihrer Starre. Die monotone Wiederkehr der Wellen erinnerte sie nur daran, daß auch sie wieder zu ihren eigenen, abfallübersäten Küsten zurückkehren würde. Zurück zu Mitch; sie konnte sich nicht von ihm trennen ... nicht jetzt. Sassafras getraute sich nicht in die Sonne zu blicken; sie hatte Angst, ihr Blick würde die goldenen Gewänder zersetzen, die die Tochter der Mondgöttin gewoben hatte. Sie hatte Vertrauen verraten und sich mit unantastbarer Unabhängigkeit gebrüstet. Sie war eine Frau, sie war stark – und sie liebte Mitch; sie hatte den Geistern nur als Instrument gedient. Aber sie war zu eigensinnig gewesen, zu sicher, es ohne Mann zu schaffen; und sie verstand jetzt, daß sie Mitch mehr als alles andere auf der Welt brauchte. Sie brauchte ihn, weil Mitch all das verkörperte, was sie an sich selbst liebte.

Eine Situation, die einer andern, an die sie sich nun wieder erinnerte, ziemlich ähnlich war ... jene Nacht, als es in Charleston so fürchterlich gegossen hatte, solche Sturzbäche, daß sie und Cypress Indigo zu sich ins Bett holten, sie am Fußende unterbrachten – falls die Bäume, die das Haus umstanden, durch das Dach kämen; was durchaus möglich gewesen wäre, denn sie schwankten bedenklich hin und her, kratzten am Haus und machten einen so schrecklichen Krach, daß die Kinder wortlos zitterten. Die andern Geräusche kamen von ihrer Mama und ihrem Daddy, die sich anbrüllten; sie vermischten sich mit dem Heulen des Winds, bis schließlich der Spektakel auf der Treppe die Mädchen zwang, zur Tür zu kriechen; es war nämlich keineswegs nur der Hurrikan, der alles durcheinanderbrachte.

„Daddy, laß Mama los! Daddy, laß los!“ Sie schrie immer nur das, während sie zuschaute, wie er ihre Mama an den Haaren die Treppe hinunter und zur Haustür zerrte. Es regnete, und die Mädchen plärrten ... ihre Mutter sah so winzig aus, eine barfüßige, völlig durchnäßte Gestalt im Nachthemd auf der Veranda. Das Geschrei und Gezeter zwischen den Erwachsenen verstärkte sich noch, die Mädchen wimmerten, und die Forsythienzweige peitschten gegen den Fliegendraht. Als aber alles vorbei war und die Mädchen sich geschworen hatten, nie wieder mit ihrem Vater zu sprechen, weil er ihrer Mutter weh getan hatte, sagte ihre Mama nur: „Man muß dem Narren, der in jedem von uns steckt, auch seine Freiheit lassen."

Als Sassafras schließlich wieder nach Highland Park zurückkam, war es später Vormittag. Daß sie in den morgendlichen Berufsverkehr gekommen war, betrachtete sie nur als gerechte Strafe für ihr schamloses Verhalten; sie stieß entschlossen die Tür auf, denn sie wußte inzwischen, was sie von ihrem Leben erwartete: vor allem Mitch. Und er befand sich da drinnen und wartete auf sie. Die ungewöhnliche Stille verwirrte sie; normalerweise übte Mitch oder summte vor sich hin, während er malte. Sassafras fühlte einen Kloß im Hals. Sie ging von einem Zimmer ins andere, während ihre Beklemmung wuchs – in der Küche saß Mitch am Fenster und döste vor sich hin. Sie rannte ins Badezimmer; Mitchs Fixerausrüstung lag im Waschbecken. Und Sassafras ließ ganze Welten, Träume und Küsse von ihren Augen fallen. Geschickt, beinahe mechanisch, beseitigte sie die Schweinerei, die Mitch und wahrscheinlich ein paar seiner Freunde gemacht hatten. Sie fütterte die Tiere, brachte die Zimmer wieder in Ordnung und ging schließlich zu dem Fenster, an dem Mitch saß und schlief. Sie fuhr ihm mit der Hand über die Wange; sie liebte ihn. Sie küßte lange und behutsam seine Schläfen, seine Wangen – beide – und dann seine Lippen. Er kam etwas zu sich. Sassafras küßte ihn noch einmal, und wieder reagierte er. Als er einigermaßen bei Sinnen war, flüsterte sie, den üppigen Mund auf seine Braue gedrückt:

„Du bist ein lausiger, stinkiger Fixer, Mitch. Ich muß jetzt gehen."

Sie packte zwei große Taschen, eine mit Kleidern und eine andere mit Notizheften, Garnen und Nadeln aller Art.

Sie hinterließ bei Cleo, der Nachbarin, etwas Geld für das Futter von Albert und der Katze und sagte ihr, sie solle Mitch ausrichten, daß sie ihre restlichen Sachen abholen lassen würde. Sie nahm das Drei-Uhr-Flugzeug nach San Francisco, um bei ihrer Schwester Cypress Unterschlupf zu suchen. Immer wieder, auf den Flughäfen und in den Bussen, sagte sich Sassafras: „Er hat mir nie etwas versprochen … ich wollte keinen Ring, kein Geld, keine Ausschließlichkeit … nur etwas wollte ich: kein Dope." Sie versuchte erst gar nicht zu lächeln, als sie bei Cypress ankam. Sie bestand aus demselben Stein wie Isis auf der Suche nach dem verschwundenen Osiris. Sie trank ein wenig schwarzen Kaffee aus Guatemala und verzog sich dann auf das Zimmer, das Cypress für sie freigehalten hatte, um ein neues Stück Stoff in Angriff zu nehmen.

Cypress lächelte immer. Sie hatte sich ihr Leben nach ihrem Geschmack eingerichtet und war fest davon überzeugt, daß dem Zufall keine Grenzen gesetzt waren; sie mußte nur abwarten und ihrem Glück vertrauen. Sie war rund und kräftig und gleichzeitig geschmeidig wie ein Beet Sonnenblumen in einer balsamischen Nacht. Cypress mochte süßen Wein, Kokain und haufenweise Männer: Musiker, Maler, Dichter, Bildhauer ... Fotografen, Filmemacher, Piloten. Ihr Haus war voll vom Abend bis zum nächsten Mittag; sie war gewöhnlich in ein orientalisches Gewand gehüllt, das von Kaffeeflecken bedeckt und von dem Geruch ihres Körpers durchdrungen war. Durch Sassafras' Ankunft wurde dieser Zirkus, den Cypress ihren Alltag nannte, keineswegs gestört; denn Cypress hatte in ihrer unkomplizierten, zynischen Art ihren Bekannten bereits erzählt, sie wisse, daß ihre Schwester bald eintreffen würde. Cypress war einfach überzeugt, daß kein Mann aus Fleisch und Blut länger als zwei oder drei Monate Sassafras' Absolutheitsansprüchen genügen könnte, Ansprüche, die totalen Einsatz, totale Wahrnehmung und Vollkommenheit voraussetzten.

Cypress war sich sicher, daß sich ein Mann auf jeden Fall absetzen würde – sobald er erkannt hatte, daß die zu ihm gehörende Frau erkannt hatte, wieviel ihm zu seiner Vollkommenheit fehlte und immer fehlen würde. Deshalb hielt sie auch immer ein Zimmer für Sassafras bereit und kicherte, wenn sie die verschlossene Tür und die mürrische Miene sah, die Sassafras als Schutz gegen die herumlungernde Meute möglicher Verehrer aufsetzte.

Cypress' Küche war bernsteingelb, die übrigen Zimmer sumpfgrün. Stühle waren streng verboten in ihrem Haus, es gab nur Kissen – Schuhe mußten ausgezogen werden. Sie bestand darauf, daß ihr Bereich respektiert wurde, und es fiel ihr nicht schwer, Besucher rauszuschmeißen, die die Regeln nicht respektierten:

Wenn du durch diese Tür trittst,
bist du in meinem Haus

1. *Spüle alles Geschirr, das du benutzt, und stelle es an seinen Platz zurück*
2. *Leere die Aschenbecher, wenn sie voll sind*
3. *Wechsle alle zwei Tage die Bettwäsche*
4. *Laß keine Kleider herumliegen*
5. *Spare dir deine Obszönitäten*
6. *Sprich nicht zu laut*
7. *Bring keine Fixer mit*
8. *Berühre nicht den Altar Orishas*
9. *Nimm nichts als selbstverständlich hin*

Mögen die Geister dich segnen

Sassafras kannte außer Cypress niemanden in San Francisco, und sie fröstelte die ganze Zeit. Ihre dünnen Fähnchen, die für den ewigen Frühling von Los Angeles gedacht waren, schützten sie nicht gegen den dichten Nebel und die kühlen Temperaturen Nordkaliforniens; diese Kälte erinnerte sie ständig daran, daß sie allein war – verlassen, wie sie zu glauben beliebte. Sie kauerte in ihrem Zimmer, in die Strickjacke ihrer Mutter gehüllt (Cypress hatte sie in einem alten Koffer entdeckt), und bereitete das Vlies zum Spinnen vor. Sie summte Spirituals vor sich hin: „His Eye is on the Sparrow" und „I Know He 's Watchin Me" oder „Jesus Is Just Awright with Me" und „I Come to the Garden Alone". Leroy McCullough stand gewöhnlich vor ihrer Tür und sang

Bebop-Liebesbotschaften für sie: „Sassafras hat 'nen wunderschönen Arsch; komm doch raus und spiel mit mir … be-blee-de-oh-wha-doo …", und Cypress meinte prosaisch: „Sassafras hat heute keine Zeit, kannst du morgen wiederkommen?" Und wer gerade herumstand, lachte oder blies in ein Horn. Sassafras sang ihre Lieder zum Lob des Herrn noch etwas lauter, bis sich alle wieder beruhigt hatten, und verstummte dann selbst, weinte oder saß einfach nur zwischen ihren Wollsträngen und starrte auf das verblassende Blumenmuster des Teppichs.

Cypress' Haus roch nach Curry, und wenn sie nicht gerade kochte, tanzte sie mit den Gästen, für die sie kochte, unten im Studio. Tanzen hatte für sie etwas mit Familie zu tun, und Cypress liebte ihre Familie. Sie konnte sich, ohne zu zögern, für irgendeinen Tänzer-Sänger-Freund einsetzen, für ihre eigene Schwester jedoch war sie bereit, sich auf Eisenbahnschienen zu legen. Wenigstens brachte dieser Gedanke Cypress dazu, Sassafras wegen ihrer „Melancholie" zur Rede zu stellen.

Sassafras versuchte sich ganz in ihre Arbeit zu vertiefen; sie spulte das Garn auf und zählte die Kettfäden ab, als Cypress etwas von der orangefarbenen Baumwolle zwischen die Zehen nahm und damit ein vollkommenes grand battement ausführte. Sassafras blickte verärgert auf und miaute: „Cypress, du weißt so gut wie ich, daß du einfach zu voluminös bist, schon immer zu voluminös warst, egal, für welche Art von Tanz, nimm deine Flossen aus meinem Garn. Bitte, sei so nett." Cypress hatte zwanzig Jahre lang Bemerkungen über ihre rustikale Figur ertragen und war immun dagegen; sie ließ also Sassafras mit der Zwecklosigkeit geschwisterlicher Beleidigungen kämpfen und fing an, die verstreuten Fäden wegzupacken, wie jede Weberstochter das machen würde. Sie konzentrierte sich auf die Hoffnung tief in ihrem Innern, Sassafras dahin zu bringen, daß sie sich ein wenig entspannte und sich neu spüren konnte. Cypress ging durch Sassafras' Webmaterial, als wäre sie Sassafras' Schatten, und Sassafras beobachtete ihre Schwester, die wie immer alles tadellos erledigte, und begriff, daß Cypress dieses Mal ihren Willen durchsetzen würde. Also ließ sie sich von Cypress an die Hand nehmen und in die Küche führen, wie einst zu Hause bei Mama, wenn sie mitten in der Nacht heimlich Kaffee tranken – so viele Jahre und Fragen früher.

Sassafras ließ sich willenlos auf eine dicke Strohmatte fallen und wartete auf Cypress' unvermeidliche „Predigt für eine kleingläubige Schwester". Sie lächelte unmerklich darüber, wie schwerelos Cypress im Raum hin und her glitt. Sie ist im Grunde sehr elegant, dachte Sassafras und nahm die weibliche Grazie, die jeder Bewegung entströmte, in sich auf.

„Nun, Cypress, was hast du mit deinem fetten Arsch wieder ausgebrütet?" Sassafras konnte selbst kaum glauben, was sie da sagte, fuhr aber fort: „Also, Cypress, ich erwarte von dir, daß du mir meine Zukunft enthüllst – wieviel Licht und Sonne eines Tages noch durch meine Hintertür dringen."

Sassafras wand sich auf ihrer Matte, als würde sie eine Scotch-Dusche nehmen. „Hast du gehört, Cypress? Ich will es ganz genau wissen – daß alles bestens sein wird und daß ich überhaupt keinen Grund habe durchzuhängen."

Cypress kicherte nur und stellte eine Köstlichkeit aus Quark und Ananas neben die Porzellankanne mit dem frischen Kaffee. Sie glitt auf ein Sitzkissen genau gegenüber von Sassafras und murmelte: „Warum erzählst du mir nicht, was mit Mitch und mit dir los war; bevor ich nämlich ein Wort sage, muß ich wissen, ob du noch die treue Geliebte bist."

Sassafras errötete und warf die Arme in die Höhe, als wolle sie Fliegen verscheuchen; dann sah sie jedoch, daß sich auf dem Gesicht von Cypress kein Hohn, keine Kritik abzeichnete. Cypress lehnte sich mit dem Kopf gegen den Ofen und fing noch einmal an.

„Sassafras, kannst du nicht ein bißchen davon reden,

was zwischen dir und Mitch gelaufen ist – oder ist dieser Heroinkram ein Staatsgeheimnis zwischen euch beiden?"

Sassafras nahm ihr Kinn hoch und schob es vor, wie eine sehr viel stolzere Frau als sie es getan hätte; gleichzeitig zog sie die Backen ein und tat so, als würde sie das Ganze nur langweilen. Cypress genoß ihren Ananasquark und ihren Kaffee, bis sie beschloß, daß sie genug herumgespielt hätte.

„Spitz die Ohren, Sassafras, Miss Kennt-schon-alles. Ich muß mit dir reden. Ich weiß bestimmt besser als du, wie schwer es ist, mit einem Künstler, einem artiste, zu leben. Schwarze Männer sind nicht leicht zu knacken und auch nicht leicht zu halten. Deshalb versammle ich sie auch alle hier, dann brauche ich nämlich keinen Bestimmten zu knacken und kann sie alle halten. Aber du bist da anders als ich, Sassafras. Du brauchst einfach dein einzigartiges kosmisches Wunder, dessen Hörner und Arme mehr Höllenärger zu bieten haben, als erlaubt ist. Mach schon, Mädchen, erzähl mir, was los ist. Außerdem möchte ich ja vielleicht das Zimmer vermieten, wenn du zu ihm zurückgehst."

Cypress' verblüffende Aufforderung ließ Sassafras in schallendes Gelächter ausbrechen. Und als sie endlich in der Lage war, über die Ereignisse der letzten Tage zu reden, erzählte sie eine Geschichte nach der andern, listete Cypress all seine guten und schlechten Seiten auf.

„Ses faiblesses", meinte Cypress zynisch, „werden dich Kopf und Kragen kosten und wahrscheinlich auch jede Freude, die du dir versprichst."

Sassafras hielt zu dem Mann, den sie verlassen hatte, und konnte ihre Probleme auf einmal auch formulieren.

„Glaub mir, Cypress, Mitch hat mehr Einsamkeit ertragen, als für ein menschliches Wesen erlaubt sein sollte. Seine Mutter hat sich aus dem Staub gemacht, als er acht Jahre alt war; danach mußte er sich in sämtlichen Erziehungsanstalten des Landes behaupten, in denen es von Irren und Psychopathen nur so wimmelte. Mitch ist großartig – er hat sich selbst geschaffen; er hat eine Person aus sich gemacht. In der Anstalt hat er angefangen, Horn zu spielen und zu malen. Mitch ist ungeheuer stark, Cypress – nur manchmal überwältigt ihn diese Einsamkeit ..."

Sassafras wartete bei dem Wort „Einsamkeit" auf ein Zeichen des Verständnisses; Cypress starrte jedoch einfach durch sie hindurch. Sie dachte an all die Männer, die sie gehabt hatte, Männer, die das Feuer Shangos in den Gliedern hatten und deren Schönheit – die Schönheit fleischgewordener Seelen – sie zu Tränen rührte. Cypress erinnerte sich an jede einzelne heiße Affäre – eine Art Hitparade der fünfziger Jahre. Sie schickte sich gerade an, einen Urschrei auszustoßen, als Sassafras sie unterbrach.

„Ich bin gegangen, Cypress, weil Mitch das einzige Versprechen brach, das er mir je gegeben hat. Es ist nichts weiter als eine Frage des Vertrauens – er hat sein Wort nicht gehalten. Ums Heiraten geht es mir nicht – keiner soll die Hälfte von Mamas Sachen und die Hälfte von meinen Sachen kriegen und außerdem noch einen Anspruch auf die Kinder haben, mich mit Geldgeschichten löchern und dem ganzen Kram – ich finde das unerträglich. Es macht mir also nichts aus, so zu tun, als würde ich ausgehalten, während ich meinen Teil beisteuere; ich kann nur nicht ertragen, wenn jemand sein Wort nicht hält. Ganz ehrlich, Cypress, das ist alles."

Cypress machte Übungen für ihren Spann und ihre Zehen, eine Bewegung, die durch Wade, Ferse und Ballen ihres Fußes ging. Beugen. Strecken. Beugen. Strekken.

Sie hörte Sassafras zu und nickte, wobei sie sich auf ihren Körper konzentrierte – und war wieder da.

„Okay, Sassafras, und was hast du vor?"

Sassafras war überwältigt von dem guten Willen und der Unverblümtheit ihrer Schwester.

„Ich bleibe hier, nehme Tanzstunden mit dir zusammen und zeig dir meine neuen Webtechniken. Und ich fange an zu schreiben, Cypress. Ich schreibe über Mama und wie ich zwischen all diesen Webrahmen aufgewachsen bin."

Cypress setzte ein Lächeln auf, das so breit war wie ihre Hüften, und beide verschlangen noch mehr Sahnequark, direkt aus der Packung. Sie räumten das schmutzige Geschirr weg und brachten die Küche in Ordnung; Cypress stellte den Radiosender ein, der immer noch Bebop brachte, aber immerhin schwarz war, und die beiden Schwestern ließen sich von der Liebe, die sie füreinander empfanden, inspirieren und fingen an zu tanzen. Cypress begann mit einer Serie von Bewegungen, und Sassafras antwortete. Mit Untertassen in der Hand und rotierenden Schultern erfanden sie den „Cakewalk der Schwestern". Sassafras verriet ihren geheimsten Wunsch, sich der Künstlerkolonie in Louisiana anzuschließen – der einzige Ausweg aus dem Dilemma, in dem Mitch und sie steckten. Cypress war zwar nicht besonders angetan von der Vorstellung, hinterwäldlerisch im Süden zu leben, aber sie hatte einen Sinn fürs Pläneschmieden und fing sofort an zu kalkulieren, als ihr Sassafras erzählte, daß sie und Mitch nur ungefähr 800 Dollar brauchten. Cypress wühlte in der Schublade mit dem chinesischen Besteck und förderte eine dünne, mit Rheinkieseln und rosa Perlen besetzte Puderdose zutage. Sie öffnete sie vorsichtig, und ihre Augen fingen an zu strahlen. „Möchtest du ein bißchen davon, Sassafras?" Großzügig streckte ihr Cypress die Puderdose mit dem gehorteten Kokain unter die Nase. Sassafras wandte sich ihrer Schwester zu, beinahe verblüfft, endlich zu erfahren, was sie doch die ganze Zeit gewußt hatte: Cypress war die „Coke Lady". Sassafras preßte das Kinn gegen die Kehle und schüttelte den Kopf. „Nein, danke, Einsamkeit." Cypress, eine Rasierklinge in der einen und einen Strohhalm in der andern Hand, hatte ein Briefchen aus Reispapier aufgefaltet und machte sich über ihr Zeug her. Sassafras, die sich sonst nie um die Uhrzeit kümmerte, merkte plötzlich, daß sie sich allmählich auf den Weg machen mußten. Cypress hatte eine zweistündige Probe und anschließend eine Vorstellung; Sassafras sollte den Tänzerinnen beim Anziehen der Kostüme helfen und alles befestigen, was so aussah, als würde es mitten in einem Sprung davonfliegen. Sassafras erhob sich und fing an, „Tonight 's the Night" zu singen mit sämtlichen Tricks und Gesten der Shirelles – dem Kreisen der Hüften und den Armbewegungen, die irgendwelche imaginären Liebhaber herbeilocken sollten. Cypress konnte es kaum noch aushalten und sagte: „Laß uns mal losziehen, Mädchen – wir gehen tanzen."

Unten am Pier gab's immer Matrosen/ Skipper von überallher/ Daddy war ein Seemann/ ein Schiffszimmermann, reiste dauernd rund um die Welt/ hat uns Mama erzählt/ und er starb auf See vor Sansibar/ weil sein Schiff Feuer fing/ und auf den Boden des Meers sank/ deshalb warfen sie, Cypress und Sassafras und Indigo/ auch Münzen und Essen und Weinflaschen ins Meer, etwas weiter unten an der Küste/ Daddy sollte alles haben, um sich wohl zu fühlen in der andern Welt. Sassafras trieb sich auf dem Pier herum, so oft sie konnte/ schaute nach der Schule den Männern zu, wie sie ihre Knoten machten/ ihre Netze flickten, und sie stellte sich vor, daß ihr Daddy das auch alles konnte/ daß er singen konnte wie die Seeleute und tanzen wie die Männer von den westindischen Inseln/ die auf den meisten Schiffen in dem heruntergekommenen Hafen von Charleston die Besatzung stellten/ Sassafras saß mit den Männern auf den Fässern und half ihnen, ihre Netze auszubreiten/ und hörte sich Geschichten über die Schwarzen auf den Inseln an, Inseln, so fern wie Neuguinea. Sie versuchte sich vorzustellen, wie sie wohl aussahen/ ob sie so aussehen wollten wie die Weißen/ wie wohl ihre Sprachen klangen/ und was für Kleider sie trugen und welche Tänze sie tanzten und an welche Götter sie glaubten/ ob sie an Jesus glaubten oder an andere Götter/ und andere Himmel/ ob sie auch Trommeln und eigene Tänze hatten wie die Seeleute von den Bermudas und Trinidad, die jeden Abend zum Tanz aufspielten/ und Sassafras diesen Tanz zeigten, den sie „Jump-up“ nannten/ oder den Mambo/ und Sassafras nahm sogar ihren Akzent an/ und stemmte die Hände in die Hüften wie die Männer, wenn sie ihre Freundinnen zu Hause nachmachten/ und Sassafras betete, daß sie einmal so leben könnte/ auf dem Land und völlig frei/ umgeben von Orangenbäumen und Männern, die Trommeln herstellten und Fische fingen und Feste zu Ehren ihrer Götter feierten. Sassafras beschloß/ umgeben von schwarzen Matrosen und Hafenarbeitern/ dort hinzugehen, wo es Schwarze gab/ in alle Länder der Welt, in denen ihr Volk lebte/ und sie würde alles aufschreiben, damit die andern Kinder sich nicht so verloren fühlten und nicht dächten, sie wären dumme kleine Dinger/ wie Miz Fitzhugh meinte/ „Schade, daß du nur ein dummes kleines Ding bist, Sassafras, sonst würde ich dich sofort auf diese Kreuzfahrt mitnehmen.“/ Und den baß erstaunten Seeleuten erklärte Sassafras/ „Ich werde mal eine Cunjah“/ Sie lachten ungläubig und sagten/ „Du bist schon eine Geechee/ was willst du noch mehr?“

Sassafras wünschte sich etwas beim Anblick von Blumen/ Vögeln, die in eine bestimmte Richtung flogen/ Blättern, die in einem bestimmten Winkel fielen/ und sie schwor sich, die alten Gebräuche wieder einzuführen/ die alten Geister und ihre Kinder und jede Art von moderner, mystischer Lebenshilfe, die sich aus den Umständen ergab. Sassafras hing nicht mehr auf dem Pier herum, sondern bei den Alten in der Kirche und in den Bars der schmalen Straßen/ sie lernte, wie man Kranke behandelt/ und sie lernte Zaubersprüche, die Soundsos Großmutter halfen, jemanden um die Ecke zu bringen/ und sie las ganze Nächte hindurch Berichte über alte Kulturen, die ihr näherstanden als das ganze Zeug über England und die Rosenkriege.

Sie schrieb Lieder für afrikanische und indianische Gottheiten, die seit der Ankunft der Weißen mißachtet worden waren/ Lieder für Gottheiten, die sie liebte und rächen wollte/ Lieder über das Land, das sie verloren hatten/ und Städte, die noch Ehrfurcht vor dem Leben hatten.

„Ich bin Sassafras/ meine Finger erkennen Dich, mein Lied will Dich erreichen, Du offenbarst mir Deine Weisheit in meinem Schlaf/ ich bin kein Belagerer Deiner Festung/ ich bin ein Kreuzfahrer/ und Du bist meine ganze Vergangenheit/ bediene Dich meines Körpers, um Deinen Willen kundzutun in diesem Gefängnis der Maschinen und des Carolina Blues/ ich möchte Dich preisen/ und Deine Schönheit zum Ausdruck bringen/ Geister/ schwarze und braune/ finden den Weg zu Dir durch mein dunkles Blut/ nimm mich auf/ ich bin Dein Kind in dieser neuen Welt/ ich bin Deine Frucht/ die sich noch durch eine Schlacht bewähren muß/ Komm zu mir und erfülle mich/ Deine Güte ist unermeßlich, ich werde Dir neue Altäre errichten/ neue Lobgesänge singen und dazu gehören, selbst uralt."

Bevor sie die Tür erreichte, öffnete Cypress einen großen Behälter aus buntem Glas und zog vier kunstvoll bestickte Tücher hervor.

„Hier, Fräulein Weberin ... Sassafras. Das werde ich mal meinen noch ungeborenen Kindern vererben."

Sassafras vertiefte sich in sie und sah Blöcke, die aus winzigen Figuren bestanden, Pfeile und Kreise in den verschiedensten Farben. Cypress' Erregung wuchs, während sie ihr erklärte, daß jedes der Tücher die vollständige Choreographie eines Tanzes wäre, den sie selbst entwickelt hätte, ausgehend von ihren Erfahrungen bei The Kushites Returned. Sassafras stellte fest, daß die Stiche sehr gleichmäßig und die Muster unglaublich verschlungen waren.

„Cypress, wenn das die Weißen sähen, würden sie es dir sofort abspenstig machen und ins Museum hängen."

Cypress genoß Sassafras' überschwengliches Lob und erinnerte sich daran, was ihre Mutter einmal gesagt hatte: „Schreib sie dir auf, all die Ideen, die für dich wichtig sind ... paß aber auf, daß deine Feinde sie nicht sofort mitkriegen." Triumphierend steppten Sassafras und Cypress die Fulton Street hinunter.

An der Bushaltestelle vergnügten sich die beiden Schwestern mit einem andern Spiel aus ihrer Kinderzeit: sie sangen Rhythm and Blues; zuerst Tina Turners „I'm Just a Fool, You Know I'm in Love" und dann die Marvelettes: „I saida look, look, heah comes the postman, twistin down the avenue ... he's gotta lettah in his hand, an I know its gotta be from you-whooooooo." Und Cypress gab ihre Absicht bekannt, nach der Show eine Party bei sich zu veranstalten, eine Party mit viel Wein und tollem Essen. Zum Beispiel ...

Dreimal C: Curry-Crevetten à la Cypress

2 Eßlöffel Pflanzenöl
1 feingehackte Zwiebel
1 feingehackte Pfefferschote (frisch oder aus der Dose, Samenkerne entfernen)
1/2 Teelöffel geriebener Ingwer (oder 1/4 gemahlener)
1/4 Teelöffel Kurkuma
eine Prise Zimt
eine Prise gemahlene Nelken
eine Prise gemahlenen Kardamom
1 1/2 Tassen gekochtes Crevettenfleisch
Salz
2 Eßlöffel feingehackte Petersilie
2 Eßlöffel Zitronensaft

Pflanzenöl erhitzen und Zwiebel anbraten, Pfefferschote, Ingwer, Kurkuma, Zimt, Nelken und Kardamom dazugeben und 3 Minuten braten, mit etwas Wasser besprenkeln, damit das Ganze nicht anbrennt. Das Crevettenfleisch hinzugeben und salzen. Umrühren und weitere 5 Minuten garen lassen. Zitronensaft und feingehackte Petersilie darübersprenkeln (für 4 Personen).

Fischballen nach Mama & Mamas Mama

100 g gepökelter Fisch (Kabeljau)
2 Tassen Mehl
1 Teelöffel Trockenhefe
feingeschnittener Schnittlauch
1 feingehackte, kleine Zwiebel
1/4 Teelöffel schwarzer Pfeffer
1 1/2 Tassen warmes Wasser
1 Teelöffel Zucker

Hefe und Zucker zusammen mit einer halben Tasse Wasser in eine Schüssel geben und beiseite stellen. Fisch eine halbe Stunde ins Wasser legen, Haut und Gräten entfernen. Fisch, Schnittlauch, Zwiebeln und Pfeffer zerstoßen. Mehl und Hefe zusammen durchsieben und restliches Wasser dazugeben; so lange umrühren, bis sich ein geschmeidiger Teig bildet. An einem warmen Ort aufgehen lassen. Fischmischung hinzugeben und 2 bis 3 Minuten schlagen. Die Masse löffelweise in heißes Öl geben. Abtropfen lassen und mit heißen Krapfen servieren.

Krapfen

1 Pfund Mehl
100 g Backfett
1 1/2 Teelöffel Salz
1 Teelöffel Trockenhefe
1 Teelöffel Zucker
Warmes Wasser

Hefe und Zucker mit etwas Wasser in einer Schüssel vermischen und für kurze Zeit beiseite stellen. Mehl und Salz zusammen durchsieben; Backfett, Hefemischung und ausreichend Wasser hinzugeben. Teig so lange kneten, bis er geschmeidig ist. An einem warmen Ort zwei Stunden lang gehen lassen oder bis sich das Volumen verdoppelt hat. Teigvolumen wieder reduzieren. Noch einmal kräftig durchkneten, in schmale Stücke schneiden und Bällchen daraus formen. Weitere 20 Minuten gehen lassen. Teigbällchen flachdrücken, bis sie nur noch einen halben Zentimeter messen, und in siedendheißem Öl braten. Abtropfen lassen und heiß servieren.

Süßes Brot à la Cypress: absolute Spitze

Man kann jede Art von Maismehl verwenden, in das pürierte süße Kartoffeln, kohlensaures Natron, eine Prise Zimt und $^1/_2$ Tasse Honig gegeben werden. Wie gewöhnliche Maisfladen in der Pfanne braten. Können heiß oder kalt gegessen werden.

Die Bühne und die Garderoben rochen bereits nach Schweiß und süßen Parfüms, die das beginnende Lampenfieber ersticken sollten. Cypress stieß Sassafras mehr oder weniger in Maliks Arme, um noch einen Tisch mit einem Spiegel zu ergattern. Sassafras hatte das Gefühl, im Weg zu sein, und beschloß, in einer Ecke zu warten, bis die Tänzerinnen in ihre Kostüme schlüpften. Cypress setzte sich und machte sich daran, einen Berg von Tiegeln und Töpfen mit Bühnenschminke vor sich aufzubauen; sie wollte sich für die Kostümprobe schminken, um die Wirkung eines neuen Make-ups festzustellen. Als sie schließlich damit fertig war, war zwischen Schultern und Haaransatz kein Stückchen Haut mehr unbemalt. Cypress funkelte in dem Türkis der schönsten Navajo-Türkise, auf ihren Wangen kringelten sich gelbe Spiralen; sie war die Milchstraße beim Morgengrauen. Und Malik war scharlachrot bemalt, und über seiner Brust leuchteten Kometen auf. Lallah und Melissa waren orangefarben, das Orange von Passionsblumen, und kleine Flammen züngelten um ihre Augen; Eddie und Guy waren gelb, ein metallisches Sonnengelb, in Trikots und gestrickten Ballettanzügen machten sie auf dem Boden ihre warm-ups, angeführt von Ariel, der darauf bestand, sein paillettenbesetztes Seidencape als Glücksbringer zu tragen. Ariel ließ sie vor allem Streck- und Schwebeübungen machen, und Cypress gelang es, sich zu Malik in die hintere Reihe zu stehlen, um mit ihm ins Geschäft zu kommen. Sie waren gerade dabei, die Beine hochzuwerfen, als Cypress ihm zuflüsterte: „Malik, wie wär's mit etwas Koks?"

Malik lächelte, war aber sofort wieder bei der Sache, da er schon eine Bewegung versäumt hatte, als er sich auf das, was Cypress sagte, zu konzentrieren versuchte. Malik war einer jener extrem schlanken Tänzer, deren Knochen jedoch nirgendwo hervorstechen. Er war so ephebenhaft wie keiner seit den Step Brothers, und er liebte Cypress – sofern ein Tänzer neben dem Tanzen überhaupt jemanden lieben kann. Cypress' Frage verblüffte ihn; sie kaufte nie Koks, sie war immer nur da, wenn es welches gab ... sie war da oder auch nicht. Cypress brauchte es offensichtlich nicht, und Malik war äußerst zurückhaltend, was seine Geschäfte außerhalb des Studios betraf.

„Ich weiß nicht, Cypress, vielleicht. Ich sag dir Bescheid."

Inzwischen hatte Ariel das flüsternde Pärchen in der hinteren Reihe entdeckt und brüllte durch den ganzen Raum eine überraschende Explosion: »Malik, Cypress. Hoch mit den Beinen. Und die Hüften nach vorn!"

Und bis die Vorstellung zu Ende war, dachte Cypress an nichts anderes als die Bewegungen, die ihr Körper ausführte.

Dunkel

Das Publikum hat Platz genommen und ist mit sich selbst beschäftigt. Schwarze Männer flirten mit Frauen in Miniröcken und Perücken, in Dashikis und langen Roben; sie stoßen einander mit den Füßen an, tauschen Grüße im Dunkeln aus. Von der Straße kommt ein tiefes Trommeln, und alle Köpfe drehen sich danach um. The Kushites Returned springen herein, rasen durch die Gänge, lassen von glänzenden Silberfäden durchzogene Bahnen aus Seide durch die Luft fliegen; die bemalten Tänzer brechen aus dem Dunkel hervor. Scheinwerfer folgen dem Gebimmel der Glöckchen an ihren Hand- und Fußgelenken; sie stoßen Schreie und Seufzer aus, und es herrscht eitel Freude, bis Ariel auf dem Rücken von drei Tänzern auf die Bühne getragen wird. Er ist ganz in goldene Stoffe gehüllt, und auf dem Kopf trägt er ein anderthalb Meter hohes Gebilde aus wogenden Federn. Er springt auf den Boden und führt mit seinem Körper wellenförmige Bewegungen aus; er bringt den haitianischen Geist Damballah in das Untergrundtheater San Franciscos. Die Tänzer hatten auf den Gängen die Verrenkungen des modernen schwarzamerikanischen Tanzes ausgeführt, hatten sich gedreht und gewunden und alles mögliche gemacht; inzwischen sind sie jedoch ausschließlich afrikanisch und traditionsbewußt und überhaupt nicht mehr kalifornische Westküste. Alles steckt so voller Magie, daß die Leute richtig spüren können, wie ihre Vorfahren aufsteigen, um mit ihnen, ihren Nachkommen, zusammen zu sein; die Lebenden spüren das Blut ihrer Mütter in den Adern. Ariel überquert die Bühne, dicht an den Boden gepreßt. Kein Teil seines Körpers ist mehr als zehn Zentimeter vom Boden entfernt; er zuckt, krampfhaft, spastisch. Die Tänzer gehen auf ihn zu, um das Einströmen Damballahs zu feiern – und plötzlich verändert sich die Musik; zwei Frauen, die wie Karnevalstänzerinnen um 1925 aussehen, beginnen hinter Ariel einen unglaublichen Bauchtanz. Während sie sich langsam von der linken Bühnenseite aus in einer Diagonalen nähern, beginnen drei andere in den grellen Kostümen der Schausteller des Südens zu steppen; die Musik wird immer wilder, die Bewegungen werden immer ausladender und kraftvoller. Afrika, riesig und unvergänglich, donnert durch die Luft und durch die Tänzer. Es gibt keine Zuschauer mehr; alle bewegen sich – noch ist nicht alles verloren. Cypress lachte, als sie sich im Sambarhythmus zum Ausgang bewegte. Die Nigger haben zumindest ihr Gefühl für Rhythmus behalten – o ja.

Leroy McCullough hatte sich in der Eingangshalle postiert und schleuste die Leute, die auf der Straße standen, in Cypress' Wohnung zu ihrer Party. Und die Schlagzeuger gingen ein paarmal die Treppe rauf und runter, bis dann schließlich jeder, der erwartet wurde, eingetroffen war und einen Joint rauchte. Cypress und Sassafras kümmerten sich um das Essen, Malik und Guy verteilten die Weingläser: süßer, trockener, roter, weißer Wein, Tequila; Leroy sorgte dafür, daß der Funk und Blues flott über die Bühne gingen, brachte Tänzer und Schriftsteller zusammen, machte Musiker miteinander bekannt, animierte die Maler, sich mit den Leuten neben ihnen zu unterhalten, räumte alle Schwierigkeiten aus dem Weg. Es würde eine lange Nacht werden. Mit Schmuck behangene Frauen paradierten auf und ab oder lehnten sich an die Türrahmen und warteten darauf, von einem tollen Typ entdeckt zu werden oder selbst einen tollen Typ zu entdecken. Kinder spielten in der Eingangshalle, machten ihre Mütter nach und verkündeten: „Daddy muß heute abend noch spielen – und du, Kleiner, gehst ins Bett –, wenn du aufwachst, ist er wieder da.“ Cypress berauschte sich an der Fülle, an dem Leben in ihrem Haus; Sassafras und Lallah hatte sie damit beauftragt, sich um die Salate, den Sellerie mit dem Sahnekäse zu kümmern. Neue Lieder, in denen die alten Geister der Flüsse und Felder besungen wurden, stiegen aus der tanzenden Menge auf; ungeheuer viel Klatschen und Stampfen, das der Aufregung bei einer Arkansas-Texas-Feier zur Befreiung der Sklaven entsprach, und durch die offene Tür kam die Abordnung aus San Juan Ponce herein, die Congas umgebunden, Rumbastäbe und Tamburine in der Hand. Los Jibaritos bescherten dem tiefen Süden ein unwiderstehliches guaguanco, und aus Funk und Salsa entstand eine Art New-York-City-Musik. Alle tanzten gemeinsam – ohne Partner –, tanzten und fingen Feuer. Sassafras bekam Lust, sie alle kennenzulernen, aber alle waren ausschließlich damit beschäftigt, zu tanzen, bis dann Ariel in einem weißen Satingewand und einem Kopfschmuck aus Silber und Lapislazuli erschien. Es wurde ruhiger, sakraler, und die Leute fingen an, miteinander zu reden ... und Sassafras bewegte sich in Cypress’ Welt.

Sassafras und Cypress, meine beiden Großen,

es sieht ja so aus, als hättet Ihr ein richtiges Familientreffen. Ich wäre so gerne bei Euch, nicht nur, um Euch mal wieder zu sehen (was für mich die größte Freude ist), sondern auch, um endlich eine von Cypress' Parties zu erleben! Cypress, sorg dafür, daß Sassafras ein paar nette junge Männer kennenlernt. Sie sollte viel mehr ausgehen. Und Du, Sassafras, paß auf, daß Deine Schwester nicht ihr ganzes Geld für andere ausgibt.

Wenn das kein glücklicher Zufall ist, Ihr beide zusammen. Cypress, die mit dieser Truppe so erfolgreich ist, und Du, Sassafras, für eine Weile auf eigenen Füßen. Ich mache mir zur Abwechslung auch keine Sorgen um Dich. Ich kriege nicht einmal Atemnot bei dem Gedanken an die Erdbeben und Drogen, die es dort gibt, in Kalifornien, wo sich meine beiden Kleinen ganz mutterseelenallein durchschlagen. Es wäre für Euch beide inzwischen auch an der Zeit, daß Ihr Euch nach einem Mann fürs Leben umschaut.

Und das ist leichter, als Ihr denkt; Ihr müßt es Euch nur fest vornehmen, dann stellt sich auch der Richtige ein. Ich weiß das aus eigener Erfahrung. Ich beschloß, mich innerhalb eines Jahres zu verheiraten, und es klappte. Es geht nichts über einen zuverlässigen Gefährten und Ernährer. Und Ihr Mädchen habt inzwischen wohl auch festgestellt, daß das Leben eines Künstlers hart ist. Laßt Euch also von einem netten Mann unter die Arme greifen. Dann braucht Ihr Euch nur noch um Eure Kunst zu kümmern. Ihr seht, ich vergesse keineswegs, daß Ihr beide eine Karriere verfolgt. Seid also nett und freundlich auf dieser Party. Laßt sie wissen, daß Ihr

Familienleben, Kinder, Häuslichkeit und gute Gesellschaft schätzt. Wenn Du einen festen Freund hättest, Cypress, würdest Du auch nicht all diese Parties veranstalten.

Ich habe diese Woche nur ein von der Kirche organisiertes Essen und mein Bridgespiel am Donnerstagabend vor mir. Amüsiert Euch gut, Ihr beiden. Und denkt an das, was ich Euch gesagt habe. Zieht Euch hübsch an.

Alles Liebe,
Mama

Die Frauen und Männer, die sich für Sassafras interessiert hätten, waren zu cool, um sich schon so früh am Abend zu engagieren; Sassafras fühlte also nur die heißen Dämpfe ihrer Blicke und landete schließlich auf einem Kissen neben Leroy McCullough, der sich überhaupt nicht fragte, ob er cool genug sei. Ein ernsthafter junger Mann, dem romantische Eskapaden ziemlich fern lagen. Er hatte nicht einmal diese Angst, sich zu binden, die die meisten seiner Freunde immer wieder nach neuen Frauen Ausschau halten ließ; Leroy wollte entweder eine Frau, oder er wollte sie nicht, und der Abstand zwischen einer Frau und der nächsten spielte für ihn keine Rolle – wichtig war nur, wie groß die Liebe war, wie intensiv. Und nun saß er also neben Sassafras, ließ sich ihre Geschichten erzählen und erzählte seine. Sassafras mochte den traurigen Zug um seinen Mund, sie mochte das Geflecht winziger Adern auf seinen Armen, und sie mochte seine Finger, auf die jede Frau stolz gewesen wäre. Er war klein, zierlich, kastanienbraun – alles äußerst seltsame Dinge für Sassafras, die Mitchs hochaufragende, dunkle Silhouette und seine ewigen Frotzeleien gewohnt war. Leroy war in der Tat sehr zart, und da er seine eigene Sensibilität kannte, trampelte er auch nicht auf Sassafras' Nerven herum; er schien vor ihr Federn und Komplimente auszustreuen, damit sie sich auch an nichts stieß und ihrerseits nicht auf den Gedanken käme, ihn vor den Kopf stoßen zu wollen. Sassafras schaute sich ständig um, so wenig war sie es gewohnt, in der Gesellschaft eines andern Mannes zu sein. Leroy konnte es förmlich hören, dieses Sopranhorn, dessen Töne Sassafras zu begleiten schienen – wer auch immer spielte, er spielte, als hinge sein Leben davon ab. Er wollte Sassafras von der Musik des andern befreien und ging deshalb weg und holte sein Fagott, mit dem er Sassafras dieser fremden Melodie zu entreißen versuchte. Sassafras drückte sich gegen die Wand, um die Schmerzen zu verbergen, die ihr die Ablösung von Mitch verursachte; für den Neuen mußte erst Platz geschaffen werden. Sie wollte sich Mitch aus dem Herzen reißen, aber Mitch war hartnäckig und schickte ihr eine Botschaft nach der andern durch das Mark. Leroy legte sein Instrument weg und zog Sassafras zu sich heran; er hielt sie, als könnte sie sich sofort in Luft auflösen. Dann meinte er: „Laß es uns versuchen, Sassafras. Versuchen wir es mit einem Song und schauen, was dabei herauskommt." Sassafras wagte kaum zu atmen, durch ihren Hinterkopf hielt sie Ausschau nach Mitch. Wo war er? Lag ihm überhaupt nichts mehr an ihr? Sie nickte jedoch zustimmend, und beide verzogen sich aufs Dach, Kissen auf dem Rücken und Wein in Sassafras' Tasche. Die Nacht würde wunderschön lau sein; es ging zwar ein kräftiger Wind, aber er war nicht kalt. Sassafras zog ihr Oberteil aus und saß mit bloßen Brüsten neben Leroy, der für sie sang und ihren Busen vor die Silhouette der Stadt schob.

Cypress hatte sich mit Malik in eine Ecke ihrer Garderobe verzogen, damit sie sich über das Koks einigen konnten. Malik war bereit, alles für Cypress zu tun, nur weh tun wollte er ihr nicht; was das Koks betraf, war er jedoch sehr zurückhaltend. Cypress gab schließlich auch zu, daß sie nicht viel erübrigen konnte, weil sie die besten und größten Stücke für ihre Schwester aufhob, die das Geld brauchen würde, wenn sie nach L. A. zurückginge. Malik wurde etwas zugänglicher und erklärte sich bereit, den Bruchteil einer Unze zu kaufen; Cypress hatte nichts dagegen einzuwenden, obwohl Malik sie bedrängte, ihn als „Betthupferl" mitzunehmen. Cypress lachte und meinte belustigt, daß sie doch nur zusammenrennen würden, daß das ihre einzige gemeinsame Tätigkeit wäre, aber Malik blieb ernst. Er hoffte, Cypress würde ihm einmal die Chance geben, sie so zu lieben, wie sie es verdiente, und nicht, wie sie es vorschrieb. Malik wollte einfach, daß sie ihn kennenlernte – sich lieben ließ, ohne sich verpflichtet zu fühlen. Und Cypress sah die Möglichkeit, ihren Zynismus über Bord zu werfen und trotzdem im Geschäft zu bleiben. Sie war sich einig mit Malik, vielleicht konnte sie dieses Mal auf diese ganzen Männer verzichten, die es nur darauf abgesehen hatten, etwas umsonst abzukriegen, und die sich mit ihr nur über Koks verständigen konnten. Vielleicht konnte sie es einem Mann, den sie kannte und mit dem sie zusammenarbeitete, den sie respektierte und mochte, gestatten, sie zu lieben. Sie wußte, daß sie es konnte. Cypress ging aus der Garderobe und holte die große antike Geishapuppe von ihrer Kommode herunter. Sie kam zu Malik zurück und riß der Puppe den Kopf ab. In ihrem Oberkörper waren lauter kleine Rechtecke aus Aluminiumfolie, die Cypress als ihre Mitgift zu bezeichnen pflegte. Sie gab Malik eines und steckte den Torso der Puppe in einen Schuhkarton. Sie sank mit Malik auf den Boden, und sie begannen ihre Vorlieben und Abneigungen auszukundschaften, bis Lallah vorsichtig anklopfte.

„Cypress, ein Ferngespräch aus Los Angeles für dich."

Cypress richtete sich auf und rief: „Ich komme."

Als es schließlich Morgen wurde, war Cypress' Wohnung voller Pärchen und Dreiergruppen, die sich unter Decken und Pelzmänteln zusammendrängten. In all die Schals gewickelt, die sie als Kind gestrickt hatte, ließ sie Malik auf einem warmen, gemütlichen Lager zurück. Sie schüttelte den Kopf, schüttelte ihre Müdigkeit ab. „Ich muß gleich diesen Leuten etwas zum Frühstück machen. Und ich muß mit Sassafras reden." Sie mußte Sassafras ausrichten, daß Mitch sie nach Hause beordert hatte, daß er sich mit ihr aussprechen wollte. Cypress war froh darüber, aber auch etwas bedrückt; Sassafras war ihre

Schwester und sollte den Mann haben, den sie haben wollte. Trotzdem war Leroy eine weitaus bessere Partie, davon war sie überzeugt. Es stand ihr frei, einfach nichts zu sagen und Sassafras mit Leroy etwas Neues ausprobieren zu lassen; zum Teufel mit dieser Blues-Misere in L. A.

Sie setzte ihre Suche nach Sassafras fort und fand sie schließlich engumschlungen mit Leroy unter einem rotweißen Flickenteppich. Cypress stand über ihnen und überlegte, was sie tun sollte; schließlich flüsterte sie Sassafras ins Ohr: „Ich muß mit dir sprechen." Sassafras kam langsam zu sich und folgte Cypress widerstrebend in die Küche. Cypress tischte Kaffee und Maisbrot auf und gab ihr zu verstehen, daß sie erstaunliche Neuigkeiten habe. Sassafras war nicht sehr begeistert über diesen morgendlichen Kaffeeklatsch und zischte wütend: „Was willst du, Cypress?" Cypress hatte sich kerzengerade aufgerichtet – ganz die Tänzerin – und verkündete: „Mitch sagt, du sollst sofort nach Hause kommen."

Sassafras hatte das Gefühl, ihr würde alles hochkommen, als würde ihr Magen in ihre Lungen gerammt. Sie war wie betäubt und verspürte die Übelkeit, die sich bei solchen Schocks einstellt. Als sie wieder sprechen konnte, fragte sie Cypress, was Mitch sonst noch gesagt hätte. Cypress stand vor Sassafras und packte sie bei den Schultern.

„Sassafras, er sagte nichts weiter, nur daß du nach L. A. kommen solltest, und ich sollte meine ... wie drückte er sich noch mal aus ... verrotteten Moralvorstellungen für mich behalten und dich auf dem schnellsten Weg aus dieser Höhle des Lasters schicken. Du sollst seine ganzen Gemeinheiten vergessen, du hättest nichts damit zu schaffen."

Sassafras war außerstande, gleichzeitig mit dem bedeutenden Ereignis, das Mitchs Telefonat darstellte, und Cypress' Ärger fertig zu werden; sie dachte deshalb an Leroy. Was sollte sie ihm sagen? Sassafras rieb sich ihre Schenkel, die Stelle, auf der sie Leroys Gewicht gespürt hatte. Cypress murmelte immer wieder vor sich hin: „Wenn du zu ihm zurückgehst, bist du wirklich total bescheuert." Sassafras spürte, wie sich auf ihrem Gesicht ein Lächeln ausbreitete – der Druck von Leroys Lippen, Mitch, der sie zurückhaben wollte; die beiden Männer verschmolzen miteinander und boten ihr mehr, als ihrer Vorstellung nach Männer überhaupt bieten konnten. Sie neigte den Kopf etwas zur Seite und beobachtete Cypress' Mienenspiel. Sassafras fragte noch einmal, was Mitch denn nun gesagt hätte. Cypress atmete heftig und tat so, als wäre sie in einem Melodram von 1902.

„Sag Sassafras, daß ich sie liebe ... ich kann nicht ohne sie leben... mein Leben ist sinnlos geworden; ich komme um vor Einsamkeit. Sag bitte Sassafras, daß ich sie brauche."

Sassafras blieb die Spucke weg. „Im Ernst, hat er das alles gesagt?"

Cypress wurde ganz weiß. „Du bist einfach zu blöd. Mitch sagte nur: ‚Sag Sassafras, sie soll ihren Arsch in Bewegung setzen' und hängte wieder auf. Ich hatte nicht einmal Zeit, seinen schwarzen Arsch zum Teufel zu wünschen."

Sassafras biß sich auf die Lippen und versuchte, Mitchs kurzangebundenen Befehl zu ignorieren. Sie stand auf, um an anderer Stelle darüber nachzudenken, wie sich dieses wundervolle Gefühl wieder herbeizaubern ließ, bei dem Mitch und Leroy zu einer Person verschmolzen und sie wunschlos glücklich war. Sassafras näherte sich Leroy, der immer noch friedlich schlummerte. Sie hörte die Musik, und sie klang wie die Windstöße, die sie bei ihrem Rendezvous auf dem Dach gehört hatten: auffordernde, schmeichelnde Saxophontöne, Töne, die so vertraut und beruhigend klangen wie die Sprüche der Straßencasanovas an den Ecken, denen es eine fremde, hüftenschwenkende Frau angetan hatte. Die Musik hallte heiß und dunkel nach; beinahe schon Blues, ein Blues, der sich jedoch in der Sonne wiegte. Sassafras webte eine schlanke Weide über Leroy, eine

Weide am Meer, und sie spürte, daß sie auf dem Weg nach Hause war. Sie ging mit der Musik, küßte Leroys Finger und summte Mitchs Melodie.

Sassafras sprang direkt vor ihrer Haustür aus einem mit Rosen bemalten Lieferwagen. Ein paar mystisch angehauchte Hippies hatten sie kurz vor Salinas mitgenommen, wo ihr Bus mit einem Platten liegengeblieben war. Als sie sich stolpernd und kichernd dem Haus näherte, platzte sie heraus: „Also so was. Jemand hat die Veranda gekehrt und die Büsche ausgegrast. Und die Fenster sind auch geputzt. Mitch! Mitch – wen hast du dir ins Haus geholt?" Sassafras hatte sich in ein Häufchen Elend verwandelt; sie war überzeugt, Mitch hätte sie nur nach L. A. zitiert, um ihr eine reinzuwürgen, um ihr zu beweisen, daß jede Putzfrau ihre Aufgaben erledigen konnte und – ach, verdammt, warum hatte sie auch nicht auf Cypress gehört? Mitch kam aus der Haustür, das Saxophon in der Hand, und blieb neben dem blühenden Judasstrauch stehen. Sassafras hatte es immer gemocht, wenn er dort stand; die Pflanzen wucherten die Hauswand hoch, ganz wie die Pflanzen ihrer Mutter, die sich die Küche in Charleston erobert hatten. Mitch lächelte einfach nur und war glücklich.

„Sassafras, bist du zurückgekommen, um dich hier vor den ganzen Latinos zu produzieren, und dazu noch mitten auf der Straße? Früher hast du dich immer beklagt, weil ich dir nie half, und jetzt zeterst du, weil ich alles gemacht habe. Was willst du eigentlich? Baby, hör zu ..."

Und Mitch brachte das Altsaxophon in seinen Mund, und Sassafras hörte nur noch seinen Song, einen vertrackten, komplizierten Sirenengesang, den Mitch für sie spielte, seine Liebeserklärung. Das Altsaxophon spielte sein eigenes Echo, und Mitchs kräftiger Atem blies die Töne einfach um; die Luft verdichtete sich wie die Meere bei Atlantis, und Sassafras spürte, wie zehntausend Hände sie von der Erde hochhoben, sie hüpfen und laufen und atmen ließen. Gottvater persönlich stieg von seinem Thron, denn die Musik war glasklar und rein, und Mitch und Sassafras hatten seinen Segen. Albert, die Dogge, kam vom Hof hereingetrabt und heulte, als wäre er Albert Ayler, und die Katzen lagen unter der Veranda.

Mitch ließ das Rah-Rah einer Zirkusparade ertönen, und die ganze Familie tanzte zwei- oder dreimal um das Haus, Sassafras zu Ehren. Sie schubste ihre Habseligkeiten einfach durch die Haustür, scheuchte den Hund davon und führte Mitch bebend zu dem lange nicht geteilten Bett mit den beiden Pfosten am Kopfende; es schimmerte richtig an diesem Tag, da nämlich gerade die Nachmittagssonne durch die durchsichtigen Spitzenvorhänge fiel. Und wie die Sonne drängten sich auch die winzigen Knospen des blühenden Judasstrauchs durch das Loch hinter dem Schaukelstuhl. Sassafras und Mitch entdeckten wieder die Freude und Lust, die in ihnen steckten; einmal schnellte Mitch hoch, weil Sassafras anfing zu kichern wie ein Spuk in der Geisterbahn; sie brachte gerade noch soviel heraus, um à la Robeson zu singen: „My Lawd what a morning ... oh lawd what a moooorrr-nnn ...", und sie dienten den Geistern, bis die Grillen mit dem Sonnenuntergang ihr Techtelmechtel begannen.

Alles ging drunter und drüber. Sassafras war damit beschäftigt, ihre Sachen an alten und neuen Orten zu verstauen, Mitch packte für einen Gig, der etwas später stattfinden sollte, seine Instrumente zusammen, und Cleo, ihre Nachbarin, die bei der Handelsmarine gewesen war, ließ sich über ihre Weltreisen aus. Und dann die ganzen Anrufer, die sich nach Sassafras erkundigten. Sassafras, die gedacht hatte, niemand würde sie vermissen, war völlig überwältigt von diesem Empfang. Sogar Howard und Otis kamen vorbei und schafften es, ganz angenehm zu sein. Und Sassafras vergaß, daß sie überhaupt weg gewesen war. Mitch war so gesund und so darauf bedacht, ihr zu helfen, daß sie es einfach nicht glauben konnte, keines dieser Wunder. Sie lief zu Mitch, zog an seinem Hemd und flüsterte: „So sieht es also aus, wenn du Geld machst mit deinem Horn, huh? Du wirst richtig großzügig und machst dir was aus dem Leben, stimmt's?"

Mitch lachte ein kehliges Lachen und hob Sassafras in die Höhe, bis ihr Kopf die Decke berührte (die ziemlich niedrig war), und antwortete, Valentino in der Stimme: „Mamselle, ein gutbezahlter artiste hat keine Sorgen. Und für Ihren Unterhalt, Mamselle, ist auch gesorgt – lassen Sie mich noch in aller Bescheidenheit hinzufügen, Sie verdanken das dem einzigen Hornisten in der einzigen Combo im einzigen Club von Compton, Kalifornien, der nicht texanische Blues Bands engagiert. Es ist zwar nicht das Village Vanguard oder das Est oder das Afro-American Livin' Theater, aber an Soul fehlt es uns nicht ... und wir werden bezahlt. Zwar nicht nach den gewerkschaftlichen Tarifen, aber immerhin bezahlt. Wir können auch nicht immer improvisieren, aber doch so funky spielen, wie wir wollen. Wir treten zusammen mit zwei alten Typen auf, die jedem jungen Hornisten noch was beibringen könnten – so wie sie auf der Bühne stehen, völlig schief und krumm und heruntergekommen. Und das kann ich dir sagen, Sassafras, heute abend wird was los sein. Dir zu Ehren. Ich will jede Bluesfigur, die mir durch den Kopf gegangen ist, spielen, und du sollst dich um gar nichts kümmern, nichts mitschleppen, sondern nur auf die Musik abfahren. Sie ist auch nichts anderes als diese altmodischen Handarbeiten, die du machst – meine Version. Sassafras, ich hab kapiert, warum du die Alten so respektierst, so wie's früher üblich war – sie wissen, woher wir kommen und wie man mit dem Leben fertig wird. Und wenn auch keiner dort 'ne Ahnung hat, wir sind auf jeden Fall Spitzenklasse."

Sassafras strahlte und strampelte, denn sie befand sich immer noch in der Luft. Mitch stellte sie so auf die Füße, daß er sie in den Hintern kneifen konnte, und Sassafras mußte warten, bis sie im Auto saßen, bevor sie ihm von dem Kokain erzählen konnte, das ihr Cypress zum Verkaufen mitgegeben hatte. Damit sie Geld für die Künstlerkolonie in Louisiana hätten, wo sie beide ein neues Leben anfangen würden.

Mitch war zwar nicht besonders begeistert von der Aussicht, fünf Gramm Kokain auf die Schnelle an den Mann bringen zu müssen, aber er erhob auch keine Einwände, denn jeder tat eben, was er konnte, und bei fünfzehn Dollar Maximum pro Nacht bestand kaum Aussicht, innerhalb eines Jahres auch nur in die Nähe von New Orleans zu gelangen. Sassafras hatte jedoch recht in bezug auf L. A.: Es war kein Ort, an dem sich ein freier Afrikaner frei bewegen konnte, vor allem nicht mit Mitchs Vergangenheit und Statur, mit der er alles überragte, abgesehen von den Gebäuden am Century Boulevard und abgesehen natürlich vom Landesgefängnis. Aber etwas klickte nicht, und Mitch beschloß abzuwarten, wie die Dinge sich entwickelten. Im Arkansas wurde wie immer aus Leibeskräften getanzt; aus dem Musikautomaten röhrte gerade einer, wie ihn seine Frau einfach sitzengelassen hätte. Mitch gesellte sich zu der restlichen Band am Ende der Bar, Sassafras setzte sich auf einen alten, ramponierten Stuhl, der aus den polnischen Gaststätten unten bei den Lagerhäusern zu stammen schien. Sie fühlte sich zu Hause; unter den Eiswürfelboxen ganz hinten an der Bar steckten rotkarierte Servietten, und sie selbst gab auch eine sehr elegante Erscheinung ab in ihrem bordeauxroten Kleid aus Satin und Seide, das Mitch für ein Bild eingetauscht hatte. Sassafras suchte in den Gesichtern der Arbeiter, die sich eingefunden hatten, weil es Freitag abend war, und der Stammgäste, an die sich keiner rantraute, nach den Spuren der Vergangenheit. Sie spürte den Groll, der sich in Cypress' Rachefeldzug gegen den Blues ausdrückte, und sie spürte die Anziehungskraft, die diese krude, herzzerreißende Klage auf sie ausübte; Gitarren, die sich durch die Haare auf ihrem Unterleib wühlten, um sich in ihren Eingeweiden festzusetzen und ihr den Schmerz, die

Wahrheit ihrer Existenz zu vermitteln – sie konnte darauf schwören. Als die Frauen in ihren spitzen Schuhen mit den dünnen Absätzen hereingetippelt kamen – Hausfrauen, die sich vorgenommen hatten, heute groß auszugehen –, und die jungen Arbeiterinnen in den neuesten Fähnchen, mit üppigem Make-up und vielen Armreifen bewaffnet, sich in den Sesseln gegenüber der Bar niederließen, wo Männer, jünger, als es den gesetzlichen Vorschriften entsprach, knapp bemessene Whiskys runterkippten, während ihre frischgestärkten Kragen ihre Hälse scheuerten, und alte Typen mit diesem erbarmungslosen Schmutz unter den Fingernägeln und den schweren Arbeits-, Lauf- und Lastenschuhen sich übereinanderbeugten, begann Sassafras ein Gespräch mit Mamie Smith …

… die gerade aus dem Klo gekommen war und die lavendel- und limonengrünen Federn in Ordnung brachte, die ihre pomadisierte Frisur streiften. Ihr seidenes Kleid spannte sich über ihren breiten Hüften und ihrem vollen Busen, als wäre sie eine dieser strammen Cotton-Club-Tänzerinnen; an ihren Armen hingen Myriaden von Plastikreifen, die noch aus der Zeit vor der Depression stammten, und sie roch nach schon tagsüber genossenem Scotch und frisch aufgetragenem Parfüm.

Als sie ihren Hintern auf einen der Stühle neben Sassafras plazierte, stieß sie dieses rauhe Lachen von Betrunkenen aus, klopfte Sassafras auf die Schulter und meinte: „Kind, wenn das hier nicht gerade eine deiner Visionen wäre, würde ich auch nur das abgelegte Kleid einer Weißen tragen, wie du, und ich hätte wohl kaum diese Frisur frisch vom Friseur oder diese ganzen Armreifen, und ich würde auch einem dieser Männer Augen machen, damit ich Gesellschaft hätte."

Sassafras rückte etwas näher, um Mamies Hand zu tätscheln; die sprang jedoch hoch wie von der Tarantel gestochen und schrie, während sie auf der Stelle trat: „Wenn ich Lust auf Schweinefleisch habe, dann esse ich auch Schweinefleisch; und ich male mir die Lippen rot an. Wenn ich mal tot bin, liegt mir nichts daran, in den Himmel zu kommen. Und Garvey kann da auch nichts machen, ich will einfach noch nicht nach Hause – euer Mitgefühl könnt ihr euch sparen. Ich muß das leise singen, aber ich muß es auch loswerden und dem Teufel geben, was ich ihm schuldig bin. Geht mir aus dem Weg. Habt ihr keine Augen im Kopf? Mir geht's dreckig, ich hab für dich die Tränen, die deine Mama weinte, ganz schrecklich allein auf ihrem Bett. Ihre zerschundenen Hände und ihr malträtierter Körper … geht mir aus dem Weg. Ich muß dieses Klagelied singen, ich bin nicht übergeschnappt, ich bin nur sauer. Ich bin nicht übergeschnappt, sondern nur nicht damit einverstanden, wie der Fluß fließt. Großer Gott, ich bring euch die Sorgen und Nöte eurer Leute in diesem verwüsteten Land, und ich muß davon leise singen. Man hat mich meinem Schicksal überlassen. Ihr wißt das – kommt mir nicht mit freundlichen Worten, gebt lieber einen für mich aus. Laßt euch ein paar Wahrheiten sagen. Mein Schatz, schau dich doch an, ein richtiges Unschuldslamm … Ich bin knallhart, und von mir kriegt niemand was, was ich nicht hergeben will. Ich wette, du arbeitest viel mit deinen Händen, machst hübsche Dinge, Kinder hast du keine – ich hatte einen ganzen Haufen und auch einen Haufen Männer, aber ich sang trotzdem in den Kneipen oder auf der Straße. Mein Schatz, mir war das ganz egal, nicht gerade das, was man von einer Mutter erwartet. Meine Kinder sind überall, und ich erklär ihnen, was Blues bedeutet – und laß sie in Frieden. Ja, und laß sie in Frieden …"

Mamie setzte sich wieder und verströmte das schwere Parfüm einer gemarterten Seele. Sassafras beugte sich über sie und brachte ihre zerzausten Federn in Ordnung und tätschelte Mamies breite Backen, bis die Blues Lady aus dem Süden in dem Lärm und der allgemeinen Aufregung, die sich ausbreitete, als Mitchs Gruppe mit dem Aufbauen begann, völlig unterging …

„Meine Damen und Herrn." Der Besitzer der Bar bemühte sich, so korrekt wie möglich zu sprechen. „Heute abend wollen wir Ihnen eine einheimische Band vorstellen, mit etwas Arkansas-Blut in den Adern – hahaha –, die sich Stick-up nennt, und das allgemein beliebte hiesige Duo, Waschbrett-Sam und Bügelbrett-Slim; laßt euch das nicht entgehen, heute abend tut sich noch was. Na prima, und los geht's."

Und Stick-up, angeführt von Mitch, wurde von all den

Leuten, die herumgesessen, sich in Szene gesetzt und einander begafft hatten, zur Bühne begleitet. Inzwischen hatte alle die Tanzlust gepackt, und Mitch ließ ein King-Curtis-Solo vom Stapel. Es folgten die Schlagzeuger, der elektrische Baß – ziemlich geräuschvoll –, die Trompete, die nur etwas neckte, das Ganze klang wie eine James-Brown-Revue in Fauquier County, Virginia. Ein heftiges Pulsieren, ein klagender Ton, und Sassafras war sogar in der Lage, Mitchs pausenlose Experimente herauszuhören.

Er spielte nicht genau das, was bekannt und geläufig war, aber er spielte so, wie es auch sein konnte, und rauchte ständig dabei. Die Leute tanzten alles mögliche, rieben sich aneinander, produzierten sich, waren cool; alles ging, auch die ältesten Sachen. Genau dreißig Minuten später gab Mitch das Zeichen für ein dröhnendes Finale, was die Leute jedoch zu vergraulen schien; sie wollten tanzen, vergessen, tanzen, aber es waren nur dreißig Minuten für jedes set erlaubt, da die Leute an Freitag- und Samstagabenden mindestens zwei Drinks pro Band konsumieren sollten; Mitchs Gruppe kletterte also vom Podium (das Sassafras an Bilder von alten Sklavenauktionsständen erinnerte, aber der Gedanke war so abwegig, daß sie ihm nicht weiter nachging). Sassafras schlenderte zu Mitch hinüber, um von hinten sein linkes Ohr zu attackieren. Mitch grinste und war sehr stolz auf sich; er legte großen Wert darauf, daß Sassafras sich auch die nächste Sache anhörte, weil sie einfach sehr wichtig war.

Auf dem Podium waren zwei sehr bedächtige, abgearbeitete alte Männer dabei, sich fertigzumachen; der Dikkere beugte sich über ein Bügelbrett, der Dünnere saß auf einem Stuhl und hielt ein Waschbrett in den Händen. Sie grinsten und rissen Witze. Sassafras schaute Mitch fragend an. „Was machen sie?" Mitch strahlte nur und bedeutete ihr, sie solle abwarten. Dann stampfte Slim, der neben dem Bügelbrett stand, einmal kräftig mit dem Fuß auf; 1 ... 2 ... 3 ... 4, und schon war alles mit

Musik erfüllt. Das Waschbrett lieferte die Melodie – kurze Refrains und Songs, wie sie eine Frau, eine richtige Frau, abends sang. Das Bügelbrett war eine Rhythmusgruppe mit allem Drum und Dran, und die beiden Oldtimer brachten den Schuppen wieder in Schwung. Alle gerieten in Bewegung, hopsten hin und her oder drückten mit ihrem Körper ganz persönliche und komplizierte Dinge aus. Ausweichend oder herausfordernd – wer traut sich ran? Sassafras war hingerissen; sie wußte überhaupt nicht, was sie alles mit sich anfangen sollte. Sie tanzte einfach, und der Süden nahm wieder von ihr Besitz – die Wellblechbaracken und die süßen Maisfladen –, und sie hätte am liebsten Waschbrett-Sam und Bügelbrett-Slim Hände und Füße geküßt, denn sie waren Musik, sie waren Wahrheit.

Mitch zog Sassafras plötzlich am Ärmel. „Sassafras, ich muß mit dir reden. Ein paar Typen haben mich hier gesucht, ich schulde ihnen Geld, noch für Stoff von damals. Entweder ich zahle, oder ich mache mich dünne. Kann ich das Koks dafür nehmen? Ich schwör dir, daß wir trotzdem noch in diesem Jahr nach Louisiana gehen ... bitte, Sassafras ... ich möchte mir diese Typen vom Hals schaffen."

Sassafras war einen Augenblick lang wie vor den Kopf geschlagen. Aus ihrer Wirklichkeit hatte sich alles Schlechte verflüchtigt; außer dieser überwältigenden Freude hatte für sie nichts existiert; aber das hier paßte nicht dazu. Sie hatte das Gefühl, plötzlich in den Rachen der Hölle geplumpst zu sein – sie würde es einfach nie schaffen, aus L. A. herauszukommen. Dann blickte sie hoch, beinahe lächelnd und über sich selbst erstaunt. Ihre Träume waren ihr gleichgültig, wenn das, was für sie wahr und wirklich war, litt – und Mitch war wirklich für sie und brauchte etwas, was sie geben konnte und auch geben würde.

„Natürlich, schlag es los. Es würde uns sowieso kein Glück bringen. Wir könnten doch nicht mit dem Geld aus einem schon gelebten alten Leben in eine Kommune ziehen, in der wir ein neues Leben anfangen wollen.“

Und sie ließen sich beide wieder von dem Blues ihrer Ursprünge gefangennehmen. Und Waschbrett-Sam schrie:

„Goddamn chile. Come on.
Goddamn bebee, come on. Come on.
Heah, ohhhhhh, goddammmmm chile,
come heah. I got it, heah.“

Meine allerliebste Sassafras!

Ich war so erleichtert, als ich hörte, daß Du noch etwas länger in L. A. bleiben willst. Nicht daß ich Dich nicht in meiner Nähe haben will, ich halte es nur für keine besonders gute Idee, die Weißen vor Gericht zu bringen, um von ihnen Land zurückzukriegen, das ihnen schon vor dem Bürgerkrieg gehörte, damit es die Schwarzen, die Nachfahren der Sklaven, bekommen.

Ich denke, ich verstehe schon, was Ihr beabsichtigt, Ihr dürft nur nicht vergessen, daß wir alle in diesem Land leben müssen, und ich glaube, den Schwarzen reicht auch das Land, das sie haben. Weißt Du übrigens, daß ein Geechee nach dem andern kleine Grundstücke auf den Inseln verkauft? Die Weißen wollen Ferienorte und Hotels wie in Puerto Rico aus dem Boden stampfen; was sagst Du dazu?

Auf jeden Fall beweist es, daß die Schwarzen nicht mehr Land wollen – sie verkaufen das, was sie haben! Warum kauft Ihr nicht ein bißchen von ihnen? Dann braucht Ihr Euch nicht mit den Weißen rumzuschlagen. Es ist eigentlich auch ziemlich unpatriotisch, Sassafras, die Weißen gerade dann zu attackieren, wenn sie sich mitten in einem ihrer Kriege befinden. Wenn Du schon in den Süden willst, warum kommst Du nicht hierher? Charleston ist so hübsch wie eh und je, Du könntest essen gehen oder auch ausgehen, wohin Du willst und wann Du willst. Es ist ja nicht mehr so wie damals, als Du ein kleines Mädchen warst, überhaupt nicht.

Vielleicht ist dieses Kwanza-Fest gar nicht so schlecht. Als Du mir sagtest, daß Du Weihnachten nicht mehr feierst, fragte ich mich, was ich wohl falsch gemacht habe.

Solange es jedoch noch etwas mit Religion zu tun hat und solange man sich noch beschenkt und feiert wie an Weihnachten, scheint mir das in Ordnung zu sein. Warum geht es denn gleich über mehrere Tage? Du hast mir noch nicht alles erklärt... ich versuchte den Bowdry-Schwestern diese Geschichte zu erklären, aber ich weiß einfach nicht genug darüber. Ist der Maulana der Erlöser, oder ist er eher eine Art Priester für Euch?

Ich lege ein Rezept bei, das ich Dir empfehlen möchte, damit Euer Weihnachten nicht allzu heidnisch wird (ich habe eine prima Sauce gefunden für den Truthahn mit scharfer Wurst, Maisfladen und Erdnußbutter, die auch afrikanisch sein soll, aber Ihr eßt ja kein Schweinefleisch).

Mamas Kwanza-Rezept (für Sassafras):

Ente, gefüllt mit Austern

1 Ente, 5–7 Pfund, ausgenommen und gewürzt
1 Pfanne Maisfladen
2 Eßlöffel Butter
1/2 Tasse Sellerie, gehackt
Salz und fein gemahlener schwarzer Pfeffer zum Abschmecken
1 mittlere Zwiebel, feingehackt
1 Teelöffel Paprika
1 Schote rote Paprika gemahlen
1 Dutzend Austern (mittelgroß)
1 Tasse Pekannüsse (feingehackt)

Die Maisfladen anfeuchten, in kleine Stücke zupfen und zusammen mit dem Sellerie und der Zwiebel in Butter anbraten. Gewürze hinzufügen. Ist die Mischung etwas angeröstet, Austern und Pekannüsse zugeben. Ente damit füllen und bei 230° im Ofen garen, später dann auf 180° zurückschalten. Man rechnet eine Viertelstunde für jedes Pfund. Alle 15 Minuten mit Fett begießen. Nicht vergessen, den Boden der Pfanne mit Wasser aufzufüllen, und darauf achten, daß die Ente bedeckt ist, außer in den letzten 15 Minuten, wenn die Haut bräunen soll.

Für mich ist das ein Gericht, in dem viel Geschichte und Gefühle stecken. Schick mir die anderen Muster, die Du benutzt hast. Ich will mal sehen, ob ich es schaffe, meine Fäden so anzuordnen wie Du, damit ich zum Weihnachtsbasar auch etwas „Kunst“ für Miz Fitzhughs Freunde liefern kann. Charleston ist zwar noch nicht so weit wie Kalifornien, aber es hat sich doch gewaltig verändert und mit ihm Deine Mama. (Lächeln.)

Alles Liebe, meine Älteste,
Mama

PS: Bist Du sicher, daß dieser Mitch begabt ist? Ich habe mir seine Zeichnungen immer wieder angeschaut ... kann aber nicht sagen, was sie darstellen sollen. Paß auf, daß er Dich genauso liebt wie Du ihn. Es ist immer besser, wenn Dich ein Mann etwas mehr liebt als Du ihn – glaub mir das.

Tanzen ist die Bewegung der Meere/
die Liebkosung unzähliger Liebender in den
Cañons
voller Klatschmohn und Kolablätter/
Tanzen ist die Vereinigung von Geistern
Ruhen zwischen splitternden Muscheln
und Feuern für die Götter
inmitten der Hitze der Kometen und Vulkane/
ich tanze wie ich liebe/ wie ich mit den andern
umgehe
was meinte Mama

„Cypress, ich habe dir doch gesagt, daß du sofort nach der Schule nach Hause kommen sollst, um mir bei diesem Stoff zu helfen! Du hast dich wieder in der Ballettschule rumgetrieben, stimmt's? Ballett ist was für Weiße, kapierst du das nicht? Dein Hintern ist zu dick, deine Beine sind zu kurz, und du kannst dir diese ganzen Schuhe und Anzüge gar nicht leisten ... wenn du dich aber wirklich wie meine Schwester auf diese klassischen Bewegungen und diese Grazie versteift hast, schicke ich dich nach New York. Effie arbeitet mit einer Schwarzen zusammen, die Ballettänzerin ist; ich habe mich lange genug um sie gekümmert, sie kann sich ruhig auch etwas um dich kümmern ... Ich werde ihr schreiben, und wir werden ja sehen, ob diese weißen Fisimatenten nicht dein störrisches Hinterteil auf Zack bringen. Cypress, ich möchte nicht erleben, daß eine meiner Töchter bei Südstaatenweißen, die nichts taugen, in die Lehre geht. Wenn du Tanz studieren willst, dann mußt du warten, bis ich dich bei Effie unterbringen kann. Und wenn du damit nicht einverstanden bist, dann bekommst du es mit mir zu tun und wirst dich überhaupt nicht mehr bewegen können, keinen einzigen Muskel. Jetzt aber an die Arbeit, dieser Wandteppich für Mrs. Fitzhugh muß fertig sein bis zum Frühjahr, bevor du nach New York gehst. Und ich fresse einen Besen, wenn du nicht als Ballerina zurückkommst – wie sich's gehört."

Sie arbeiteten, und Cypress gab ihrer Mutter ein geheimes Versprechen: so gut wie die Weißen zu sein und herauszufinden, was die Bewegungen der Schwarzen ausmachte; sie wußte nämlich, daß ihr das Tanzen im Blut lag – jeder einzelne Schritt.

Effie trug tonnenweise Make-up und wohnte im sechsten Stock auf der East Side, in der Nähe von Brooklyn sozusagen. Cypress ging nicht auf die Schule, sie ging mit Effie zum Unterricht und zu den Proben, und sie schwitzte und krümmte sich und schrie, weil es weh tat. Sie versuchte, Französisch zu lernen und modernes Ballett von klassischem Ballett zu unterscheiden.

Effie war ungeduldig und ungnädig, was das Tanzen betraf; man durfte sich einfach keinen Fehler erlauben, aber Cypress hielt durch. Ihr Körper steckte voller Energie, und sie war immer noch völlig überwältigt von der Tatsache, daß sie in New York tanzte, wo es keine frischen Nahrungsmittel gab, alle möglichen komischen Sprachen gesprochen wurden und wo alte ukrainische Frauen in den Mülltonnen herumwühlten und der Mond kaum sichtbar war zwischen all den Bürohochhäusern. Und Effie, die zwischen ihren Proben all diese Sänger und Tänzer einlud – immer gab es etwas zu lernen, immer mußte sie sich am Riemen reißen, und niemand, der einem gratulierte, wenn man Fortschritte machte. Sie war beinahe sechzehn und kannte keinen unter fünfundzwanzig.

Cypress' Leben war dem Tanzen gewidmet; sie schüttelte die kompliziertesten Dinge einfach aus dem Ärmel. Ariel Moroe nahm sie in seine Truppe The Kushites Returned auf und versetzte sie in vorägyptische Nilkulturen, und Cypress entdeckte die Bewegungen schwarzer Völker, die verlorengegangen waren. Jahrelang hungerte sich Ariels Truppe durch, aber sie tanzten jeden Tag neun Stunden lang und zogen durch alle Staaten; ihr Publikum waren die Teilnehmer der Sit-ins, die für die Gleichberechtigung der Schwarzen organisiert wurden. The Kushites Returned traten in winzigen alten Südstaatenstädtchen auf und machten Fabrikarbeiter, Landarbeiter, Ärzte und Kirchenmitglieder mit den kühnen mystischen Bewegungen schwarzer Niltänze bekannt.

Cypress schloß sich ein paar Musikern der Truppe an und hörte stundenlang verzückt zu, wenn sie spielten. Sie engagierte sich beim Tanzen für den Kampf der amerikanischen Farbigen gegen die Versklavung. Für ihre jahrelangen Bemühungen, Ballettänzerin zu werden, hatte sie nur noch Verachtung übrig, Welten schienen sie von alldem zu trennen. Sie bewegte ihren Hintern und ihre Beine wie alle schwarzen Mädchen; wenn sie tanzte, fühlte sie sich lebendig; wenn sie tanzte, fühlte sie sich frei.

The Kushites Returned waren kurz vor Chicago. In fünfzehn Stunden würden sie zum erstenmal seit drei Jahren wieder nach New York kommen. Cypress hatte angefangen, ihre Nägel bläulichviolett zu lackieren, während die aus fünf Wagen bestehende Karawane von Tänzern darauf wartete, daß die Reifen geprüft und die Tanks gefüllt würden. Sie war nicht richtig dabei, überhaupt nicht unterwegs; sie war immer noch in ihrem Haus in San Francisco, und jeder in der Truppe spürte ihr Widerstreben, ihre Erwartungsfreude in bezug auf *die* Stadt, New York, zu teilen. Sie hatte in den vier Tagen, die sie unterwegs gewesen waren, nicht mehr als dreißig Sätze von sich gegeben. Ariel Moroe hatte ihr immer wieder ein neues Auto zugewiesen, da er dachte, sie brauchte unterwegs einfach mehr Abwechslung als die andern, aber es hatte nichts genutzt.

Cypress war einfach nicht bei ihnen. Der Entschluß, nicht mehr zu dealen und ausschließlich durch Tanzen ihren Lebensunterhalt zu verdienen, beunruhigte sie in einem Ausmaß, das überhaupt nicht gerechtfertigt schien. Seit Monaten hatte sie den Tag herbeigesehnt, an dem sie sagen könnte: „Nein, ich hab nichts, absolut nicht" – und es wäre wahr. Sie rieb sich die Brust, wie das auch ihre Großmutter an einem so heißen Tag getan hätte, das wußte sie. Ein Streicheln, mit dem sie sich ins Gedächtnis zurückrufen wollte, daß sie genügend gespart hatte, um in den nächsten Monaten keine Geschäfte machen zu müssen; außerdem war es auch durchaus möglich, daß sie es als Tänzerin schaffte; sie brauchte sich also keine Sorgen zu machen. Sie hatte ihre Reiseschecks. Keine Deals mehr. Was für eine Erleichterung das doch war, im Augenblick zumindest. Wenn sie sich ganz ruhig hinsetzte, dachte sie an ihre Küche, an Lallah und Dulce und Maureen, die Frauen, mit denen sie getanzt hatte – ihre Freundinnen, die Ariel nicht mit auf Tournee genommen hatte.

Cypress war die einzige Frau auf dieser Drei-Städte-Tour durch Washington, Philadelphia und New York, die sich die Truppe vorgenommen hatte. Ariel hatte gesagt, daß er ein paar Mädchen immer finden könne, daß er aber die Männer brauche. „Hmm." Cypress schüttelte den Kopf. „Wir haben vier Typen dabei, die kein jeté schaffen, ohne auf die Nase zu fallen." Aber es waren Männer. Und Männer waren einfach gesucht.

Männer, die tagelang mit dem Auto unterwegs sind, reden auch sehr viel – wie begehrt sie wären, wie hofiert sie würden, wie „schlimm" sie wären, schlimmer als ein Gewitter in den Bergen; und Cypress hörte zu, hörte einfach immer nur zu. Was sollte sie auch sagen? Männer, die mit Männern darüber sprachen, daß sie Männer waren, die Männer mochten und nur ab und zu was mit Frauen hatten. Cypress zupfte sich die Augenbrauen, schob die Nagelhaut zurück, flocht sich das Haar, schlief, starrte aus den Fenstern, schwieg und erinnerte sich an zu viele Männer. Lange Kerle, die an den Bäumen in den Parks lehnten. Smarte Typen, glatt und gewandt. Männer, die sich auszogen. Männer, die miteinander flirteten, während sie mit ihr tanzten. Männer, die sich von ihr verköstigen ließen, die in ihrem Bett lagen. Männer, die sie in den Armen hielten und einsam und voller Verlangen zurückließen. Cypress sagte nicht viel auf dieser Fahrt von Küste zu Küste. Sie erinnerte sich und vergrub sich in den Rücksitz. In ihrem Tagebuch sprach sie mit sich selbst.

Tagebucheintrag Nr. 48

Alle, die ich kenne, sind total verrückt
manchmal möchte ich es am liebsten auch sein/ dann könnte
ich zumindest schlafen/ so schaue ich immer nur zu, warte
darauf, daß X losrast, um Y abzufangen,
denn er ist gerade dabei, sich jemanden für die Nacht
zu angeln, zum zweitenmal schon/ und stellt sich dabei
wohl vor, daß Z sich die Pulsadern aufschneidet
daß ABC & D nackt auf die 42. Straße rennen ...
alle, die ich kenne, erholen sich gerade von einer Sache,
die schiefgegangen ist.
Hoffen, endlich mal den Richtigen zu finden,
sehnen sich nach Miz Immertreu
und ich komme einfach nicht zur Ruhe,
ich bin so ausgelaugt und abgeschabt
als die Antilopen und Gazellen durch mein Fenster schauten
lud ich sie ein hereinzukommen/ die Gespräche, die ich
führte, waren nicht so wichtig, um hohe Tiere
auszuschließen
ich biß mir auf die Zunge, weil ich Jean Harlow
Freddie Washington gegenüber erwähnte
meine Freunde sind einfach lächerlich/
ich brauche andern Umgang/
meine Phantasie geht mit mir durch/ ich hoffe
nur, daß niemand sagt/
„Und das ist dein Leben."

In der 5. Straße, in der Nähe der Zweiten Avenue, mietete die Truppe drei zugige Räume. Als Malik vor die Tür gesetzt wurde und nach ihm Bruce und Pedrito, belegte Cypress die Garderobe und verbrachte nach den Proben auch ihre Nächte dort. Es wurde jedoch so viel und immer nur auf die eine Art gevögelt, daß sie es vorzog, den Kopf in den Mantel zu vergraben und sich zur Wand zu drehen. Endgültig reichte es ihr jedoch, als Ariel durch das ganze Studio hindurch die Neuen anbrüllte: „Ihr Schlampen, macht, daß ihr wegkommt, geht zu Cypress und laßt euch erst wieder blicken, wenn ihr euch klar darüber seid, was ihr zu tun habt! Ich kann keine tolpatschigen Mösen auf der Bühne gebrauchen, die von nichts 'ne Ahnung haben."

Cypress hatte die Nase voll und zog mit zwei Frauen, die sie beim Tanzunterricht kennengelernt hatte, ins West Village.

Celine und Ixchell gehörten einem Tanzkollektiv für Frauen an, das sich Azurbusen nannte und im Ovarium-Studio an der Bowery übte. Celine war begeistert von Cypress; sie hatte sie gleich beim erstenmal, als sie nach dem Spitzentanztraining zusammen unter der Dusche standen, bestürmt, doch bei ihnen einzuziehen. Celine war schlank wie ein Puma und hatte einen makellosen mahagonifarbenen Teint. Keine Augenbrauen und keine Haare auf dem Kopf, nur wunderschöne Haut und elegante Konturen. Für Augen und Wangen bevorzugte Celine leuchtende, geometrische Formen. Ihre Lippen waren fast immer tiefviolett. Ixchell mochte Crêpe und Samtkleider, die ihren Panamagirl-Hintern fest umspannten, einen Hintern, auf dem zwei Zöpfe auf und ab hüpften, wenn sie sich in Bewegung setzte. Ixchell hatte auch ihre Augenbrauen ausgezupft, statt dessen klebten kleine Büschel Straußen- und Papageienfedern über ihren Augen, und ihre Ohrringe waren mit dem Ring in ihrer Nase verbunden, was ein glitzerndes, gleißendes Etwas aus ihr machte. Ixchell und Celine lächelten viel und bedeckten ihren Körper nie mit ihren Armen; sie ließen sich auch nie nachlässig in einen Sessel fallen oder vergaßen, tief und gleichmäßig zu atmen, wenn jemand ihre Körper betrachtete; sie hatten jedoch keinerlei persönliche Kontakte mit Männern.

Jemand hatte einmal gesagt, daß keine von den Azurbusen-Frauen jemals etwas mit einem Mann zu tun gehabt hätte. Celine und Ixchell nahmen Cypress bei sich auf und gaben ihr das Zimmer mit dem Blick auf die Brooklyn Bridge. Cypress war in Ekstase; endlich lebte sie in einem richtigen Frauenhaushalt. Überall, im Flur, im Bad, im Wohnzimmer und an den Wänden des Studios, befanden sich Fotografien, Zeichnungen, Gemälde und Skulpturen von Frauen, die Frauen darstellten, Frauen der Dritten Welt. Cypress sah sich überall: Nichts, was grundsätzlich anders war, kein einziger „unweiblicher" Gegenstand. Und sie fand es toll.

Celine servierte ihren Gästen die gleichen Dinge, die Cypress in San Francisco serviert hatte, nur waren es jetzt Frauen, die morgens zum Frühstück und abends zu einem Glas Wein vorbeikamen. Schriftstellerinnen, Tänzerinnen, Druckerinnen, Malerinnen und Filmemacherinnen mit all den Eigenschaften, die Frauen schätzen. Höflich, gutriechend und gepflegt und jede außergewöhnlich auf ihre Art. Cypress traf bei Celine und Ixchell an einem Tag mehr Frauen, als sie in ihrem ganzen Leben getroffen hatte. Und sie sprachen über Kunst und Essen und New York. Über Gott und Venus, die Uranus und den Männern entgegenwirken würde. Cypress war ganz erstaunt, daß Frauen, die einen so tollen und starken Eindruck machten, so viel über Männer zu sagen hatten. Cypress hatte nichts zu sagen. Sie wollte mit Frauen sprechen, denen es um Frauen ging und nicht um Männer. Nicht in diesem von ihrer Weiblichkeit erfüllten Raum. Und wie gewandt sie sich ausdrückten, wie das lief, wie unergründlich besessen und bitter sie waren.

„Du hättest das Gesicht von dem Typen sehen sollen, als ich Elva an der Ecke beim Theater küßte. Als hätte ich ihm den Schwanz abgeschnitten. Ich machte ihre Bluse auf, nur ein bißchen, und kitzelte ihre Spitzen. Großer Gott. Als würde er sich gleich übergeben." (Gekicher.)

„Ist ja alles schön und gut, aber wozu braucht jemand wie ich einen Mann? Ich schreibe meine eigenen Sachen und komme für meine Miete auf. Die Tatsache, daß er einen Schwanz hat, bedeutet noch lange nicht, daß ich auch darauf scharf bin."

„Ich entwickle alle meine Filme und rahme auch alle

Dias selbst. Und stell dir vor, diese Typen von dem puertoricanischen Kollektiv fragten mich, ob ich ihnen beim Hängen ihrer Ausstellung in der Super-Señor-Galerie helfen könnte!"

„Wenn mich dieser Tuntenarsch noch einmal auffordert, mit ihm zu tanzen, reiß ich mir alle Kleider vom Leib und setz mich auf sein Gesicht, die Beine weit auseinander."

„Ich sagte meiner Tochter, wenn sie bei ihrem Papi leben will, dann soll sie das am besten gleich tun, denn Männer haben in meinem Leben nichts mehr zu suchen, stimmt's, Berte?"

„In meinem auch nicht."

„Eine emotional unterentwickelte Spezies." (Hahahaha.)

„Ich wüßte nicht, was ich damit anfangen sollte."

„Was können sie schon für uns tun?"

„Ich kann dir das auch besorgen." (Gelächter.)

„Wie traurig, sie machen außerdem noch die Hälfte der Menschheit aus."

Cypress machte es Spaß, sie anzuschauen. Sanfte, zarte Wesen. Aber sie hörte nicht lange zu; sie wollte nicht über Männer sprechen in ihrem Bereich. Sie schaute einfach nur zu, als wäre sie in einem Stummfilm, und beobachtete, wie das Azurbusen-Kollektiv einen Tanz für Frauen tanzte. Einen geschlechtsspezifischen Tanz. Cervix und Ovarien entblößt und anschwellend, Menstruationsblutungen wie Wasserfälle in einem goldenen Wald. Ein Tanz von Frauen, die ihren Platz im Universum entdeckten. Sie. Ihr. Wir. Cypress hörte ihnen kaum zu. Sie fühlte sich mit diesen Frauen, die nur mit Frauen verkehrten, verbunden, eine Verbundenheit, die sie in Gesellschaft von Männern nie empfunden hatte. Sie liebte sie auf eine ursprüngliche Art und Weise – sie konnte sie berühren und streicheln und küssen, als wären sie alle in einem Körper enthalten. Und sie tanzten und schufteten und rührten die Werbetrommel für das Azurbusen-Konzert „Vulva-Träume".

Es gab keine Gerade im Ovarium-Studio. Alles war rund, kurvig, verschlungen, dicht. Das männliche Geschlecht schien überhaupt nicht zu existieren. Die Decke war mit Moos bedeckt, das wie Schamhaar aussah. Die Gänge des Theaters glichen wilden Flüssen. Überall war Bewegung. Azurbusen hatte eine ziemlich große Anhängerschaft in New York. Sie wurden als die weibliche Avantgarde auf dem Gebiet des Tanzens betrachtet; sie sprachen etwas an, was sich die Frauen nie eingestanden hatten: unsere Körper sind nicht unser Schicksal, sondern einfach nur Energie, alles befreiende Energie. Azurbusen hatte viele Frauen lachen und weinen lassen, hatte ihnen ein Gefühl friedlicher Leichtigkeit vermittelt, das sie noch nie erlebt hatten. Und weil Azurbusen so vielen Frauen so viel gegeben hatte, kamen auch so viele zur Premiere; „Vulva-Träume" waren die Träume, denen sie nachhingen.

Orte

Die Tänzerinnen von Azurbusen bewegten sich im Zeitlupentempo in den gewundenen Gängen und gaben dabei „Schhhhhh"- und „Ahhhhh"-Laute von sich. Sie schienen kein Knochengerüst mehr zu besitzen. Die Frauen lösten sich in dicke Wolkenberge auf, in Rauchkringel, und das „Schhhhhh" und „Ahhhhh" hüllte einfach alle ein, liebkoste sie und kam ihnen ganz mühelos über die Lippen; eine Wärme, die sie als geheiligt, als eine Art Kommunion empfanden, breitete sich aus. Eine sinnliche Vereinigung von Fremden – die Laute von Frauen, die sich liebten.

Als sie sich der Bühne näherten, starteten sie eine Serie längerer Kontraktionen, die ihre Körper in dem Raum versprengten, bis die Spannung in ihren Wirbeln sie kraftvoll und gefährlich werden ließ. Die Zischlaute wurden zu Schreien und das beschwörende „Ahhhhh" zu einem Stöhnen des Beckens – das Erzittern der

Meere in einer stillen Nacht. Sie ließen sich wie Besessene über die Bühne rollen, ihre Laute waren Wesen, die in Spiegeln zusammenbrachen, und eine von ihnen stöhnte „Mama". Es folgte ein Chor verschiedener Stimmen, verschiedener Tempi für diese eine Frau, lodernd wie der brennende Dornbusch, während der Schrei nach der Mutter immer wieder ertönte, bis Celine ihn durch eine Geste verstummen ließ.

Und dann gab es eine Feier. Gefeiert wurden die Menstruationsblutungen, die sie zu Töchtern und Müttern machten. Die Mädchen zu Frauen. Die weithin berühmten Pubertätsriten von Azurbusen begannen. Ein rotes Licht flammte auf – bisher waren Kerzen die einzige Beleuchtung gewesen. Die Frauen berührten ihre Schenkel und taten so, als würden sie an ihren Fingern riechen, als sähen sie etwas Wunderbares ihrem Körper entströmen. Ihre Hüften stießen in den Raum, lernten die Liebe kennen. Und plötzlich dröhnte Stevie Wonders „Here I am Babee, Signed, Sealed and Delivered" durch das Ovarium-Studio. Menstruation wurde akzeptiert als etwas, was aus einer Frau erst eine Frau machte, dem Busen und Hintern zu verdanken waren, Mama und die Liebe unter Frauen. Die Frauen von Azurbusen verkörperten die Glorifizierung des weiblichen Körpers. Als der Stevie-Wonder-Song zu Ende war, schnalzten die Frauen mit den Zungen, rieben sich Schenkel und Hüften und bewegten sich beinewerfend aus dem Theater – das Publikum sollte das Ritual weiterführen. So lange, bis jede Frau ihre Monatsblutungen und ihre gerundeten Hüften voller Dankbarkeit willkommen hieß.

Klitoris

Choreographie: Ixchell Buenavilla
Musik: The Marvalettes, „Forever"

Von der rechten Seite der Rundbühne kam Ixchell wehklagend hereingeschlittert; sie schien alles, was an Schmerz und Enttäuschung in ihr war, aus ihrem Körper reißen zu wollen. Ihre Hände und Füße drückten den Wunsch nach etwas nicht Vorhandenem aus; sie reckte sich und versuchte für eine immer wieder entgleitende Sache einen Platz außerhalb ihres eigenen Körpers zu finden, während sich ihr Oberkörper hob und senkte und gleichzeitig zusammenkrümmte, als befände sie sich in einer Höhle oder wäre irgendwo gefangen. Sie war die Höhle und das Licht. Und all die Frauen, die außer sich auch noch andere ernähren mußten, hingen an ihren Fingern und beobachteten, wie sie sich in einem fremden Atem auflösten. Ixchell schien auf der Bühne ihr Leben auszuhauchen. Ihre Bewegungen waren von einer solch erdrückenden Intensität, daß sie dem ganzen Theater ihr Leiden aufzwang, und sie ließ es auch nicht zu, daß diese Auslöschung eines Ichs durch irgend etwas gemildert wurde. Die letzte Pose zeigte sie flach ausgestreckt: Hände, Füße, Knie und Hals – alles war gekrümmt. Absolute Verzweiflung in der archetypischen Haltung einer am Boden zerschmetterten Frau. Ixchell zog die Folter hinaus, bis das letzte Licht erlosch.

Ihr Schatten ließ an eine vier Tage alte Leiche denken.

Wie sie es macht

Choreographie: Celine
Musik: Isley Brothers, „Who's That Lady"

In Lurextrikots und spanischen Röcken glitt Azurbusen durch das Publikum: *sie*, die nicht einfach nur zuschaute, sondern *sie*, die es gelernt hatte, mit ihren Augen zu kokettieren, zu provozieren, mit einer Hüftbewegung und dem Heben und Senken des Busens den Himmel zu versprechen. „Wie sie es macht" zeigt die kokette Erzulie, konfrontiert mit ihren Liebhabern, für die Verbindung aus sinnlichem und geistigem Vergnügen etwas völlig Ungewohntes ist. Diese *sie* ist nicht einfach ein Körper in Seidenhöschen, sondern ein Körper in Seidenhöschen, der es genießt, in Seidenhöschen zu stecken und beobachtet zu werden bei dem Bummel auf der 125. Straße, während Sonnenstrahlen die Beine umfließen. Eine *sie*, die man kurz und leidenschaftlich liebt, die man wie die Erscheinung einer wunderschönen Frau in den Armen hält, einer Frau, die von einem zum andern ging; wenn sie jedoch bei einem weilte ... wenn sie da war, dann war auch alles da, was eine Frau nur sein kann. Azurbusen mochte diesen Tanz offensichtlich ganz besonders. Und mit gutem Grund, war er doch die Ehrenrettung der Koketten, der man immer vorgeworfen hatte, die Herzen der Männer zu brechen, sie aufzugeilen und dann mit ihren Schuldgefühlen sitzenzulassen. Diese *sie* war frei von alldem, und sie ermöglichte es den Frauen, sich ihrer eigenen Erotik hinzugeben; glücklich miteinander zu sein. Celine war der Mittelpunkt ihrer eigenen Schöpfung. Sie war die quicklebendige Verbindung des körperlichen Prinzips mit dem geistigen des Gebens und Verströmens; Koketterie ist für diejenigen, die aufnehmen können, ohne zu nehmen, ein unendliches Vergnügen. Und Celine erfüllte die Herzen mit Hüften, Hintern, Titten, Nacken und Mündern der Azurbusen-Frau; sie tat einfach alles, um ihr Publikum mit ihrer Schönheit und Bereitschaft zu erfreuen.

„Wie sie es macht" wurde zu einem allgemeinen „Laßt uns tanzen". Die Tänzerinnen holten sich die Leute auf die Bühne, damit sie sich austoben und sich gegenseitig anmachen konnten. Vor allem wollten sie: sein und teilhaben lassen. Sie setzten ihre ganzen Kräfte ein, und „Vulva-Träume" wurden Wirklichkeit.

Jede Frau, die auch nur etwas für Frauen übrig hatte, hätte sie nach diesem Abend von Azurbusen geliebt. Für jede Frau, die frische, natürliche Dinge mochte, war „Vulva-Träume" so etwas wie eine reife Frucht oder eisgekühlte Erdbeeren. Und bei der Party von Celine, Ixchell und Cypress gab es ein wundervolles Büfett. Für Frauen, für alle möglichen Frauen. Nicht nur für die Supereleganten und Unabhängigen wie Celine, die so gertenschlank waren, daß nur ihre Kleider, die sich im Dunkel bewegten, ahnen ließen, daß da auch ein Körper vorhanden war, sondern auch für Rundlichere als Ixchell und Herausgeputztere als Cypress. Frauen in Hosen, in Gabardine und Seide. Frauen mit Schatten auf der Oberlippe, Camels ohne Filter oder etwas diskreter, in Stiefeln. Frauen mit dicken Bäuchen und dicken Titten. Frauen, die wie Smokey Robinson, und Frauen, die wie Miriam Makeba aussahen. Eine tanzte so wild und leidenschaftlich wie La Lupe. Andere wußten nicht einmal, daß sie auf einer Azurbusen-Party waren und daß es nicht genügte, einfach als Frau aufzutreten, sondern daß man schon mehr sein mußte: Frau mit Juwelen und Haltung und Talent und Blasiertheit und Geschmack und Körper. Azurbusen war eine Sache, Azurbusen-Parties eine andere – die reinsten Sklavenmärkte, auf denen jeder sich verkaufte.

Cypress paßte in dieses Bild. Sie hatte in New York sehr viel härter gearbeitet als in San Francisco, ihre Figur war nicht mehr so rustikal und stämmig, und sie trug auch nicht mehr diese lässige Kleidung, die sie an der Westküste bevorzugt hatte. Sie sah im Gegenteil sehr teuer und sehr unnahbar aus, der richtige Look für dieses Publikum. Cypress sah jedoch nicht ein, warum sie sich auf dieser Auktion feilbieten und von irgendeiner Frau, die sie nicht einmal kannte, abschleppen lassen sollte; es war ihr auch nicht klar, was Herzlosigkeit und Vergnügen miteinander zu tun hatten. Und da sie keines empfand, ging sie also weg, um einen Spaziergang zu machen. Sie winkte gerade einer Brooklyn-Karibik-Mischung in einem scharlachroten Satinrock, auf deren vorbeirauschendem Busen goldene Blumen aufgenäht waren, auf Wiedersehn zu, als ein nach Manhattan aussehendes Wesen in gedämpften Farben schnarrte: „Ich weiß noch nicht, wer es heute nacht sein wird, auf jeden Fall besorg ich ihr's so, daß sie nichts anderes mehr will als das, was sie von mir kriegt ..."

Cypress war so empört, daß sie erst auf der 72. Straße bemerkte, daß jemand neben ihr herging. Eine Frau, die Bluejeans und goldene Reifen in den Ohren trug; das war eigentlich alles, was Cypress sah. Sie schwiegen, sie gingen einfach nebeneinanderher, und jedesmal, wenn sie sich anschauten, verringerte sich etwas die Spannung, mit einer Fremden konfrontiert zu sein. Cypress bog auf der 86. Straße nach rechts ab, und die Frau folgte. Schließlich holte Cypress tief Luft.

„Okay, Herzblatt, was soll das?"

„Hmm. Ich sah dich gehen, bevor ich noch mit dir reden konnte; du sahst so aus, als würdest du gerne mit jemand reden, es war nur niemand da. Also bin ich mitgekommen."

„Über was wolltest du denn reden? Ich hab's nicht darauf abgesehen, jemanden aufzureißen, kapiert?"

„Sachte, sachte. Ich wollte dich nur kennenlernen. Ich hab überhaupt nichts mit dir vor. Ich kann diese Vampire auch nicht leiden, aber ich fühlte mich einsam und dachte, ich könnte ein paar neue Frauen kennenlernen, solange meine Freundin in Europa ist."

Sie gingen immer weiter in östlicher Richtung, bis sie schließlich auf der Ersten Avenue und der 86. Straße beschlossen, ein Glas Wein trinken zu gehen. Cypress und diese Frau Idrina.

Idrina war auch Tänzerin. Sie und Cypress interessierten sich vor allem für die Frauen der Dritten Welt, die in den USA tanzten, und waren ziemlich abgestoßen von der Art und Weise, wie sich Celines und Ixchells Freundinnen in der Öffentlichkeit produzierten. Idrina, die selbst sehr empfindlich war, fand die Empörung und Enttäuschung, die Cypress als Tänzerin in New York empfand, herzerfrischend. Einfach herzerfrischend. Bevor Idrina Cypress zur Bowery zurückbegleitete, hatten sie noch in zwei oder drei verschiedenen Bars zwei oder drei kleine Karaffen Wein geleert. Irgendwo zwischen der Mid East Side und der Canal Street fand Idrina eine leicht zerfledderte Blume für Cypress' Haar, einen vollendet geformten Stein für Cypress' Tasche – einen Glücksbringer –, eine Taubenfeder für Cypress' Ohr, einen leeren Fensterrahmen für Cypress' Webarbeiten sowie die Gelegenheit, ihre winzige Hand um Cypress' Nacken zu legen und ihr ein Lächeln zu entlocken.

Tagebucheintrag Nr. 151

gestern rutschte mein Busen
immer wieder raus
meine Hemden
bewegen sich mit, wenn ich mich drehe
und der rechte Nippel hüpft heraus
aber/
Idrina sagte nur
„was ist schon ein kleiner Nippel
unter Freundinnen?“

Cypress und Idrina, tanzend, Erfahrungen sammelnd und verliebt in New York.

„Du willst in New York tanzen, hmmm, okay, du machst doch Spitze oder nicht? Also dann mal los ...“

In einem riesigen, schlauchartigen Studio mit Scharen braunhäutiger Frauen und wenigen Männern versuchte Cypress dem Spitzentanz etwas abzugewinnen. Idrina machte alles so leicht. Wenn M'sieur Thomas in seinem von der Bronx beeinflußten gedehnten Südstaatendialekt brüllte: „Ihr faules farbiges Pack, reißt euch mal am Riemen. Wenn du nicht taaanzen kannst, Mizzzz, verschwinde, Süße", zuckte Cypress zusammen und verpatzte einen Schritt. Idrina berührte dann sanft ihren Arm und flüsterte: „Er kann hier niemanden rausschmeißen. Und du weißt, daß du tanzen kannst, laß dich nicht von ihm einschüchtern. Er weiß mehr als wir, und seine Ausrutscher muß man einfach übersehen. Nicht jeder hat die Ausdauer, die man zum Tanzen braucht. Sein Gebrüll bestärkt nur diejenigen, die fest entschlossen sind. Laß dich nicht durcheinanderbringen, wenn er ausflippt."

Während der Streckübungen versuchte M'sieur Thomas Cypress' Knie bis zu ihrem Ohr zu bringen, und Cypress gab sich einen gewaltigen Ruck, ließ dann aber ihr Bein wieder fallen und gurrte: „M'sieur, Sie müssen mir ein paar Tage Zeit lassen, damit ich Ihre Technik intus kriege. Ich weiß, ich bekomme mein Bein schon noch so hoch, wenn ich bei Ihnen weitermache."

Und Idrina zwinkerte ihr zu, als sie zur Stange zurückkehrte, ihre pliés ausführte und versuchte, ihr Bein wieder in den Griff zu kriegen. Vor den Stunden informierte Idrina Cypress über die Eigenheiten der einzelnen Lehrer.

„Alfredo wird sich gleich auf dich stürzen. Er hat sich auf angolische Tänze spezialisiert. Und Pierre Aubignon auf kongolesische; er hat was gegen gehemmte afroamerikanische Tänzer. Mach also was mit deinen Hüften, oder er wird dir das Leben zur Hölle machen. Und Miz Wilsons Jazz-Motto ist: ‚Locker die Schenkel, Mädchen' – zieh also deine Trainingshose und die Beinwärmer an, wenn du zu ihr gehst. Und laß dich nicht unterkriegen."

„Aber Idrina. Du hältst doch auch nichts von diesem ganzen Druck und Perfektionismus, oder? Ich meine, daß jemand aufgeben sollte, nur weil er nicht kapiert oder zehn Pfund mehr wiegt als die andern. Und dann diese Aggressivität. Du hast doch Ariel kennengelernt, im Vergleich zu diesen hochnäsigen, unverschämten Typen hier ist er die Sanftmut in Person."

„Sicher. Aber für mich zählt einfach nur das Tanzen. Und wenn jemand eine Technik hat, die mich weiterbringt, dann will ich sie einfach lernen. Ja, ich will eben so perfekt wie nur möglich werden, aber ich möchte auch, daß alle tanzen können, die tanzen wollen. Einfach jeder sollte tanzen, aber Tänzer sind nun einmal eine komische Rasse, Cypress – das ist dir doch auch klar. Wir sind alle zwanghaft, besessen, ja, das ist die richtige Bezeichnung. Wir tanzen den ganzen Tag, wir tanzen mit andern Tänzern und treffen uns mit andern Tänzern, und wenn wir uns amüsieren wollen, gehen wir auch tanzen. Es gibt einfach nichts, was unsern Fanatismus mildert, außer wenn wir uns verlieben – aber nicht in einen Tänzer."

Cypress gewöhnte es sich an, andere Leute um ihrer selbst willen wahrzunehmen und nicht, weil sie eine bedrohliche Herausforderung darstellten. Sie taten, was sie zu tun hatten, und es hatte nicht unbedingt etwas mit ihr zu tun. Und sie wartete jeden Morgen an dem Bahnhof der 14. Straße auf Idrina, damit sie den ganzen Tag zusammen tanzen konnten. Und sich dann abends erschöpft in die Arme fallen konnten.

Idrina wußte einiges, was Cypress nicht wußte: Wo man am besten in der Stadt aß; zu welchen Piers man in den frühen Morgenstunden gehen sollte, um das Meer und den Sonnenaufgang anzuschauen. Und wie man eine Frau wie Cypress liebte – daß man sie überhaupt lieben konnte, sie, die niemanden an sich ranließ. Idrina jedoch schien sich durch nichts abschrecken zu lassen, tötete den Drachen „Rühr mich nicht an", indem sie Cypress einfach nur anschaute. Sie umarmte. Hübsche kleine Dinge für sie fand, sich mit ihr zusammen Musik anhörte. Mit ihr spazierenging. Indem sie ihr die Kopfhaut küßte, ihr die Beine massierte, ihr das Frühstück richtete, Fotos von ihr machte. Und da war, wenn Cypress nach Hause kam. Idrina wußte einiges, was Cypress nicht wußte: Lieben bedeutet nicht immer besitzen. Und Idrina liebte Cypress, aber sie wollte sie nicht besitzen – und das war etwas, was Cypress nicht wußte.

Ixchell war jedoch besser informiert, als Idrina dachte. Idrinas Freundin war auf dem Weg von Amsterdam nach New York. Als Cypress bei ihr auftauchte, Celine & Co. begrüßte und schon wieder dabei war zu gehen, um sich mit Idrina zu treffen, ließ sich Ixchell triumphierend vernehmen: „Ich hab heute einen Brief aus Holland gekriegt. Laura wird nächste Woche wieder dasein. Und dich sehen wir dann wohl auch wieder etwas häufiger, Cypress. Die nächsten Tage kannst du Abschied feiern. Idrina und Laura gehen kaum aus, wenn sie zusammen sind."

Eine unheilschwangere Stille breitete sich aus. Celine murmelte: „Idrina hat dir sicher erzählt, wie sehr sie uns, die Vampire, haßt? Für sie zählen nur echte Anteilnahme und daß die Menschen, vor allem die Frauen, einander nicht ausnutzen, stimmt's? Und sie hat sicher eine Blume für dich gepflückt und an Grants Grab auf ihrer Blockflöte gespielt."

Ixchell sah zu. Eine Seite ihres Ichs, über die sie selbst keine Kontrolle hatte, bewegte sie zu dem Versuch, alles wieder einzurenken.

„Ach, Celine, dir ist doch wohl klar, daß Cypress Bescheid wußte. Sie wollte die Zeit nur nutzen. Cypress braucht niemanden so sehr, daß sie sich nicht mehr losreißen kann. Sie läßt niemanden so nahe an sich ran."

Cypress war klug genug, um in der Gegenwart von Raubtieren keine Angst zu zeigen, keine Tränen zu vergießen. Celine und Ixchell nagten an ihren Knochen, während sie die Tür hinter sich schloß.

Idrina sah sofort, daß etwas nicht stimmte, aber Cypress war häufig ziemlich launisch und behielt ihre Geheimnisse für sich. Idrina ließ sie also in Ruhe, obwohl sie häufig stundenlang zusammen waren. Sie spielte ihre Kyoto-Platten und las Cypress nach dem Training aus der Bhagawadgita vor. Cypress hatte sich in ein fiktives

Shangri-la geflüchtet, wo sie sich sicher fühlte vor allen Angriffen und vor ihren eigenen Gefühlen. Sie hatte sich zurückgezogen, Idrina wußte das und war nicht damit einverstanden. Idrina war der Überzeugung, daß man da sein sollte, wo man nun einmal war, und einen andern Ort erst dann ins Auge fassen sollte, wenn er vor einem auftauchte. Sie stellte also Cypress, und ihre Stimme klang ganz anders als sonst.

„Ich habe dir nie irgendwelche Versprechungen gemacht. Was soll das also?"

„Ich bin nur etwas unglücklich, gerade soviel, wie nötig ist, um nicht auszuflippen, wenn Laura nächste Woche zurückkommt."

„Wie konnte ich nur annehmen, unsere wundervollen Freundinnen würden mich meine Angelegenheiten selbst regeln lassen."

Cypress stand am Fenster und starrte auf die Autos; sie panzerte sich völlig ab und versuchte, alles, was Idrina sagte, zu ignorieren.

„Warum unglücklich, Cypress? Ich liebe dich doch. Ich liebe dich wirklich, und ich lasse dich nicht einfach fallen, einsam und unglücklich. Ich werde dasein, zwar nicht die ganze Zeit, aber immer, wenn du mich brauchst, als Freundin oder auch nicht nur als Freundin. Zieh dich also nicht zurück. Geh nicht weg."

„Ja, ja, wenn Laura verreist ist, dann bist du vielleicht für mich da."

„Du wußtest, daß sie zurückkommt. Ich habe nie ein Geheimnis daraus gemacht."

„Ja. Schon gut. Sie kommt zurück, und du kannst sie auch haben. Aber nicht mich. Ich schaff das nicht. Ich schaff das einfach nicht. Warum hast du mich auch nicht in Ruhe gelassen ..."

Idrina kam näher an Cypress heran und streichelte ihr Gesicht.

„Du wolltest nicht in Ruhe gelassen werden. Und ich wollte dich nicht in Ruhe lassen; es hat dich gepackt, nicht wahr. Du hast dich nicht zurückgehalten und alles auf die leichte Schulter genommen. Du hast dich nicht verleugnet und versucht, jemand zu sein, der du nicht bist, nur weil du dir selbst nicht trautest. Ach, Cypress. Siehst du nicht, daß dieses ‚wir' etwas war, was ich mit dir gemeinsam durchgezogen habe. Mit dir, nicht gegen dich."

„Aber nun stehe ich blöd da, nicht wahr? Ich habe was für jemanden getan, und nun leide ich. Wie schlau und selbstlos – ich habe den Oscar für die idiotischste aller jugendlichen Liebhaberinnen New Yorks verdient."

Cypress wirbelte durchs Zimmer und warf dabei ihre Arme und Beine hoch. Jede Bewegung stimmte, war haargenau kalkuliert und kam trotzdem überraschend. Ihr Ärger ließ sie durch den Raum fliegen. Idrina verzog sich in ein anderes Zimmer, zufrieden, daß Cypress ihre Enttäuschung ihren Beinen überließ.

Bei einer Serie wilder chenés verlor Cypress das Gleichgewicht und stürzte. Zuerst wollte sie sofort wieder aufspringen und weitertanzen. Einen wahnsinnigen Tanz. Einen Tanz, mit dem sie Buße tat. Und Idrina und die Liebe und alles, was es sonst noch gab – alles, außer der Bewegung –, ausstieß. Sie wollte aufspringen und mit ihrer Brust und ihren Fingern schreien. Mit ihren Armen brüllen: „Es tut weh. Es tut weh. Es tut weh. Wehhhhh." Aber sie rührte sich nicht, sie war so steif und starr wie ein abgestorbener Baum. Dann brach sie zusammen, sie wollte nicht mehr tanzen – tanzen war zu lustvoll, lustvoller, als sie ertragen konnte. Sie schnappte sich ihre Sachen und verließ Idrina in furchtbarem Schweigen. Cypress hatte nichts zu sagen. Und nichts mehr zu tanzen.

Meine liebe Kleine,

ich bin schon sehr froh, Cypress, daß Du wieder studierst. Als Du in Kalifornien warst, befürchtete ich schon, Du würdest Dich nur noch für die Tänze interessieren, die die Schwarzen schon immer tanzten; dieses ganze Gehüpfe und mit den Arschbacken Wackeln. Ich weiß, Du hast es mir nie geglaubt, aber dieses Hüftenschwenken ist daran schuld, daß wir so große Hinterteile haben. Es hat mit der Entwicklung der Muskeln und der Schwerkraft zu tun. Mehr weiß ich auch nicht, aber Du erinnerst Dich bestimmt noch, wie Du Dich beim Ballett abstrampeln mußtest ... (Lächeln.) Auf jeden Fall, wenn Du dieses Training, das Deine Technik verbessern soll, durchhältst, dann wird sich auch eines Tages der Erfolg zeigen.

Deine neuen Freundinnen, Idrina und Ixchell, scheinen ja in Ordnung zu sein, vergiß aber nicht, zu enge Freundschaften mit Frauen machen mehr Ärger als sonst was, ich habe das allen meinen Töchtern gesagt. Man kann nicht immer alles für sich behalten oder hundertprozentig sicher sein, daß nicht der eigene Freund auch das Licht *ihres* Lebens ist. Glaub mir, Frauen sind zu so was imstande. Anscheinend können wir außerhalb der Familie einfach nicht treu sein.

Sei also auf der Hut bei all diesen Frauen. Erzähl ihnen nicht zuviel. Und stell ihnen auf keinen Fall Deine Freunde vor – es sei denn, Du willst alles erst einmal am eigenen Leib erfahren. Erinnerst Du Dich an Mrs. Buchanan? Nun, sie wurde Mrs. Buchanan, weil sie sich während des Chorsingens an den Verlobten ihrer besten Freundin ranmachte. Das sollte Dir eine Lehre sein. Frauen nützen Dich so lange aus, bis Du es gelernt hast, gewisse Dinge für Dich zu behalten, ohne gleich unhöflich oder ungesellig zu werden.

Mein Liebling, Du hast mir nicht geschrieben, ob Du auch an dem Unterricht für Fortgeschrittene teilnimmst. Und trägst Du immer noch Deine alten Spitzenschuhe? Wenn Du ein Paar neue brauchst, kann ich vielleicht etwas beisteuern! Paß also gut auf Dich auf, laß Dich nicht zu sehr mit diesen Frauen ein, die die ganze Zeit nur herumglucken, weil sie sonst nichts zu tun haben. Und bete, daß Gott Dir hilft, in einer guten New-Yorker Balletttruppe unterzukommen.

Alles Liebe,
Mama

Alkohol ließ Cypress normalerweise entweder sehr witzig und anlehnungsbedürftig oder fürchterlich müde und anlehnungsbedürftig werden. Jetzt wurde sie nur immer ruhiger. Und sie trank die ganze Nacht; wenn sie nach Hause kam, gingen Celine und Ixchell gerade zu ihren Proben. Tagsüber schlief sie. Gegen acht oder neun Uhr abends stand sie dann auf, zog sich an und trank wieder bis zum nächsten Tag. Sie sagte kein Wort, nicht einmal „Hallo" oder „Ciao"; sie starrte einfach vor sich hin und lächelte abwesend, wenn jemand sie ansprach.

Cypress hatte Harlems Nachtklubs entdeckt; sie wurde bald ein ständiger Gast in den Spielhöllen und Mafia-Kneipen. Ihre Weigerung zu sprechen und dieses Lächeln brachten „Outlaw-Willie" und „Rolls-Royce-Lou" dazu, ihr Drinks oder Koks zu spendieren, denn in ihren Augen war sie völlig verrückt. Sie freundete sich mit niemandem an und nahm auch nie jemanden mit nach Hause; sie war einfach nur Stammgast. In einem barähnlichen Etablissement im zweiten Tiefgeschoß unter einem Mietshaus, von vier Gorillas bewacht und durch fünf Stahltüren gesichert, hatte sie in Lily, auch eine ehemalige Tänzerin, jemanden gefunden, der für sie redete. „Sie hätte gern einen doppelten Courvoisier." Dabei blieb es.

Bevor das Golden Onk aufmachte, hatte Cypress die Bars und Kneipen der Innenstadt abgeklappert. Die Leute, die sie kannten, starrten sie verunsichert an, sagten kaum etwas, registrierten aber immer, was sie trank und daß sie irgendwie seltsam lächelte. Sie befand sich in einer alten irischen Taverne auf der Lower East Side, die Puertoricaner und schwarze Künstler übernommen hatten, als sie plötzlich aufhörte, in dem Sägemehl unter ihren Füßen konzentrische Kreise zu beschreiben, und die Ohren spitzte. Cypress ging der Musik nach – Musik, die sehr vertraut klang. Gespannt schaute sie über die Schultern in den hinteren Raum und versuchte, etwas zu sehen. Wer machte diese glorreiche Musik? Wer verlieh ihr eine Stimme? Cypress lächelte und war erfüllt von „ja-ja-ja". Und bevor sie sich noch daran erinnerte, daß sie ja nicht mehr tanzte, war sie schon vorne bei den Musikern und sprach von der Schönheit und Liebe, die in ihrem Körper steckten. Cypress tanzte sich die Hakken ab, sie improvisierte und versuchte dieses Glücksgefühl, das sie durchrieselte, ihrem Publikum zu vermitteln. Sie riß einer Frau den Schal aus der Hand und einem alten Schwarzen die Zigarre aus dem Mund. Mit dem brennenden Ende der Zigarre in ihrem Mund und dem Schal auf dem Kopf war Cypress Yanvallou. Sie krümmte und duckte sich und ließ durch ihren Rücken eine wellenförmige Bewegung laufen – wie Damballahs Kind. Und aus ihrem Mund kam Rauch, die heiligen Dämpfe des Orakels, stark und rein. Die Luft war klar, die Musik reich. Cypress tanzte einen alten Tanz, ein Saxophon umgab sie mit Hoffnung, mit Liebe, die nicht ruhig sitzen bleiben konnte. Und Cypress war ein Tanz von etwas Neuem – ganz sie selbst, frei, fruchtbar, tief.

Als Leroy McCullough sein Instrument absetzte, stürzte sich Cypress auf ihn, drückte ihn an sich und fühlte sich wie zu Hause. Hier einen alten Freund zu treffen, während sie versuchte, alles in sich abzutöten und zum Schweigen zu bringen! Leroy war verwirrt, er begriff überhaupt nichts. Cypress beantwortete keine seiner Fragen nach Sassafras und sagte ihm auch nicht, wo sie lebte; sie bestellte sich nur noch einen Drink und hielt die ganze Zeit seine Hand fest, lachte und weinte. Als sie schließlich stockbesoffen in seinen Armen zusammensackte, setzte Leroy sie in eine der hinteren Nischen, spielte die nächste Nummer und nahm sie dann mit nach Hause. Cypress lächelte im Schlaf.

Cypress war eine Feder. So wohl fühlte sie sich. Es war dunkel, und jemand lag neben ihr. Ein fremder Schenkel lag feucht und schwer über ihrem Hintern. Wärme. Wohlbefinden. Sie kicherte, versuchte herauszukriegen, wo sie war, wer das war, warum sie sich so wohl fühlte. Hier war sie, ganz sie selbst. Sie war ihr eigenes Geheimnis, und dieser hübsche, driftende Körper war ein anderes, das erst noch gelüftet werden mußte. Cypress kroch zwischen den Beinen hervor und erinnerte sich an Leroy. Ja, es ist Leroy. Ich habe getanzt, und das hier ist Leroy.

Cypress fuhr mit der Hand über seinen Rücken, kein sehr langer Rücken, eher gedrungen, mit drahtigen Haaren, die von unten her hochwucherten. Schenkel, die mit zarten, daunenweichen, gekräuselten Härchen bedeckt waren, und komische Waden, wie die Beine eines Klaviers; Muskeln, die alle beim Knie gebündelt zu sein schienen. Auf seinem rechten Knöchel war ein Leberfleck. Und dort, wo der Hintern ansetzte, so etwas wie ein Muttermal. Cypress war selbst erstaunt darüber, daß es ihr soviel Spaß machte, einen Mann anzuschauen, daß sie es richtig genoß. Sie drehte ihn vorsichtig um.

„Ich bin's, Cypress."

Und er schlief weiter, und Cypress schaute und küßte und kicherte und kitzelte. Sie beugte sich endlos lange über Leroy und dachte an Idrina, war fasziniert von Leroy und staunte über sich selbst.

Er war einfach hinreißend. Er wachte auf. Sie schwiegen, ließen ihre Visionen und ihre nackten Körper sprechen. Leroy starrte Cypress an, so wie sie ihn angestarrt hatte, als sie jede Linie seines Körpers nachfuhr. Da war dieser Raum. Eine Spannung, die einfach unerträglich war. Zungen, Finger, Lippen, die sich nicht losreißen konnten. Und als Leroy in sie glitt, tauchte Cypress bis zum äußersten Ende des Regenbogens.

Sie hinterließ ihre Adresse auf einem Papierhandtuch

am Fußende des Bettes. Es war Tag. Zeit zum Tanzen. Nichts anderes zählte ...

Lady mit den tausend Zöpfen und der Aura aus U-Bahn-
Gerüchen und Magie
Ringe in der Nase und um die Handgelenke/ Musik im Stil der
Inseln
durch die Züge wandernd, in den Tunneln der Unterwelt
tanzend
ka-jungle-jingle-ka-jungle juju
in den schwülen Liebesnächten Downtowns/ Geheimnisse, die in
Muskeln stecken
Lichter, die die gespannte Feder durch die Lüfte wirbelnder
Waden umschmeicheln
Raum, der von der vibrierenden Weiblichkeit deines Rückens
eingenommen wird
Mach, was dir Spaß macht/ afrikanische Lady, los campos der
Lower East Side durchstreifend/ mit gebackenen Bananen
verwöhnt und von Trommlern hofiert, die eine Ecke
für die Winde
stehlen, damit sie dich zu den spärlichen Sonnenstrahlen
hochtragen können/ lyrische Lady/ tanz die ursprünglichen Tänze
die ursprünglichen, ureingeborenen Tänze aller Zeiten
mach Schluß mit dem Widerspruch zwischen der perfekten
Pirouette und dem schlauen Wissen der Hüften, die sich einfach
bewegen können/ streck dich, bis all die Sterne
und all der Sand unserer verlassenen Heimat/
in der feuchten Hitze sich vermischen/
schwitzen und Wärme ausstrahlen/
das muß sie sein – das ureingeborene, tanzende junge Mädchen.

Leroy hatte beim Erwachen diese Masse von Haar vor sich, die so betäubend nach Liebe roch, daß er eine Weile brauchte, bis er sie als seine eigene erkannte. Seine Hand strich über das noch feuchte Bett; er streckte sich und wartete darauf, daß ihre Glieder den seinen in die Quere kommen würden. Es gab keinen Zweifel: sie war weg. Er mußte lachen; wie hätte er auch wütend sein können. Hätte ihn jemand stockbesoffen mitgeschleppt und sich wie ein Schwarm wilder, purpurfarbener Vögel auf ihn gestürzt, wäre er wahrscheinlich auch ganz still und leise wieder abgehauen. „Nein, doch nicht“, dachte er. „Ich wäre nicht gegangen, ohne es vorher noch einmal probiert zu haben ... etwas fürs Aufwachen.“ Wirklich gelungen.

Cypress war ganz anders als ihre Schwester, und Leroy versuchte sich zu erinnern, ob sie sich wirklich so weit nach hinten über die Bettkante gebeugt hatte, daß ihre Muschi am Fußende war und ihr Kopf den Fußboden berührte. Stimmte es, daß sie ein Bein um seine Brust geschlungen hatte und mit dem andern die Decke berührte? Ja, ja. Er rieb sich die Stellen seines Körpers, die sich daran erinnerten, und betrachtete das Bett; er nahm Cypress in seine Arme, zwischen seine Beine; er ließ sie über seine Haare gleiten ... und er roch noch einmal an dem Gekräusel, bevor er beschloß, sie für sich zu gewinnen. Ein Entschluß, der ihn so beflügelte, daß er hundert Liegestütze machte, sein Mantra sang, duschte und drei Variationen zu folgendem Thema komponierte: „Zurück zu der Sache, von der man nie genug kriegen kann“, bevor er fortging, um mit seiner Band zu proben – falls man sie überhaupt eine Band nennen konnte.

Eine Band aus fünf oder sechs Typen, die alle am Hungertuch nagten oder mit Frauen zusammen lebten, die am Hungertuch nagten, oder die neben ihrer Dealerei gerade noch soviel Zeit hatten, etwas Musik zu machen, entsprach nicht Leroys Vorstellungen. Er wollte kraftvolle Musik machen, und dazu brauchte er kraftvolle Typen, entschlossene, klare Typen.

Aber wo waren sie? Wo waren sie – verdammt, was für eine blödsinnige Frage. Sie waren überall, wie er auch damals – von einem Konservatorium zum andern, von einer Jazz-Band zur nächsten ... weiße Bands, schwarze Bands, Orchester, Qrquestras, Arkestras. Leroy schüttelte den Kopf und erinnerte sich an all das, was er zu hören gekriegt hatte und wie schwierig es für ihn gewesen war. Weiße, die immer nur wiederholten, daß solche Tonfolgen unmöglich wären. „Du kannst das nicht auf dem Klavier machen" ... „Du kannst das Saxophon nicht so vergewaltigen" ... „Du kannst nicht, du kannst nicht" ... „Du solltest dich mehr auf deinen Bach konzentrieren" ... „Dein Bartók ist nicht ausgefeilt genug"!!! „Du spielst Schostakowitsch viel zu schnell" ... „Prokofjew hat Qualitäten, von denen du keine Ahnung hast, mein Junge" ... Jede Abfuhr, die Leroy in diesen ganzen Jahren hingenommen hatte, prickelte auf seiner Haut.

Leroy war überzeugt, daß er Nesselfieber hatte. Er dachte an den Tag, als sie es ablehnten, Ornette Coleman die Dozentenstelle im Fach Komposition zu geben, und sich für Steve Lacy entschieden, der nicht einmal im Land war. Und obwohl er für seine Arbeit ein paar Typen aus New York hatte importieren müssen, da die weißen Jungs behaupteten, seine Notenschrift wäre nicht zu entziffern – obwohl er sein Examen mit Auszeichnung bestanden hatte, weil diese „nicht zu entziffernde" Suite so hinreißend gewesen war, gab ihm sein Studienberater noch folgenden Ratschlag mit auf den Weg: „Du kannst auf diesen ethnischen Kram verzichten, Leroy, du bist einfach zu gut, um bei schwarzer Musik hängenzubleiben."

Es drehte sich also nicht darum, „wo sie waren", sondern nur darum, wie sie sich an einem Ort wie dem Golden Onk behaupten konnten.

Es hatte schon des öfteren schließen müssen – dreimal, weil es nicht den Feuervorschriften entsprach, einmal, weil es Alkohol an Minderjährige ausgeschenkt hatte, und ein anderes Mal, weil es den Vorschriften des Lebensmittelgesetzes nicht genügte. Hmmm, wahrscheinlich hatten sie Rattenkot serviert. Plötzlich hatte Leroy das Gefühl, die Wände stürzten ein: vielleicht erinnerte sich Cypress überhaupt nicht mehr daran, daß er letzte Nacht mit ihr geschlafen hatte. Vielleicht war es ihr einfach gleichgültig.

„Cypress ...", seufzte er und strich mit den Fingern

durch die Haare unterhalb seines Nabels. Cypress mochte Frauen, zumindest ging dieses Gerücht um. Ihre Schwester Sassafras war diejenige, die auf Männer und Blasinstrumente und Babies stand, während von Oakland bis Fort Green jeder wußte, daß Cypress irgendeinem Lesbenverein angehörte und daß das weibliche Oberhaupt von Azurbusen sofort auf Cypress angebissen hatte.

„Verdammte Scheiße, auf was lasse ich mich auch immer ein." Leroy stampfte mit dem Fuß auf. Warum war es auch nicht Sassafras gewesen? Er malte sich alle möglichen üblen Spiele aus, die Cypress mit ihm gespielt haben konnte. Sie hatte sich an ihn rangemacht, um sich selbst zu beweisen, daß sie genau so eine Frau sei wie ihre Schwester; war ihm um den Hals gefallen, als sie sich daran erinnerte, daß er auf dieser Party in San Francisco gewesen war. Verdammt, diese Party hatte in Cypress' Haus stattgefunden, und Sassafras war herumgewandelt wie ein neues Mitglied des Klubs der katatonischen Jungfrauen. Natürlich. Cypress hatte ihn sogar noch ermutigt, ihrer Schwester den Hof zu machen.

Aber hier in New York war Cypress Nummer eins. Sie war zu betrunken gewesen, um zu lügen, zu offen, um die ganze Nacht etwas vorzutäuschen. Er war sich sicher. Nicht die ganze Nacht. Und nicht so. Leroy packte seine Instrumente zusammen und machte sich auf den Weg zum Onk. Ein kleiner Cognac und ein gutes Mundstück, mehr würde er nicht brauchen – bis ihm dann wieder diese Tussy durch den Kopf spuken würde. Er würde einfach ihren Geruch auf seinem Schnurrbart einatmen und warten. Sie würde schon zu ihm zurückkommen.

Cypress war von acht Uhr morgens bis halb zehn Uhr abends von einer Ballettstunde zur andern gerast, von einem Ende Manhattans zum andern. Und alles, was ihr dieser unwiderstehliche Hornbläser beigebracht hatte, war ihr dabei zugute gekommen. Sie hatte im Clark Center mit der frühen Ballettstunde angefangen, die sie gewaltig strapazierte. Sie hatte bei den freien Improvisationen der Kushites Returned ihre Technik ziemlich vernachlässigt. An der Stange lächelte sie über ihre ausgeprägte Beckenmuskulatur, hörte ihre Mama flüstern, sie solle sich ja zusammennehmen, denn die Weißen schätzten es keineswegs, wenn eine schwarze Frau aus eigener Kraft abhob. Sie wußte, die Muskeln ihrer Oberschenkel hätten dringend eine Pause nötig, aber zwischen einer Nacht mit Leroy und einem Vormittag für fortgeschrittene Mittelstufe ließ sich einfach keine Pause einschieben.

Cypress war inspiriert. Sie bewegte sich, wie sie es noch nie allein – ohne Ariel oder Idrina, die zuschauten und Beifall spendeten – gewagt hatte. Sie war plötzlich frei von etwas, was sie zurückgehalten hatte, ihren Bewegungsdrang eingedämmt hatte. Sie fühlte sich so sehr als Diva, daß sie beschloß, für den Rest des Tages das rote Trikot mit der Stickerei auf dem Rücken und dem Becken zu tragen. In diesem Trikot würde sie antreten, und der erste Lehrer, der sie aufriefe und bemerkte: „Wenn Sie schon so aussehen, Miss, dann kann man ja nur hoffen, daß Sie auch so tanzen“, bekäme eine solche Show von ihr geliefert, daß man sie sofort auffordern würde, der Truppe beizutreten. Und würde sie einer Truppe beitreten, dann könnte sie mit Leroy zusammen in New York bleiben. Aber Leroy wußte nicht einmal, daß sie bleiben wollte. Genausowenig wie sie gewußt hatte, daß sie mit ihm zusammen leben wollte. Sie war gerade dabei, sich in Rage zu tanzen, als sie eine Stimme hörte, die ihr nur zu bekannt war.

„Hört zu, Girls, ich möchte hiermit bekanntgeben, daß Lilah James, Eleo Pomare, Rod Rodgers, Royal Brown, Sounds-In-Motion bei dieser Galavorstellung zu Ehren der Grande Dame des schwarzen Tanzes, Savilla Forte, auftreten werden. Wie auch das Dance Theater of Harlem, Ailey's Junior Company und wir, Azurbusen.“

„Im Ernst?“

„Denkt ihr, ich lüge, wenn es darum geht, daß wir

praktisch unsere Reifeprüfung bestanden haben – wir haben den Duchbruch in New York geschafft."

„Oh, Idrina, wie wunderbar. Ich bin ja so glücklich. Ich bin wohl gerade rechtzeitig zurückgekommen, um mein Herzblatt Bühnentriumphe feiern zu sehen."

Cypress' erste Reaktion war, ihre Kleider in die Tasche zu werfen und davonzurennen. Aber sie tat es nicht. Sie befahl jedem Muskel, der erstarrt war, jeder Drüse, die Schweiß absonderte, und jedem Gelenk, das schmerzte, zu funktionieren, einfach normal zu funktionieren. Laura und Idrina, nur durch die Wand der Garderobe von ihr getrennt, unterhielten sich, als wären sie die letzten Liebenden auf dem Planeten. Cypress öffnete den Mund, um zu schreien, aber sie schrie nicht. Sie nickte nur. Ja, heute war der Tag für das rote Trikot mit den Stickereien, die gelben Beinwärmer, für den mit Rheinkieseln besetzten Gürtel und die besten Pirouetten, die sie je zustande gebracht hatte. Vielleicht reichten sechs für heute. Und ein grand jeté über Idrinas Kopf.

„Ja, Idrina hat eigentlich nie so richtig an mich geglaubt."

Cypress machte eine Streckübung und schlenderte auf das Gelächter der beiden Frauen zu, für die sie überhaupt nicht existierte.

Laura sah ganz und gar nicht so aus, wie Cypress sie sich vorgestellt hatte. Sie sah auch nicht so aus, als lebte sie in Manhattan oder als wäre sie jemals in Manhattan gewesen. Cypress zwang sich, diese Laura anzuschauen, die sich an Idrinas Seite unter all den anderen Frauen von Azurbusen bewegte. Frauen mit lavendelfarbenem Haar, Ringen in der Nase, an den Zehen und mit den Leidenschaften der Töchter Sapphos südlich der Sahara. Sie mußte sich die Hand vor den Mund halten, um ihr Grinsen zu verbergen. Laura war gerade einen Meter vierzig groß. Und so unschuldig wie ein Kind, das vor hundert Jahren in einem Kloster erzogen worden war.

Sanft wie die Blasen eines rosaroten Schaumbads. Keine Andeutung von Boshaftigkeit in ihren Augen und kein schmollender Zug, der die Unterlippe prägte. Die einzige Extravaganz, die sie sich leistete, waren fünf kleine Diamanten am Rand der linken Ohrmuschel, die diese weibliche Öffnung jederzeit und für jedermann, der sie sehen wollte, glitzern und blinken ließen. Aber Cypress hatte kaum Zeit für solche Betrachtungen, da sie Laura begrüßen mußte, bevor dieser erhebende oder fatale Augenblick vorbei war.

Gegen die Garderobenschränke im Flur gelehnt, die Hüften vorgeschoben, als wäre sie dabei, zu entbinden, rief Idrina: „Hallo, Cypress, schön, dich zu sehen!"

Sie kam so nahe an Cypress heran, daß sich ihre Brustspitzen beinahe berührten. Und dann nahmen sich Cypress und Idrina in die Arme. Laura beobachtete Idrina bei diesem herzlichen Wiedersehen und war sich gleichzeitig auch bewußt, daß ihr Cypress direkt in die Augen schaute, als wollte sie sagen: „Und nun?" Es herrschte eine Stille, die jede von ihnen brechen konnte. Laura sagte: „Hallo, Cypress, ich bin Laura. Ich wollte dich schon lange kennenlernen."

Idrina zog sich etwas zurück, als die beiden Frauen einander begrüßten. Cypress, die von der Nacht mit Leroy noch Wind in den Segeln hatte, fand, sie könne mit allem fertig werden, und gurrte: „Ach, und ich erst."

Idrina schaltete sich wieder ein mit dem Vorschlag, den Erfolg ihrer Truppe feiern zu gehen.

Aus irgendeinem Grund dachte Cypress an ihre Mutter in Carolina, die ganze Jahre ihres Lebens nur mit Weben verbrachte, aber immer die Kontrolle behielt. Sie sah, wie ihre Mama sich über den Herd beugte und sich darüber ausließ, warum sie nie nach New York gehen würde – daß sie aber dem Herrn vertraue, er würde ihre tanzende Tochter schon behüten in diesem Sumpf, in dem Sünde und Versuchung einfach jeden Appetit anregten. Cypress hoffte, laut genug zu denken, damit ihre Mutter sie hörte: Also, Mama, hier sind wir nun, in New

York, aber ihre Mutter beugte sich immer noch über den Herd und konnte ihr keinen nützlichen Ratschlag geben, wie sie sich in dieser Situation am besten verhalten sollte. Cypress unterdrückte ein verzweifeltes Lachen; Laura und Idrina wichen etwas zurück und fragten sie, was los wäre. Cypress schluckte und kämpfte gegen ihre Tränen an, drauf und dran, ihre Unschuld, nicht ihre Gewandtheit, zu beweisen. „Ach, nichts." Aber sie fragte sich, was ihre Mutter tun würde – jetzt ... und hörte ihre Mama sagen: „Nein, mein Kind. Ich habe keine Ahnung, was du da am besten tun solltest."

Sie gingen zu Fuß zu einem griechischen Restaurant in der Nähe der 48. Straße. Laura in der Mitte, flankiert von Cypress und Idrina, die über ihren Kopf hinweg kurze Blicke austauschten. Eine forcierte Fröhlichkeit hüllte sie ein. Cypress inspizierte Laura, nahm sie Geste für Geste, Körperteil für Körperteil auseinander; bemerkte, wie ihre Zunge sich durch den kleinen Spalt zwischen den Schneidezähnen preßte, während die Diamanten Idrina anblitzten. Plötzlich, ohne richtig zu wissen, was sie vorhatte, blieb Cypress stehen, berührte Laura sacht an der Schulter, machte Idrina auf sich aufmerksam, zog ihren Beutel mit den Trainingssachen an sich heran und sagte: „Ich habe um zwölf Jazzunterricht, irgendwo uptown. Ich sollte mich mal besser auf den Weg machen."

Laura nahm ihr das offensichtlich nicht ab – „Oh, nein!", und Cypress, die ihr Gewicht auf die rechte Hüfte verlagert hatte, erwiderte: „Oh, doch. Weil man mit mir noch rechnen muß. Und deshalb muß ich auch fleißig trainieren, stimmt's, Idrina?"

Idrina brachte nur noch hervor: „Mmh, aber du kommst doch zur Vorstellung heute abend? Azurbusen tritt zum erstenmal vor einem gemischten Publikum auf."

Cypress schleuderte ihnen noch ein „Natürlich" zu und war verschwunden. Erzulie hatte sie schon immer für sehr keß gehalten.

Im Augenblick war sie vollauf damit beschäftigt, den A-Zug zu erwischen und die Bilder von Laura und Idrina, die sich in nostalgischem Zwielicht ineinander verknäulten, aus ihrem Gedächtnis zu verbannen; sie versuchte statt dessen, fest an ihre Mama zu denken, sie ihre Dankbarkeit spüren zu lassen.

„Mama, du hast geschwindelt, du wußtest ganz genau, was zu tun war. Man soll sich nicht mit Leuten an einen Tisch setzen, denen man nicht trauen kann."

Mehr gab es nicht zu sagen. Allein die Vorstellung, mit Laura und Idrina Dalma und Lamm zu teilen. Nein, im Leben nicht. Cypress wünschte, Sassafras und Indigo wären bei ihr, hier auf der Achten Avenue. Sie könnten wie Martha und die Vandellas „Come and Get These Memories" singen; ihre Stimmen würden aus Lautsprechern kommen, vom Times Square bis zum Columbus Circle dröhnen. Da sie aber nun einmal nicht da waren, sang Cypress allein. Die Leute auf der Straße dachten, sie wolle sich Geld erbetteln.

„Nein, nein. Nehmen Sie Ihr Geld wieder. Ich singe umsonst."

Tagebucheintrag Nr. 298

kriegt man was nicht, versucht man es ohne
soll's einer nicht sein, dann geht's auch ohne
wer weg ist, ist weg
was man nicht hat, hat jemand anders
und will man was, so muß man sich's beschaffen
locker werden – locker lassen/ um sich
schauen und sich beschaffen, was man braucht.

Das Golden Onk hatte noch nie so schlimm ausgesehen. Cypress war nüchtern genug, um den seit eh und je vorhandenen Dreck wahrzunehmen, der sich mit dem neu hinzugekommenen vermischte, die stumpfen Stellen, die eingefleischte Trinker Nacht für Nacht mit ihren Ellbogen in den Tresen scheuerten, den Geruch nach abgestandenem, whiskyähnlichem Zeug, von Typen, die ihre Wäsche nicht wechselten. Was Leroy in diesem Loch zu suchen hatte, war ihr ein Rätsel. Das Publikum bestand im Augenblick aus ein paar Fixern, die von der Avenue A hereingedriftet waren, und vier unansehnlichen Beatniktypen, die in einer Ecke Erinnerungen austauschten. Der Barmann gehörte nach Cypress' Einschätzung zu diesen zickigen Schwarzen, die für Integration um jeden Preis sind. Deshalb hatte er sie auch gar nicht weiter beachtet; sie trug nichts zu der Beziehung der Rassen bei.

Nach einem Pfirsich-Brandy würde schon ein schmukker Nigger aufkreuzen, hoffte sie. Leroy mußte jeden Augenblick kommen, um die Instrumente abzuräumen, und sie würde ihm alles erzählen können, was ihr zugestoßen war, seit sie seine Wohnung verlassen hatte. Zwei schwarze Schönheiten an der Ecke der 49. Straße und Achten Avenue. Vier umwerfende Transis in gehäkelten Bikinis an der U-Bahn-Station der 59. Straße. Zwölf tadellos manikürte Hände zwischen der 91. und 145. Ein schwarzes Mädchen, das sich völlig frei in einem roten Trikot in die Lüfte erhob. Eine Tänzerin, die die zweite Nacht, die ihr Leben verändert hatte, nicht vergessen konnte.

Tagebucheintrag Nr. 692

was soll das heißen, Schwarze können einfach tanzen und singen?
warum sagt man das immer/ wir wissen überhaupt nicht, was das heißen soll
ich hab gesehen, was das heißt/ großer Gott/ ich hab's gesehen als wäre ich selbst auf dem Wasser gewandelt!/ ich hätte die Nackten bekleiden und die Hungrigen speisen können/ mit dem Tanz, den ich heute nacht sah/ kein eigentlicher Tanz Vielmehr ein Lustwandeln an deiner Seite/ ein Wettrennen durch die Moore, die sich auflösen

im Raum/ ich sah, wie Schwarze den Boden erzittern
und Sterne unter ihren Füßen funkeln ließen/ und das ist damit gemeint
wenn man sagt, daß Schwarze gute Tänzer sind/ und was
sagt man zu einer Frau wie Dyane Harvey, die mit
ihrem Körper alles ausdrückt
die U-Bahn-Penner und Ausreißer/ die Kinder
die am Rockzipfel ihrer Mutter hängen/ während sie ihre Väter halb totschlagen
Blut/ aus den Wunden des Mannes/ die Tränen seiner Frau/ die U-Bahn-Penner
die in die Nacht hineinfahren/ die Stille der Nacht
Und zu Bernadine? deren Körper all das
innerhalb von fünf Minuten war/ und deren Gegenwart
allein genügte, alle verstummen zu lassen, alle außer der Trommel/
das heißt tanzen/ Rael Lamb, der auf seinem nackten Bauch
über die Bühne schlitterte/ fünfzehn Meter weit/
Töne wie von Beutelratten und Klapperschlangen/
Strömungen des Mississippi
dampfende Schweinemägen/ die ihn von Dekatur bis nach Südtexas trieben/
die ihn aus der Hocke heraus zu so gewaltigen Sprüngen
inspirierten/ daß sein Körper
dreißig Mammutbäume weit flog/ und diese
Töne
die ihn nicht zur Ruhe kommen ließen/ kleine Rennmotoren, als wären die Bullen um die Ecke/
Fenster, die geöffnet und dann wieder geschlossen wurden.
denn es gibt Dinge
die andere nicht hören sollten/ Füße auf den Treppenstufen ausgebrannter Häuser/
und die Töne trieben ihn vorwärts/ und sein Tanz war ein schwarzer Tanz/ das ist die Bedeutung von: Schwarze können tanzen
nicht, daß uns der Rhythmus angeboren ist/ nicht der Step oder der Hully Gully/
oder dieser Tanz in Houston, den sie „The White Boy" nannten/

Und es heißt nicht
daß wir immer tanzen/ wir erinnern uns so nur an alles, was sich nicht sagen läßt
deshalb hat für die Weißen auch keine Form
was die Form
der Sklaverei war/ die Form Jim Crows/ und woher
sollten sie auch
wissen ...

... daß ein Kuß auf den dritten Wirbel von oben im Nakken Cypress vibrieren ließ. Einen Tanz würde sie mit Leroy diese Nacht und viele weitere Nächte tanzen, einen Tanz, der ohne Erklärung, ohne Fragen, ohne etwas Hartes – von den leeren Barhockern abgesehen – begann. Selbst der beißende Whisky wurde ganz weich, als Leroys Hände unter ihren Rock zu ihrer Klit flogen und er sie fragte: „Willst du mich?", wann immer er konnte, was freilich selten war, denn es ließ sich schlecht sprechen mit der Zunge hinter ihrem Ohr, in ihrem Ohr oder mit ihrer Kopfhaut zwischen den Zähnen. Und jedesmal wenn er etwas sagte, strich er mit seinen Fingern über die rosaroten Lippen, und Cypress wollte ihn immer genau da spüren, wo seine Finger gerade gewesen waren. Dann seufzte er: „Wie sehr?", und Cypress spürte einen Blitzstrahl im Rücken, und er sagte: „Das reicht nicht", und sie dachte: Himmel, dieser Mann kennt keine Gnade. Aber sie war zu glücklich, um sich um Gnade Gedanken zu machen; wenn sie und dieser Mann es schafften, das Golden Onk in ein Paradies zu verwandeln, wer würde sich dann noch die Mühe machen, ihnen zu erklären, daß die Bar bald schließen würde?

Cypress richtete sich langsam auf, um Leroy, der den Schlaf einer alten Schildkröte an einem verlassenen Strand schlief, nicht zu stören. Sie zog die Schultern nach hinten gegen die Wand, beförderte seinen Kopf auf ihre Beine, legte sein Gesicht auf ihren Schenkel – seine Locken bildeten einen Riesenfächer, der von ihrem Knie bis zu der Furche in ihren Hüften reichte, wo all das Feuer übergesprungen war. Sie wollte so vieles auf einmal tun. Mit ihren Fingern über ihre Lippen streichen, um die Leidenschaft, die diese schlafenden Lippen erweckt hatten, wieder zu entfachen, herauszufinden, ob Leroy wirklich vollkommen war ... oder pervers; so selig, wie er da schlief – als hätte er alles, was er brauchte, als würde ihn nichts stören, weil einfach alles in bester Ordnung war.

„Ich würde es nicht glauben, wenn ich's nicht selbst gewesen wäre. Ich meine, wenn ich nicht selbst in diesem Bett gelegen hätte, würde ich es für eine glatte Lüge halten", flüsterte Cypress, während sie die längeren Zöpfe um ihre Handgelenke schlang. „Vielleicht sollte ich beleidigt sein ... oder entrüstet." Sie dachte darüber nach; inzwischen ließ sich wenigstens etwas Ordnung in die letzten Tage bringen. Sie stellte gern Listen auf: Listen von Dingen, die ihr zugestoßen waren; Listen von Leuten, die sie mochte; Listen von Leuten, die sie verletzt hatten; Listen von Kleidungsstücken; Listen von Überraschungen; und die Zeit mit Leroy war voller Überraschungen.

Überraschung Nr. 1

Als sie an diesem Abend das Golden Onk verließen, fiel sie beinahe vom Barhocker, so sehr hatten ihr Leroys Finger zugesetzt. Leroy hatte sie huckepack bis zur Fifth Avenue getragen, wo er sie dann fragte: „Sag mal, Süße, hast du denn keine Klamotten oder sonstige Habe?" Cypress sprang von seinem Rücken und dachte an all ihre wundervollen chinesischen Seidensachen, ihre Kaftane, ihre Seidenstrümpfe mit Naht, ihre mit Muscheln und Federn verzierten Kämme, ihre Satinslips und Satin-Untertaillen. Sie wollte schon brüllen: »Für was hältst du mich eigentlich", erinnerte sich aber, daß sie seit dem Abschied von Idrina denselben Bauernrock (den blauen mit den Veilchen und Rosen) und dieselbe mexikanische Bluse mit der Spitze auf den Ärmeln getragen hatte. Ab und zu hatte sie sie zwar gewaschen, aber selbst das war schon ziemlich lange her. Wollte Leroy damit sagen, daß er sie für dreckig hielt? War das einer dieser Anlässe, bei denen man entweder weinend um Verzeihung bat oder entrüstet in Ohnmacht fiel? Cypress vermied es, Leroy oder sich selbst anzuschauen, aber sie bedeckte ihren Busen wie eine Dreizehnjährige, die im Kino ihre Periode bekommen hat.

„Alles in ein paar Schließfächern am East Side Terminal. Halt, das stimmt nicht. Auf der Neunten, wo es zum Port Authority geht."

„Okay, dann laß uns mal hingehen."

„Wohin?"

„Die Sachen der Ausreißerin holen."

„Und was soll ich dann damit?"

„Du hast wohl keinen Sinn für Romantik? Keine Sterne in deinen Augen, kein Gefühl für Magie? Hmm?"

Cypress sah in diesem Augenblick, wie das Empire State Building sich langsam drehte. Sie glaubte, an der Ecke der Neunten Avenue und 14. Straße lila Bäume zu sehen. Und die Großschlächtereien verwandelten sich in Aquarien für Riesenfische in den Farben eines puertoricanischen Sonnenuntergangs. Sie wurde nach Hause geholt; sie bezog endlich ihr Haus in New York. Als sie all ihre Schachteln und Körbe mit dem Inhalt ihrer Schränke in Kalifornien nebeneinander aufgereiht hatte, lächelte Leroy einfach nur.

„Kannst du all diese Pakete auf dem Kopf tragen wie die Frauen auf Haiti?"

Cypress versuchte es, denn sie wollte, daß jeder Traum Leroys in Erfüllung ginge; als aber auch der vierte Versuch fehlschlug, nahmen sie ein Taxi zu seiner Loftwohnung.

Einmal improvisierte sie vor dem Spiegel, während sie sich anzog; ein umgekehrter Striptease, denn sie zog mehr und mehr Kleidungsstücke an. Und Leroy gab ihr die seltsamsten Gegenstände: eine Packung Maisgrütze, das „Jet"-Magazin oder Nadinola-Hautcreme ... sie staffierten sie mit unglaublicher Geschwindigkeit aus. Schließlich erstarrte sie in einer Tangohaltung, während aus ihrem Mund ein Schwall von Federkämmen kam, Leroys Idee, der ihr nun zu Füßen saß und ihre Wade streichelte.

„Weißt du, manchmal, nicht sehr oft, aber manchmal, bewegst du dich wie Idrina. Wußtest du das schon?"

Das Spiel nahm schlagartig ein Ende; Cypress ließ sich vor Leroy auf den Boden fallen, er nahm ihr die Federn aus dem Mund und küßte sie flüchtig, einer dieser „Ich liebe dich, aber wir müssen miteinander reden"-Küsse. Die Hände unter ihrem Kinn, wiederholte er: „Wußtest du das schon, daß du dich wie sie bewegst?" Cypress sah sich in der Mojave-Wüste; gestrandet, ohne festen Wohnsitz und ohne festen Freund. Und sie sah, wie Azurbusen sie mildtätig aufnahm und für sie sorgte. Sie konnte nicht glauben, daß Leroy versuchte, ihr Idrina auszureden, Idrina oder die andern Frauen, mit denen sie tanzte und die sie mochte, Frauen, denen ihre Weiblichkeit so wichtig war wie ihre Freiheit. Ihre Augen waren die einer Wölfin, während sich ihr Körper, der Körper einer Gazelle, einfach nicht von ihm losreißen konnte.

„Oh, das ist nicht erstaunlich. Wir haben lange Zeit zusammen gearbeitet, damals, als ich hier ankam. Und ich bewundere Idrina."

Leroy stand auf und ging zum Fenster. Er sah Idrina rittlings auf dem Empire sitzen, ihre Beine stießen durch die Wolken, und um ihren Mund schwirrte ein Schwarm Frauen wie die Möwen am Santa-Monica-Pier. Er blickte durch sie hindurch und bevölkerte den Horizont mit ein paar tausend Betten für die kleinen Französinnen, die immer nur paarweise auftraten ... weil es so mehr Spaß machte, wie sie sagten. Er mußte dann durch Ausprobieren feststellen, welche von beiden Cola auf ihrer Muschi hatte. Er wußte, daß Cypress nicht zu diesen Frauen am Horizont gehörte, Frauen, an die er sich erinnerte, die ein Teil seiner Vergangenheit waren. Aber sie hatte unter ihnen gelebt, hatte sich hineinlanciert mit weit ausgebreiteten Schwingen. Würde sie das eines Tages wiederhaben wollen, diese Welt, in der er nicht existierte? Leroy war zurückhaltend; er wollte ihr nicht zeigen, wieviel ihm daran lag, daß sie bei ihm blieb. Seit dem Tod seiner Eltern hatte er sich gegen eine solche Nähe und Vertrautheit gewehrt. Cypress war vielleicht seine einzige Chance, sie wieder zu erfahren, aber sie hatte so viel mit so vielen geteilt, während er sich immer nur sowenig wie möglich genommen und nur das gegeben hatte, was er nicht vermißte. Da er ihr den Rücken zukehrte, konnte er nicht sehen, wie schön sie in den Spiegeln aussah – daß es drei verschiedene Spiegelbilder von ihr gab und daneben noch die Cypress aus Fleisch und Blut, die zwischen der Maisgrütze, den Federn und den Tüchern auf dem Boden kauerte.

„Ich weiß das, Cypress. Ich lebe mit dir zusammen. Und ich habe die letzten acht Jahre in New York gelebt. Ich weiß, wer Idrina ist."

Cypress betrachtete sich erst in dem einen, dann in dem andern Spiegel. Sie sah, daß das Arrangement aus Küchenartikeln und Petticoats einen besonderen Reiz hatte, gleichzeitig aber auch irgendwie grotesk war. Lag es daran, daß Leroy nicht sagte, was er sagen wollte? Eine Halbwahrheit dräute über ihr, die Spuren einer Lüge, für die sie jetzt zur Rechenschaft gezogen wurde.

„Nun, ich dachte, ich würde sie lieben."

„Hast du sie geliebt, oder dachtest du es nur?" fragte Leroy und drehte sich zu ihr um; es gab jetzt zwischen ihnen nichts zu verheimlichen und auch keinen Anlaß wegzulaufen. Er hoffte, Cypress würde ganz offen sein;

er hätte alles darum gegeben, aber er wollte ihr nicht dabei helfen. Sie mußte es allein tun.

„Nun, hast du die Frau geliebt oder nicht, was von beidem?"

Cypress ließ sich nicht gern zur Rede stellen. Und sie legte nicht gern Rechenschaft über ihre Zeit, ihre Gefühle, ihre Entscheidungen ab.

„Geht es dich etwas an, was ich getan habe, bevor ich dir begegnet bin?"

„Nein, aber was du jetzt tust, das geht mich etwas an."

„Wie meinst du das?"

„Du lieber Himmel, du denkst wohl, alle haben ein Gedächtnis wie ein Sieb. Glaubst du, ich wüßte nicht, warum du dich nach Lauras Rückkehr wochenlang nur in Bars herumgetrieben hast und vollaufen ließest? Glaubst du, ich wüßte nicht, warum du von deiner Bewunderung für Idrina bisher nicht gesprochen hast?"

„Nein, aber erzähl mal."

„Cypress, ich greife dich nicht an. Ich möchte nur mit dir reden; ich möchte sicher sein, daß du hier bist, weil du hier sein willst, und nicht, weil du vor jemandem davonrennst. Ist das so schwer zu verstehen?"

Leroy setzte sich zu Cypress, die sich langsam von ihrem seltsamen Aufputz befreite.

„Paß auf, ich will dich, und es ist mir gleichgültig, was du vorher gemacht hast; ich bin mir nur nicht sicher, ob du auch wirklich Schluß gemacht hast mit ihr – das ist alles."

Er legte seine Arme um ihre Schultern und zog sie an sich heran.

„Ich finde es toll, wenn zwei Frauen sich lieben; sie strahlen etwas aus, und ich respektiere das. Ich gönne dir auch, daß du das erfahren hast, Cypress, aber du solltest es weder über- noch unterbewerten, indem du sagst, du ‚denkst'."

Cypress entspannte sich in Leroys Armen, kuschelte sich an ihn, roch diesen Geruch, der sie an Kaffee und Meer erinnerte. Sie öffnete die Lippen, ließ ihre Zunge über sein Schlüsselbein gleiten und flüsterte: „Ich habe sie geliebt. Und ich liebe sie immer noch, Leroy, wie eine meiner Schwestern."

Leroy holte so tief Luft, wie er nur konnte, und schubste Cypress mehrere Male mit seinem aufgeblähten Bauch an, wie ein amerikanischer Yanvallou. Es dauerte nicht lange, bis sie bemerkte, daß er sie zum Bett zurückgedrängt hatte, und in noch kürzerer Zeit waren sie nur noch Stöhnen und Schwitzen und dann befreit. Cypress war in Trance, die Welt existierte nicht mehr für sie. Leroy hörte sich flüstern: „Es ist schrecklich, ich weiß, ich hätte es nicht tun sollen. Man kann jemand nicht so lange vögeln, bis er einen liebt, aber ich konnte einfach nicht anders. Sie darf mich nicht wegen dieses Weibsstücks verlassen, sie darf nicht. Ich lasse das nicht zu."

Sie war nun wach, und er schlief. Cypress entschied, daß auch sie beruhigt einschlafen konnte – sie hatte alles, was sie brauchte. Nichts störte sie, alles war in bester Ordnung. Und falls sie jemals wieder das Bett verließen, würde sie ein Mahl zubereiten, auf das ganz Carolina neidisch wäre.

Cypress' Mahl für New-Yorker Nächte

Lammbraten Manhattan

3–4 Pfund Lammkeule
3/4 Tasse Melasse
2 Dosen Tomatensauce
2 Stangen Sellerie, in Würfel geschnitten
1/2 feingehackte, mittelgroße Zwiebel
1 feingehackte Paprikaschote
1 Zitrone
2 Teelöffel Chilipulver
1 Eßlöffel scharfe, gemahlene Senfkörner
Etwas Worcestershire-Sauce
Paprika, Salz und schwarzen Pfeffer nach Geschmack

In einem Abstand von $2\frac{1}{2}$ Zentimetern ebenso tiefe Einschnitte in die Lammkeule schneiden. Die übrigen Zutaten für die Grillsauce kochen. Das Lamm in der Hälfte der Sauce ungefähr 45 Minuten marinieren, dann in einer Bratpfanne $1\frac{1}{2}$ bis 2 Stunden im Backofen garen lassen, alle 15 Minuten mit Fett übergießen.

Nächtlicher Kartoffelsalat
Wenn die Zeit nicht reicht, ihn abkühlen zu lassen

6 größere Kartoffeln
3 hartgekochte Eier
1 feingehackte Zwiebel
1 in Würfel geschnittene Stange Sellerie
3 Teelöffel süßsaures Relish
$\frac{1}{2}$ Teelöffel gemahlene Senfkörner
1 Tasse Mayonnaise
Salz und Pfeffer
Paprika zum Darüberstreuen

Kartoffeln kochen. Mit einem dieser altmodischen Zerkleinerer die Kartoffeln in einer Schüssel zerteilen. Eier, Sellerie und Zwiebeln schneiden und zusammen mit den anderen Zutaten zu den Kartoffeln geben. Gut mischen. Probieren, ob er auch nicht zu trocken ist. Ist das der Fall, noch etwas Mayonnaise dazugeben. Paprika über den fertigen Salat streuen. Servieren.

Einfacher Spargel

$\frac{1}{2}$ Pfund Spargel
1 Zitrone
$\frac{1}{4}$ Teelöffel Ingwerpulver

Spargel waschen. Die Enden abschneiden, falls sie zu braun oder zu holzig sind. In Salzwasser weichkochen. Ingwer über den Spargel streuen. Zitrone über dem Spargel auspressen. Kalt stellen und servieren.

Cypress, mein Liebes!

Wo Du jetzt lebst, scheint es ja paradiesisch zu sein; ich bin mir aber nicht sicher, ob ich begriffen habe, was ein Loft ist. Ist es einfach ein großer Raum, oder ist noch etwas Besonderes dran? Du solltest übrigens nicht zu große Töne spucken, wieviel Du später mal dafür bekommst. Und Du solltest auch nicht jedem erzählen, wie sehr Dir eine Sache am Herzen liegt ... Auf jeden Fall solltest Du aber mit Deinem Hauswirt über diesen Abstand sprechen – mir kommt das nicht koscher vor. Wo gibt es schon so was, daß man für eine Toilette und eine Badewanne zahlen muß – in anständigen Wohnungen sorgt die Hausverwaltung dafür. Ich weiß, New York ist eine Ausnahme und Du kennst Dich da auch besser aus als ich, aber glaub mir, jemand will Dich übers Ohr hauen.

Wenn es nur ein einziger großer Raum ist, wo befindet sich dann das Duplex zum Wohnen und Schlafen? Ich glaube, ganz kann ich mir das doch nicht vorstellen, diesen Blick auf den Hudson und New Jersey von dem einen Fenster aus und auf das Empire State Building von dem andern auf der gegenüberliegenden Seite. Ist Macy's so groß, daß man es von Euch aus sieht? Seit dem „Wunder auf der 34. Straße" wollte ich Macy's schon immer mal sehen. Schreib mir bitte davon in Deinem nächsten Brief, ja?

Über Deine Beziehung zu diesem jungen Mann will ich mich nicht auslassen. Du und Sassafras, Ihr müßt beide noch die Erfahrung machen, daß kein Mann wirklich ernst nimmt, was zu leicht zu haben ist. Dem Foto nach scheint er ja ganz gut auszusehen, ein wohlerzogener junger Mann, aber wie kannst Du nur Deinen Kopf neben diese Bescherung legen, die er seine Haare nennt! Künstler oder nicht, dieser junge Mann muß schleunigst zum Friseur. Dann kannst Du ihn auch in den Ferien mit nach Hause bringen, aber auf keinen Fall wenn er so aussieht, wie er jetzt aussieht. Das wäre ein Rückschritt um hundert Jahre.

Soviel ich mich erinnere, hat Sassafras diesen Leroy auch schon einmal erwähnt. Ist er ein Bekannter aus Kalifornien? Nach dem, was Du schreibst, scheint er ganz anders zu sein als dieser Mitch, an den sich die arme Sassafras gehängt hat. Ich kann das auch nur hoffen, Deinetwegen. Aber sie geht die Dinge doch etwas anders an als Du, Cypress. Ich möchte Dich nicht kritisieren, aber Du mußt einfach etwas Geld auf die Seite legen, für Dich, denn die Männer kommen und gehen. Und es gehört sich nicht, daß eine junge Frau völlig abhängig ist von einem Mann, vor allem wenn sie nicht verheiratet ist. Zu meiner Zeit gab es eine Bezeichnung für solche Frauen, und dazu habe ich Dich nicht großgezogen. Tanz also weiterhin vor. Schau, daß Du in einem Ensemble unterkommst, und es wird sich schon herausstellen, ob der „perfekte" junge Mann sich auch so entwickelt, wie ein „perfekter" junger Mann sich entwickeln sollte.

Ach, beinahe hätte ich es vergessen: Tausend Dank für diesen Kimono. Die Seide ist so fein, daß ich mir ganz unmoralisch vorkomme, wenn ich ihn trage. Natürlich sieht mich niemand, aber ich bin überzeugt, daß Dein Vater häufiger nach Hause gekommen wäre, wenn ich schon damals einen gehabt hätte.

Alles Liebe,
Mama

PS: Sorge dafür, daß der junge Mann sich diese Putzwolle abschneiden läßt – er wird Dir später dankbar dafür sein, daß er keinen solchen Narren aus sich gemacht hat.

Cypress haßte es, nach ihrem Freitagnachmittagunterricht durch die Straßen zu gehen. Zu viele Leute, die es zu eilig hatten. Und es roch nicht gut nach einer Woche Lohnarbeit. Die Menschen sahen ausgelaugt und zerrieben aus, bevor sie schließlich das Wochenende als Realität akzeptierten. Vielleicht urteilte sie auch zu hart über ihre Umgebung. Vielleicht war sie es, die nach einer Woche harter körperlicher Arbeit am Ende ihrer Kräfte war. Wenn es sich so verhielt, sollte sie sich besser etwas gönnen. Und das tat sie dann auch ausgiebig. Von der Greenwich Avenue bis zum Waverly Place ließ sie in jeder einigermaßen anständig aussehenden Boutique und in jedem Gemüseladen ihre Dollars liegen: Artischokken, Trikots, Seidentücher, Haarspangen, Spargel, Port Salut, zwei Flaschen La Doucette, Leroys Lieblingswein; und ein Korsett zum Schnüren, ganz wie es sich gehörte, wie in diesen unanständigen Filmen, die die Männer von unanständigen Dingen träumen ließen, zumindest stellte sie es sich so vor. Mit all diesen Delikatessen und diesem Korsett über ihrem nach Mandeln duftenden Körper würde sie dann ein leichtes Spiel bei diesem irrsinnig perfekten Mann haben, mit dem sie zusammen lebte.

Seine Arbeitsweise ließ sich mit ihrem anarchistischen Weltbild nicht vereinbaren. Von sieben Uhr morgens bis ein Uhr mittags übte er. Von eins bis drei komponierte er. Gegen vier traf er sich mit jemandem bei einer Probe, oder er schrieb einfach weiter an seinen Stücken. Und das jeden Tag, der Sonntag machte keine Ausnahme. Cypress fand, er übertreibe. Er vermittelte ihr das Gefühl, faul zu sein, obwohl er ihre Zeiteinteilung nie kritisierte. Sie stand mit ihm auf und stickte ihre Hieroglyphen, eine Arbeit, die sie entspannte und ihre Vorfahren gnädig stimmte, anschließend steckte sie dann bis zum frühen Morgen in einem der Tanzstudios, wo sie am Training teilnahm.

„Nein, ich bin wohl doch nicht gerade faul", tröstete sich Cypress. „Aber warte ..." Sie stellte ihre Taschen mit dem Gemüse, den Weinflaschen und der Reizwäsche vor Balducci ab und blieb stehen. „Wovon zum Teufel leben wir eigentlich?" Cypress hatte gerade noch 750 Dollar auf ihrem Konto. Sonst war nichts mehr übrig von ihrem Koksvorrat aus Kalifornien. In New York zu dealen stand überhaupt nicht zur Debatte; sie hatte keine Verbindungen, keine Kunden, keine Protektion.

„Großer Gott, er ist bestimmt Dealer oder so was Ähnliches. Weiß der Himmel. Verdammt, was soll ich tun, zu ihm sagen: ‚Leroy, hättest du was dagegen, wenn ich mich an deinem Geschäft beteilige?' Was für ein Schlamassel. Ich habe das Geld genommen und nie danach gefragt, woher es kommt. Was für ein Schwachkopf ich doch bin."

Ihre Päckchen und Pakete verloren an Prestige. Cypress näherte sich der Loft mit den Bewegungen einer völlig verstörten Stadtstreicherin, die gerade von ihrer Ecke verjagt worden war.

Alles war so, wie sie sich es vorgestellt hatte. Leroy war noch beim Komponieren, genau nach Plan.

„Weißt du, du bietest wirklich keine großen Überraschungen, Leroy", platzte sie heraus. Leroy war sofort klar, daß Cypress einen unangenehmen Tag gehabt haben mußte, wenn sie ihn so begrüßte. Er ging erst gar nicht auf den streitsüchtigen Ton in ihrer Stimme ein, sondern wartete einfach ab.

„Cypress, was ist los?" fragte er, ohne von seiner Arbeit aufzuschauen. Cypress rührte sich nicht; sie hielt ihre ganzen Köstlichkeiten in den Armen, speziell für diesen Mann ausgesucht, der sie nicht einmal anblickte.

Sie fühlte sich wie mit drei Jahren, wenn das Sonntagsnachmittagpicknick, das Schaukeln und die Wassermelonen, abgesagt worden war. Als Leroy kurz aufblickte, brach er in Lachen aus.

„Los, Cypress, heraus mit der Sprache, hast du dich verletzt, oder fand einer deiner wundervollen Lehrer, daß du nicht in Form bist?" Cypress fing an zu weinen, langsame Kindertränen, die ihrem Gesicht nichts von seinem Glanz und seiner Glätte raubten.

„Von was leben wir, Leroy? Wie sieht es mit dem Geld aus?"

Leroy wirkte verdutzt. „Nun, ich zahle die Rechnungen und gebe dir das Geld, das du für deine Stunden oder für andere Dinge brauchst ... Ich glaube ... ja, das wär's wohl."

Cypress ließ die Faust auf Leroys Schreibtisch sausen.

„Nein, das meine ich nicht. Ich will wissen, wo kommt das Geld her? Wir arbeiten beide nicht. Nein, wir arbeiten natürlich, aber wir verdienen kein Geld. Wir können uns diese Wohnung oder meinen Ballettunterricht überhaupt nicht leisten."

Leroy fand sie sehr komisch. „Doch, wir können uns das leisten, mein Liebling, und die Quelle ist auch noch nicht am Versiegen."

Cypress saß total verwirrt auf Leroys Schoß, während er ihr eine seiner Melodien ins Ohr pfiff. Die Melodie, die bedeutete, daß alles in bester Ordnung war. In Leroy artikulierte sich mehr als Blues und Empörung.

„Cypress, denkst du, du könntest ‚Air Above Mountains' summen ... Schon gut, ein Duett mit dem ‚Yoyo-Thema'. Ich weiß, du kennst das Band des Art Ensemble mit Fontanella Bass."

Cypress sagte nichts.

„Du denkst wohl, ich tue etwas Ungesetzliches? Du hast wohl Angst, du wärst in einem ähnlichen Schlamassel wie Sassafras mit ihrem Fixer, stimmt's?"

Cypress mochte nicht laut sagen: Ja, genau das dachte

ich; sie nickte mit dem Kopf: ja, genau, das dachte sie.

„Wirklich, Cypress, du denkst, ich wäre in dem Geschäft so gerissen wie du?" Leroy mußte sie hin- und herwiegen, um sie zu beruhigen, aber sie ließ nicht lokker, bis er ihr versprach: „Ich werde dir zeigen, woher das Geld kommt, okay?"

„Gefährlich?"

„Nein, mein Liebling, völlig ungefährlich."

Cypress und Leroy folgten dem Empfangschef zu einem Tisch für vier Personen an den Fenstern eines der Restaurants, die in den New-York-Führern mit einem „Vorzüglich" bedacht werden. Was sie an einem Ort wie diesem zu suchen hatten, war ihr ein Rätsel. Als wären sie auf Reisen und suchten nach etwas anderem als Howard Johnsons amerikanischem Einheitsfraß oder die verhunzte, dem amerikanischen Geschmack angepaßte französische Küche der sogenannten besseren Hotels. Cypress schaute sich die ganze Zeit suchend um, ob noch jemand zu ihnen stoßen würde, sah aber nichts als Spitze: mexikanische Spitze in einem Stück aus elfenbeinfarbener, naturbelassener Baumwolle.

Du lieber Himmel, sie wollen uns wohl zeigen, daß hier nur ganz feine Gesellschaft verkehrt. Tischtücher aus Spitze, Vorhänge aus Spitze ... Ja, Cypress sah nach, auch die Servietten waren mit Spitze besetzt. Oh, die Ärmsten, dachte Cypress, die Ärmsten würden nie auf den Gedanken kommen, daß ich mit dieser verdammten Spitze aufgewachsen bin. Und mein ganzes Leben lang auf der Flucht davor war.

Und die Stimmen mit dem französischen Akzent reizten sie eher, als daß sie sie beruhigten. Schließlich mochten ausländische Weiße die Schwarzen genausowenig wie amerikanische Weiße. Und Ausländer konnten gefährlicher werden, weil man nicht verstand, was sie sagten. Aber es war nun einmal der Ort, an dem sie über Leroys Geschäft aufgeklärt werden sollte.

Cypress hatte sich ihrer Meinung nach dem Anlaß entsprechend gekleidet. Auf ihren nackten Schultern lagen hauchdünne Satinträger; eine Bluse in sinnlichem Pfirsichton fiel über ihren Busen. Riesige Limonenblüten, wie man sie auf Erden noch nie gesehen hatte, prangten auf dem dunkelblauen Crêpe de Chine ihres Rocks. Ihr Augen-Make-up bestand aus verschiedenen Grüns, ihre Wimpern waren aquamarin, ihre Lippen dunkle, reife Brombeeren. Ihr Haar bildete dichte Schwaden um ihren Kopf, die mit Kämmen aus Elfenbein zusammengehalten wurden.

Während sie sich kleine Bissen Pfefferpâté in den Mund schob und an ihrem Champagner nippte, schlüpfte sie in die Rolle einer Südstaatenschönheit, die sich von einem Industriellen aus dem Norden hofieren ließ. Cypress plusterte sich auf, errötete, kicherte und amüsierte Leroy mit ihren Possen: Tallulah beim Dinner, Zelda nach dem Cocktail, Miz Fitzhugh beim Aperitif. Verknüpft wurde diese Abfolge von Parodien durch den geschickten Einsatz eines weißen, spitzenbesetzten Taschentuchs, das ihre Mutter ihr geschenkt hatte. Dieses Taschentuch wirbelte in der Luft herum, während Leroy und Cypress Dame und Galan spielten.

Cypress war gerade dabei, über die weißen Prolos in Carolina herzuziehen, als sie den Empfangschef mit einem Paar an ihren Tisch kommen sah. Die Frau trug ein graues Leinenkostüm, eine elfenbeinfarbene Seidenbluse mit ihren Initialen auf dem Kragen und eine Tasche unterm Arm. Ihr Haar war geglättet, eine dieser Dauerwellen, die ewig halten; das Make-up stammte direkt aus Cosmopolitan. Der Mann trug ein beigefarbenes Jackett über einem flamingofarbenen Hemd mit locker sitzendem Kragen. Seine Schultern waren sehr stattlich und wurden durch die blendendweiße Krawatte zwischen den Revers seines Jacketts noch akzentuiert. Cypress geriet in Bedrängnis und bemühte sich, nicht das Gesicht zu verziehen.

Oh, nur das nicht, nicht den ganzen Abend, nicht mit

denen, dachte sie, „hier kommt die schwarze Bourgeoisie, die auserwählten Zehn". Hilfesuchend schaute sie sich nach Leroy um. Aber Leroy war offensichtlich ganz entzückt, die beiden zu sehen. Alle waren ganz entzückt. Cypress hatte keinen Verbündeten. Leroy erhob sich, um der Frau einen Kuß auf die Wange zu geben.

„Cypress, das hier sind Mahlon Burbridge und Towbin Owens, ehemalige Schulkameraden von mir."

Der Händedruck Mahlons war für Cypress der Beweis, daß die Frau nicht ordentlich erzogen worden war. Es fehlte ihm jede Kraft, jede Energie. Herrgott noch mal, was waren das für Frauen, deren Händedruck an tote Fische erinnerte. Wußten sie nicht, daß er ihren Worten Glaubwürdigkeit verlieh? Wer einem nicht richtig die Hand schütteln kann, dem ist nicht zu trauen. „Kein Rückgrat", hörte sie ihre Mutter sagen. Mahlon lächelte jedoch sehr freundlich, und Cypress versuchte, sich zurückzuhalten und ihr Urteil nicht gleich zu Beginn des Abends zu fällen.

Towbin Owens war ganz anders. Sein Händedruck wie auch seine Stimme zeugten von Autorität. An Towbin Owens gab es nichts auszusetzen. Cypress ließ ihre Blicke zwischen Leroy und Towbin hin- und herwandern; sie waren sich auf eine Art sehr ähnlich und auch wieder überhaupt nicht. Leroy war trotz Rastalokken und nachlässiger Kleidung der Kultiviertere von beiden, aber Towbin strahlte einen so unbezähmbaren Enthusiasmus aus, daß man sein förmliches Benehmen einfach vergaß.

Als sie Platz genommen hatten, begannen Cypress und Mahlon eine Konversation.

„Towbin sagte mir, du bist auch Künstlerin?"

„Ja, ich tanze."

„Das war auch immer mein Traum, aber wahrscheinlich bin ich völlig unbegabt dafür."

Darauf hatte Cypress schon gewartet. Darauf, daß die brave Tochter, die immer getan hatte, was ihre Mutter sie geheißen hatte, sich plötzlich wünschte, sie hätte doch nicht immer getan, was Mama gesagt hatte. Cypress fragte ganz aufrichtig: „Und wie hast du dann deine Talente eingesetzt?"

„Ich bin Börsenmaklerin."

Cypress wußte nicht, was sie darauf antworten sollte. Sie konnte nicht sagen: Oh, wie bedauerlich, ein Kapitalistenschwein, da sie ja eine alte Bekannte von Leroy war. Nach Feierabend handelst du wohl mit Napalm? war auch zu bissig, und: Stimmt es, daß den Niggern das Geld in den Händen schmilzt? wäre zu vertraulich. Cypress sagte also nur: „Wie interessant."

Als das Essen kam, warf Cypress Leroy einen hilfesuchenden Blick zu. Gebratene Ente mit schwarzen Kirschen und Brandy, wildem Reis, grünen Bohnen mit Mandeln. Leroy hatte pochierten Lachs mit garnierten Kartoffeln gewählt, Mahlon und Towbin teilten sich einen Lammrücken, innen rosig. Gott sei Dank, seufzte Cypress bei sich, jetzt konnte Leroy das Gespräch in Gang halten. Cypress wollte sich nicht mehr allein Mahlon widmen; sie wollte diese Ente und mehr Kirschsauce.

Anscheinend waren Leroy, Mahlon und Towbin zusammen auf eine progressive Internatsschule in New England gegangen; Mahlon und Towbin hatten Stipendien, Leroy einen reichen Vater gehabt. Mahlon blickte manchmal immer noch mit einer Art heiliger Scheu auf Leroy, einer Scheu, die folgendes besagte: Wie kann es das nur geben, jemand wie ihn in den USA. Nach dem Tod seiner Eltern (ein Racheakt der Mafia, wie die Leute sich erzählten; höhere Gewalt nach dem Dafürhalten der Versicherungen) war Leroy Alleinerbe; außer ihm gab es keine Hinterbliebenen. Als die beiden andern Cypress ihre Vergangenheit erzählten, sagte Leroy kaum ein Wort. Mahlon war entschlossen, Cypress' Verständnis zu erringen.

„Leroy hatte also mit achtzehn Jahren die Verfügungsgewalt über sein Vermögen im Staat Missouri. Towbin riet ihm, das Geld von der Versicherung und dem Hausverkauf zu investieren. Er war unser erster Kunde, und wir haben ihn all diese Jahre betreut."

Oho, dachte Cypress, die kleinen Finanzgenies. Kein Wunder, daß Leroy nie seine Familie erwähnt. Er hat überhaupt keine. Sie warf Leroy einen Blick zu. Nun hatte er zwar erklärt, woher das Geld kam, von dem sie lebten, aber sonst auch nichts, kein Wort über diese Schule, seine Eltern, seine Einsamkeit und Empörung nach einem solchen Schock.

Dr. McCullough und seine Frau Eleanora waren verkohlt in ihrem Wagen aufgefunden worden; das Unglück passierte, als sie von ihrem Familiengut südlich von Independence nach St. Louis zurückfuhren. Nach der offiziellen Version versagten die Bremsen. Leroy zuckte unmerklich zusammen, als Towbin die Details erzählte.

„Wir denken, daß organisierte Verbrecher dahintersteckten, denn Dr. McCullough hatte eine erfolgreiche Kampagne gegen die Spielhöllen und Lasterhöhlen in St. Louis gestartet."

Leroy wartete darauf, daß Towbin weiterredete. Die beiden Freunde starrten einander an; Towbin senkte als erster den Blick.

„Warum erzählst du Cypress nicht auch noch den Rest", fragte Leroy.

„Fängst du wieder damit an, Leroy? Das waren einfach nur Verleumdungen, Mann, nichts weiter, vergiß es."

„Nein, Cypress, mein Vater soll nicht nur die Rechte anständiger Bürger verteidigt, sondern nebenbei eine Affäre mit einer Weißen gehabt haben, und zwar mit der Schwester eines Mafioso." Leroy nahm einen Schluck Cognac und starrte abwesend in die Runde. Towbin wurde ungeduldig.

„Hör zu, Leroy. Das waren Gerüchte. Es ist wohl klar, daß sie einen Nigger nicht einfach abkratzen lassen konnten, ohne auch noch seinen Ruf zu ruinieren. Wieder so ein Schwachkopf, der wegen einer Weißen sein Leben läßt – das sollten wir ihnen abnehmen; aber ich kannte deine Eltern, Leroy, und du weißt so gut wie ich, daß es so nicht war."

„Verstehst du, Cypress, nach Meinung der Schultherapeuten – oder *eines* Schultherapeuten – waren die Abenteuer meines Vaters schuld am Tod meiner Mutter, was aus mir eine reiche Waise machte. Ödipaler geht's wohl kaum!"

Cypress wußte nicht, wem sie glauben sollte. Solange sie ihn kannte, hatte Leroy nie irgendwelchen Groll gegenüber jemandem gezeigt, während er jetzt beinahe verbittert klang. Mahlon wandte sich Cypress zu.

„Es tut mir leid, daß das hier passiert, aber jedesmal wenn Leroy uns trifft, untersucht er in Gedanken noch einmal den Tod seiner Eltern. Wir waren zusammen, als die Nachricht kam. Leroy ist überzeugt, daß ihn sein Vater nach Mountain Trust geschickt hat, weil es dort sicherer für ihn war. Und manchmal denkt er auch, sein Vater hätte geahnt, in welcher Gefahr sie schwebten, und hätte ihn deshalb ins Internat gesteckt. Aber im Grunde weiß er, daß das Unsinn ist."

Towbin schilderte kurz ihre Gruppe, die achtundzwanzig Schwarzen unter den Schülern. Das Experiment internationalen Zusammenlebens hatten sie sich selbst genannt. Achtundzwanzig von neunhundert. Und es wurde von ihnen erwartet, daß sie sich wie im Paradies fühlten – durften sie doch mit all den Kindern aus den besten Familien New Englands herumtollen. Mountain Trust war nach ihnen nicht mehr das, was es einmal gewesen war. Ihnen, den andern. Die ihre Krawatten unter den Rollkragenpullovern trugen, damit die Mentoren ihre Haut berühren mußten. Die in Tennisschuhen zur Kirche gingen. Die bei Veranstaltungen Einladungen an öffentliche Schulen schicken wollten, damit sie endlich mal ihresgleichen trafen – Schwarze, die ihr ganzes Leben lang schwarz gewesen waren und nicht darüber zu reden brauchten, „wie es sich anfühlt". Mahlon, Leroy und Towbin, die immer ihren Tisch für sich im Speisesaal hüteten, damit sich keine weißen Jungen oder Mädchen barmherzigerweise zu ihnen setzten, die ihren kulturellen Horizont erweitern wollten. Schwarze Kinder in einer sozialistischen Traumwelt, die 4000 Dollar und mehr im Jahr kostete. Und sie protestierten lauthals, als sie erfuhren, daß sie auf den Kartoffeläckern arbeiten und sich um die Tiere kümmern sollten, obwohl sie alle, außer Leroy und ein paar Afrikanern, ein Stipendium hatten. Warum, zum Teufel, sollten sie Kühe melken oder Scheunen streichen! Towbin erinnerte sich daran, daß er gesagt hatte: „Scheiße, ihr Arschlöcher, ich geh in die Stadt und hol euch eure verdammte Milch." Das war, bevor sie der Verführung der Einsamkeit erlagen, einer Einsamkeit, die ihnen das Recht gab, mit dem Land zu kämpfen. Ihre Bedenken, daß sie sich doch nie an dem Ort ihrer Wahl niederlassen durften, wurden mit dem hereinbrechenden Winter zerstreut – bis dann eines Tages dieses Telegramm mit der Todesnachricht kam.

„Towbin", rief Leroy, „tuschle nicht mit Cypress."

„Wir tuscheln überhaupt nicht, Mann, ich habe ihr nur ein paar Hintergrundsinformationen gegeben."

„Bestimmt über meinen Hintergrund. Ich komme aus einer Familie, die eine lange Reihe von Bürgerrechtlern, Akademikern, Predigern aufweist, seltsamerweise schafften sie es immer, zu Hause umgebracht zu werden, nie im Kampf für ihr Vaterland ..."

Towbin war am Ende seiner Geduld und bot seine ganze Autorität auf, um Leroys zynisches Theater zu beenden. Cypress hätte Leroy am liebsten an sich gedrückt und die häßlichen Falten, die seine Stirn durchzogen, weggestreichelt. Er blickte sie an, als könnte auch sie ihn verlassen, genau wie einst seine Eltern – ohne ein Wort, mitten in der Nacht. Sie lächelte und ließ ihn wissen, daß er immer noch der vollkommenste Mann mit der perversesten Phantasie war: der Mann, den sie liebte.

Leroy und Towbin gingen zu aktuelleren Themen über und nahmen sich verschiedene Cognacs vor: Courvoisier, Hennessy, V.S.O.P., Remy Martin. Towbin hatte nach Mountain Trust in Harvard studiert und schließlich in Yale sein juristisches Examen gemacht. Wie auch Mahlon wurde er allmählich zu Leroys Familie. Und wie jede Familie hatten sie ihre Schwierigkeiten. Cypress war inzwischen erleichtert, mit Mahlon reden zu können. Sie war die einzige Person, die durch Leroy McCulloughs Geschichte nicht aus der Fassung gebracht worden war. Die Enthüllungen des Abends hatten Mahlon sanfter, weniger streng als zu Anfang werden lassen. Cypress wollte ihr erzählen, daß ihr Vater, so seltsam sich das auch anhörte, bei einem Feuer auf See umgekommen war. Und sie dachte, Leroy hätte ihre Worte von einst hören sollen – daß Verlust kein Verbrechen sei und der Tod keine Rache.

Jedesmal wenn ihr Vater in See stach, warteten sie, ihre Schwestern und ihre Mama auf seine Rückkehr und hofften, daß er so zurückkommen würde, wie er fortgegangen war: mit all seinen Gliedern, seiner lebhaften Art und Weise zu reden, diesem Lachen, wenn er alle drei auf der Treppe sitzen sah, über das Geländer nach Daddy spähend. Einmal kam er jedoch nicht mehr zurück. Plötzlich gab es keinen Daddy mehr, sondern nur noch die Erinnerung an Daddy, das, was man von ihm in seinem Innern rekonstruieren konnte. Darum machte es Cypress auch nichts aus, die ganze Zeit unterwegs zu sein und ohne ein eigenes Zuhause auszukommen, wenn es nötig war, und darum sammelte sie auch gern Souvenirs und Nippes aus der ganzen Welt – ihr Vater hätte das auch getan. Vielleicht tanzte sie auch nur, weil ihr Vater nie stillsitzen konnte.

Mahlon mochte Cypress. Selbst wenn sie nichts sagte, drückte ihr Körper doch alles aus. So also war eine Tänzerin. Jemand, der mit seinem Körper die Welt interpretierte. Mahlon fühlte, wie sich ihr Mund um die Zähne herum zusammenzog. Wo sie arbeitete, gab es wahrscheinlich keinen einzigen, der irgendeiner körperlichen Tätigkeit nachging, außer der Verdauungstätigkeit. Wenn sie etwas Buntes trug, starrten die Büroangestellten sie den ganzen Tag an. In der Bibliothek der Columbia University hielt man sie immer für die Reinmachefrau. Im Bryn Mawr College fragte man sie nach der Wäsche. Und heute nachmittag hatte ihre Sekretärin endlos darüber geredet, wie tragisch doch die Rückständigkeit der Schwarzen für jemanden mit ihrer Ausbildung sein müsse. Mahlon hätte die Gans am liebsten nach Chicago befördert und gegen zwei Uhr morgens irgendwo in der South Side ausgesetzt – aber Towbin hatte schon andere Pläne für den Rest der Nacht.

„Wenn wir uns beeilen, kriegen wir noch die letzte Band im Vanguard mit. Ich glaube, Betty Carter ist dort."

„Nein, nicht noch das, Mann, Cypress und ich gehen nach Hause; Künstler haben keine freien Tage, weißt du."

Leroy hatte sein altes, sanftes Ich wiedergefunden und kniff Cypress unter dem Tisch ins Bein. Cypress, die sich gerade mit Mahlon über Schwarze in Prep Schools unterhielt, drehte sich um und griff nach seinen Händen.

„Du hättest mir das alles mal erzählen können."

Plötzlich wieder ernst geworden, fragte Leroy: „So? Und was genau hätte ich dir erzählen sollen, Cypress? Wann bist du das letztemal einem reichen schwarzen Jungen begegnet?"

„Wieso, letzten Monat hatte ich einen Taxifahrer aus Nigeria, der Öl und einen Adelstitel erben sollte!"

„Nein, im Ernst, Cypress. Was denkst du, würde passieren, wenn alle Bescheid wüßten?"

„Wieso, gar nichts. Eine Menge Leute mögen dich."

Towbin und Mahlon verabschiedeten sich; Umarmungen und Küsse, Versprechungen, in Verbindung zu bleiben, unterbrachen Leroys Gedanken. Er mußte Cypress irgendwie klarmachen, daß er sich als ganzer Mann beweisen mußte – wie sein Vater einer gewesen war. Er arbeitete so hart, weil er wußte, daß die Weißen dafür gesorgt hatten, daß sein Vater und seine Mutter von der Bildfläche verschwanden. Er wollte kein Mitleid und auch kein Blut, nicht das lebender Körper. Nicht das

Blut, das die Weißen meinen, wenn sie einen blöden Schwarzen umlegen, weil kein anderes Wild vorhanden ist. Nicht das Blut, das man unterdrücken und hungern lassen konnte. Leroy hatte es auf das Blut der ganzen Kultur abgesehen, auf die Lieder, die die Leute sangen, die Art, wie sie sich bewegten, die Dinge, die sie anschauten, den Rhythmus ihrer Sprache; das war das Blut, auf das es Leroy ankam. Amerika sollte schwärzer werden.

Jetzt, wo sie allein waren, konnte ihm Cypress ungehindert Küsse zuwerfen. „Ich dachte, wir müßten früh nach Hause?"

Leroy ließ seine Zunge in den Mundwinkel gleiten, kaum sichtbar, aber doch sichtbar für Cypress.

„Noch ein Glas Champagner, bevor wir gehen?" flüsterte sie.

Leroy zeigte auf ihre Muschi. „Nein, ich denke, dort gibt's genügend Champagner."

Cypress täuschte Entrüstung vor. „Aber mein Herr, wie unamerikanisch!"

Leroy beugte sich über den Tisch und schaute ihr in die Augen. „Ich bin auch ein sehr unamerikanischer Amerikaner."

Cypress!

Ich kann Dir beim besten Willen nicht sagen, warum Daddy zur See ging. Einmal, das ist klar, gab es für einen gelernten schwarzen Zimmermann nicht viel Arbeit in Charleston; aber ich nehme an, er hat sich auf dem Festland sowieso nie zu Hause gefühlt. Die Geechees von den Inseln mögen es nicht, wenn man sie wie Fremde behandelt und sich über sie lustig macht, weil sie anders sprechen.

Sie waren übrigens nicht die einzigen, die aus Afrika hierhertransportiert wurden, aber die Leute auf dem Festland würden das nun einmal gerne glauben. Und früher hatten es die Schwarzen mit einer dunkleren Hautfarbe besonders schwer. Ich nehme an, er ging zur See, um all dem aus dem Weg zu gehen. Aber laß die Toten ruhen, Mädchen. Er ist heimgegangen und hat seinen Frieden gefunden. Das sollte Dir reichen.

So was wie die Geschichten, die Dir Dein Daddy erzählte, hatten Deine kleinen Freundinnen noch nie gehört, und er liebte Euch Mädchen von ganzem Herzen. Mehr kann ich nicht sagen, denn als seine Frau kannte ich ihn auf andere Weise, intimer.

Alles Liebe,
Mama

PS: Hier ist ein altes Foto von Deinem Vater, das ich immer gut gehütet habe, aber jetzt behalt Du es. Vielleicht wird er Dir verständlicher, wenn Du sein Foto ansehen kannst. Er sieht gut aus in diesem Anzug, findest Du nicht auch?

Leroy war nun schon beinahe zwei Monate mit seiner Band unterwegs. Zuerst hatten sie nur vor, zu den Sommer-Jazzfestivals in Europa zu fahren – Groningen, Moers, Antibes, Berlin, Nizza – und ein paar Tage nach Paris. Es wurde jedoch ein ganzer Sommer daraus, ein Sommer in TEE-Zügen – immer vor Falschgeld auf der Hut, holländische und norwegische Imitatoren von Mingus, Leadbelly, Lester Young im Ohr, mit einer japanischen Band zusammen als Cecil Taylor Unit auftretend. Wohin sie kamen, zwei Dinge gab es immer: Drogen und Muschis, beides von zweifelhafter Qualität. Leroy war sicher, daß eines Tages überhaupt keine Schwarzen aus den Staaten mehr zu den Festivals „eingeladen" würden. „Wenn du dir überlegst, daß jede schwarze Gruppe zusammen mit drei oder vier europäischen Bands auftritt – wie lange, denkst du, wird es dann noch dauern, bis sie sich sagen: Wir spielen genauso gut wie diese Nigger; wir kennen ihre Tricks, wir brauchen sie nicht mehr rüberzuholen. Wir spielen unsern Jazz."

Cypress lachte, bis ihr die Tränen kamen, als Leroy die europäischen Produzenten nachmachte, die den Afroamerikanern ständig erklärten, was sie nicht zu tun brauchten. „Oh, ihr braucht doch nicht zu üben, ihr habt das doch im Blut." – „Macht euch mal keine Sorgen wegen der Unterkünfte, wir haben ein paar hübsche Zelte und Schuppen." Es war aber nicht komisch, denn es war leider immer noch so, daß ein Bericht in „Jazz Hot" und „Le Jazz" oder auch Platten französischer Herkunft Türen öffneten, die sich in den Staaten nie öffnen würden. Leroy ging also nach Europa.

Cypress wehrte sich dagegen, aber sie mußte doch zugeben, daß Leroy ihr Verhältnis zu der Stadt New York wesentlich beeinflußt hatte. Sie fand sie unerträglich ohne ihn. Seine Musik und seine Arme hatten ihr ganz neue Horizonte eröffnet – sie konnte das sehen, was sie sehen wollte, das fühlen, was sie fühlen wollte, und das sein, was ihren Träumen entsprach. Nun wurde sie erdrückt von all dem Beton und dem Lärm und den Tausenden von Leuten, die sie sonst überhaupt nie zu beachten brauchte. In den schwarzen Vierteln gab es ganze Straßenzüge ohne einen einzigen Baum. Tanzstudios, von denen aus man in die Fenster anderer Tanzstudios blickte. Unbebaute Grundstücke, die mit alten Autoreifen, Abfall, kaputten Kinderwagen, zerbrochenen Flaschen übersät waren und fürchterlich stanken. Leroy hatte sie gegen all das abgeschirmt. Ihre Umgebung wies keine natürlichen Elemente mehr auf. In Kalifornien war man noch mit dem Planeten verbunden; Erde und Wasser waren Kräfte, mit denen man kämpfen mußte. New York ohne Leroy war eine Stadt ohne Bescheidenheit, eine Stadt, die die Sonne verkümmern ließ, die Gewässer verunreinigte und die Natur auf einen Fleck zusammenpferchte, der sich Central Park nannte.

„… Leroy McCulloughs Debüt in Europa ist die größte Überraschung seit John Coltrane und Miles Davis. Angesichts der Komplexität und der Strenge seiner Kompositionen frage ich mich unwillkürlich, woher kommt er, dieser amerikanische Schwarze? …“

Guy Sorel, „Revues“

LA JAZZ MODERNE

„Leroy McCullough, Saxophonist und Komponist, machte aus dem Abend ein Ereignis mit seinen formvollendeten, jedoch sehr leidenschaftlichen Solos, die er gegen die turbulente Musik seiner Band spielte. Eine Antwort auf die Widersprüche Sun Ras, des Art Ensemble und der Cecil Taylor Unit, mit Elementen von Coleman, Young, Ayler und allen modernen Klassikern. Was bedeutet, daß McCullough einer der bemerkenswertesten schwarzen Musiker ist: ein Virtuose. Der europäische Jazz kann von seiner Anwesenheit nur profitieren. Das französische Publikum wird ihn hoffentlich zu schätzen wissen …"

Juliette Bienaimée,
„La Musique Noire"

CADENCE NOUVELLE

SUNSHIP JAZZBUNKER

Boomjeskade 11, Rotterdam
vr 10 juni – 10 uur

Leroy McCullough Quintet
& The Butch Morris Trio

FESTIVAL MOERS-DUCS

Pfingsten, im Schloßpark / 27. Mai 18.00 Uhr

Joseph Jarman & Roscoe Mitchell
Bobo Shaw & Andrew Cyrille
Leroy McCullough & Baikida Carroll
The Brecker Brothers

Grand Auditorium — lundi
Radio France — 13 juillet

FM
France Musique

JAZZ VIVANT
THE GREAT BLACK MUSIC

l' Art Ensemble de Chicago
et
le Quintette de Leroy McCullough

Durch Mahlon entdeckte sie jedoch mitten in Manhattan ganz andere Landschaften. Mahlon war Sammlerin. Sie nahm Cypress mit in die Ateliers der Künstler, zu Eröffnungen und Ausstellungen. Cypress bewegte sich zwischen den Knochen und den Sambos von Betye Saars Altären. Sie bedeckte sich mit der Gaze und den Zweigen von Gina Hamiltons Landschaftsentwürfen. Sie ließ sich von der Magierin, die in den Hügeln von Romare Bearden umging, einweisen; sie brach Schränke in Hütten auf, in denen längst verblichene Geistergesichter für sie die Nächte Carolinas heraufbeschworen. Cypress zog sich aus den Schatten der Wolkenkratzer zurück, die das Licht für die Reichen einfingen; sie ignorierte die Geräusche der Stadt im Schatten: Leute, die aufeinanderstießen und handgreiflich wurden, weil sie nichts sehen konnten. Sie tanzte zu McArthur Binions „Drawn Symphony" – hartnäckig behauptend, sie brauche die Noten nicht zu lesen, war sie einfach hineingestiegen, über den scharfen Kanten der Kreidestifte, die aus Aluminiumflächen hervorbrachen, hatte sie sich häuslich eingerichtet und Celia Cruz in den abgelegensten Gegenden von Mississippi gehört, wie farbige Jungen, denen man Stifte verweigerte, mit Stöckchen auf Pappe Zeichen ritzten, ihre nachvollziehbaren Visionen. Wenn Cypress auf die Straße ging, zog sie Mel Edwards' „Fünf Abbilder schwarzer Gesichter" an, um die Farben ihrer Vorfahren in das Viertel der Bekleidungsindustrie zu tragen – endlich waren dort einmal nicht nur Arbeitsschuhe und schwielige Hände zu sehen, die rollende Kleiderständer mit der neuesten Mode vor sich herstießen. In alle Träume, die sie finden konnte, versetzte sie sich hinein: von David Hammons' Körperabdrücken, die bewirkten, daß sie zitternd, blutend, von ihren Schatten gegen Wände gedrückt, ihrem um Zweige geschlungenen Haar folgend, den Tod im Nacken spürte – bis zu Barbara Chase-Ribouds Landschaften aus Bronze und Wolle, die ihr Klippen und Spalten, stille Teiche aus Flechten und Pfade zum andern Ufer anboten.

Cypress dachte über die Leichtigkeit nach, mit der Leroy sich in der Welt bewegte. Er steckte nicht drin, nicht wie Towbin oder Mahlon, die in ihr arbeiteten, und auch nicht wie Idrina, die Veränderungen erzwang. Leroys Wirklichkeit war abgesteckt durch die Erinnerung an seinen Vater, an die Flammen außerhalb von Independence. Sein Horizont schloß jede Sicht auf den gegenwärtigen Tag aus, in seinem Weltbild gab es keine Weißen. Sie lebten im Exil, sie und Leroy. Sie brauchten nicht nach Paris zu gehen, das wäre keine Lösung. Wozu sich in Frankreich anspucken lassen? Und was hätten sie in Rio zu suchen, wo die Schwarzen als Mythos gegenwärtig sind? Nein, die Grenzen, die Leroy erkundete, waren die Töne, die er hörte und in Musik verwandelte; für Cypress bestand die Neue Welt aus Kunst. Ihre Weise zu tanzen paßte sich dem neuen Land an, wie es ihre Vorfahren getan hatten. Sie choreographierte für die Wildnis und die Metropolen von Künstlern wie Saars, Binions, Edwards, die ihr den Raum ließen, den sie brauchte; Raum, ein natürliches Element.

Während Cypress von der U-Bahn-Station an der 50. Straße die Siebente Avenue entlang in die Richtung der verschiedenen Tanzstudios ging, deren Klientel vor allem aus Cabaret-Mädchen, Revuegirls und Neulingen bestand – fragwürdiger Nachwuchs für Statistenrollen am Broadway, für Musicals in der Provinz und die Folies Bergères in Las Vegas –, schottete sie sich gegen die Schlepper der Sex Shows, der 24-Stunden-Oben-ohne-Lokale und gegen anpreisende Rufe wie „Boys, boys, boys ... we got boys“ ab, indem sie sich in die Vision von einem Tanz versenkte, der in einem Bühnenbild von Allen und Dotty Fannin stattfinden sollte.

Cypress sah drei Frauen in geblümten Schürzen vor sich, die sich anschickten, die Bewegungen einer Hausfrau auszuführen: Schrubben, Aufhängen, Glattstreichen. Dann würde das Chicago Art Ensemble „Chicongo“ zu spielen beginnen. Die Frauen würden jedoch dem mitreißenden Rhythmus widerstehen und nur noch hartnäckiger schrubben, aufhängen, glattstreichen, bis dann eine von ihnen eine andere Persönlichkeit annähme, die der Dame des Hauses – aber eines schwarzen Hauses. Cypress genoß es, die Phantasien dieser Frau zu erfinden, ihr Bestreben, die andern schuften zu lassen, während sie selbst die Posen eines Hollywood-Stars annahm. Marlene Dietrich in „Shanghai Express“, Billy Burke in „Ziegfeld Follies“. Die Dame des Hauses wäre jedoch immer wieder eine andere, so daß alle drei

Tänzerinnen einander bei ihrer Hausarbeit unterbrechen würden, jede grotesker, bizarrer als die andern. Und bei den letzten Takten der Musik wären die Frauen wieder beim Schrubben, Aufhängen, Glattstreichen und würden versuchen, mit der unerbittlichen Frivolität reicher Müßiggängerinnen Schluß zu machen; Alpträume in Spiegeln und Kaleidoskopen, spröde, eitel, unnütz. Eine nach der andern würde aus der ungesponnenen Kunstseide heraustreten, ihre Schürze fallen lassen und sie selbst werden.

Abgesehen von den Arbeiten im Haushalt würde der Tanz auf klassischen Frauendarstellungen basieren – von „Giselle" bis „Appalachian Spring"; Lena Horne in „Stormy Weather", Eartha Kitt als Eartha Kitt sowie Scarlett O'Hara, die Cypress als Bürgerin von Charleston einfach nicht auslassen konnte. Die Göttinnen der Weiblichkeit hatten zu viele Generationen geblendet und zu der Überzeugung kommen lassen, daß Lug und Trug und Abhängigkeit die Freuden eines Frauenlebens ausmachten.

„Hallo, Schatz." Cypress beschleunigte ihre Schritte. Vielleicht sollte sie für einen Massagesalon rekrutiert werden. Sie mischte sich unter die Menge, lief quer über die Straße – aber dieses „Hallo, Schatz" hatte sich ihr an die Fersen geheftet. An der Ampel mußte sie einen der Laster der Elektrizitätswerke, der links abbog, vorbeilassen. Jemand packte sie an der Schulter. Cypress drehte sich um, fest entschlossen, ihren Verfolger, wer immer es auch war, auf das Pflaster, unter das Pflaster, von dem Planeten zu befördern; es war jedoch Ariel Moroe von The Kushites Returned, der aussah, als hätte er eine Saison in der Hölle verbracht.

Mehrere seiner Vorderzähne fehlten. Um die Augen herum, auf Hals und Oberkörper waren wulstige Narben, die von Messerstichen stammten. Er hatte zwanzig Pfund abgenommen, und seine Knochen zeichneten sich überall ab, selbst unter seiner hautengen Lederhose mit den Reißverschlüssen am Bein. Er sah aus wie ein alt gewordener, an Magersucht leidender Elf. Cypress war fassungslos. Ariel, der so vital, so hinreißend gewesen war in seinen Capes und seinem Federschmuck. Ohne Rücksicht auf seine fehlenden Zähne sagte er: „Hallo, Cypress, wir haben uns seit einer Ewigkeit nicht mehr gesehen. Wo hast du denn gesteckt, Mädchen?"

Doch Cypress wollte nur wissen, was passiert war. „Ariel, was hast du bloß gemacht?"

Er ging jedoch nicht darauf ein, sondern zündete sich eine Sherman an.

„Wir gehen nächste Woche nach San Francisco zurück. Wir hätten dich gerne wieder. New York hat zugeschlagen, was meine Solisten betrifft."

Cypress dachte: Nicht nur, was deine Solisten betrifft, mein Freund. Doch Ariel sprudelte Pläne für die Zukunft hervor, erzählte von den tollen Dingen, die er sich vorgenommen hatte, wenn sie erst einmal wieder in San Francisco wären. Cypress platzte schließlich heraus: „Ariel, kannst du denn noch tanzen? Ich meine, bist du körperlich in der Lage dazu?"

„Ach das." Ariel betastete mit seiner freien Hand die Narben in seinem Gesicht. „Ja, ja, es ist zwar nicht wie früher, aber auch nicht so schlimm, wie es aussieht, mein Engel."

Cypress hätte ihn am liebsten geohrfeigt, aber sie konnte einfach nicht die Hand erheben gegen eine so zerbrechliche Person wie Ariel es in diesem Augenblick war.

„Wie ist das denn passiert, Ariel? Mein Gott, du siehst schrecklich aus."

„Ich habe einen Fehler gemacht, weiter nichts. Den Falschen erwischt, verstehst du. Und ich dachte, er wäre einfach ein süßer Junge, aber schau dir das an ..."

Ariel krempelte den Ärmel seines geblümten Hemds hoch. Ein Stück Fleisch fehlte; zurückgeblieben war eine Kuhle, die noch die Spur von Zähnen erkennen ließ. Auch hier überall Narben. Cypress wurde es richtig übel.

„Der reinste Wolf, nicht wahr?" ließ sich Ariel vernehmen.

Cypress erinnerte sich an all die Nächte, die sie mit Ariel und seinen Begleitern in 1-Dollar-pro-Drink-Discos und After-hour-Bars verbracht hatte. An die schnellen Verabredungen mit Jungen, die noch die reinsten Kinder waren, aber irgendwie mit allen Wassern gewaschen. Sie hatte gesehen, wie Ariel sich um diese dummen, aufgeputzten kleinen Stricher bemühte, sie umschmeichelte, während sie sein Geld ausgaben und sein Koks schnupften. Sie hatten ihm ins Gesicht gelacht.

„Halt die Klappe, Alter ..." – „Blas mir einen, Alter ..." – „Nein, Schatz, schenk mir das Hemd."

Cypress hätte am liebsten laut geschrien. Sie hatten kein Recht dazu. Auch wenn Ariel ein Narr war und dachte, er könne sich alles kaufen, ohne die Gemeinheiten, die üblen Begleiterscheinungen ertragen zu müssen, so war er doch ein begabter Tänzer. Er hatte ihr beigebracht, wie sie sich auf der Bühne bewegen mußte, wie sie ihren Körper zum Sprechen bringen konnte. Und nun war er kaum noch in der Lage, einen Schritt zu tun, der nicht die Grausamkeit seiner Umgebung verriet.

Cypress verabschiedete sich von Ariel an der Ecke, an der er sie eingeholt hatte. Ihre Unterhaltung wurde unterbrochen, als einer von diesen jungen Rowdies auftauchte, in Kleidern, die sie schon an Ariel gesehen hatte; er klopfte Ariel auf den Hintern und warf ihr einen Blick zu, der besagte: Nun, du Schnalle, hast du nichts zu tun? Cypress ging sofort. Über die Rückkehr der Kushites brauchte sie sich keine Gedanken mehr zu machen. Die Kushites waren am Boden zerstört.

14.30 Jazztanz, Studio A. Cypress strampelte sich wütend warm. Sie konnte jedoch nicht verhindern, daß sie immer wieder an Ariel dachte, an die Prügel, die er abbekommen hatte, an seine Wunden, an den Ruhm, den seine Truppe einst geerntet hatte. Sie brachte ihren

Kopf zu den Knien, steckte ihn zwischen ihre Beine. Strecken. Entspannen. Und noch einmal Strecken. Entspannen. Zehen – Ballen – Absatz, Zehen – Ballen – Absatz. Spitze. Spitze. Auf den Boden, meine Damen. Auf den Boden. Und los. Und eins und zwei und gut so. Im Takt bitte.

Cypress arbeitete wie eine Besessene und bemerkte erst, als sie auf die andere Seite hinüberwechseln mußte, daß Idrina unterrichtete. Idrina rief sie heiter auf.

„Cypress, zeig uns, was du kannst! Grand fouet und so viele Drehungen, wie du zustande bringst."

Idrina führte die Übung vor. Cypress folgte, triumphierend. Sie bog ihren Rücken durch, bis sie den Boden berührte, öffnete ihren Oberkörper, reckte die Arme dem Fenster entgegen, den Kopf an den Fersen, das Bein zu dem entferntesten Punkt gestreckt. Dieses Einatmen, dieses Dehnen ihres Körpers in alle Richtungen – dieser Augenblick war Ariel zu seinen Glanzzeiten gewidmet. Der Impuls, sich zu drehen, ihren Schatten zu erhaschen, während sie sich noch vorbereitete – all das war so exakt ausgeführt, daß Idrina, beeindruckt von ihrer Gewandtheit, zurücktrat. Cypress hatte ihre Lektion so gut gelernt, daß Idrina ihr nichts mehr beibringen konnte.

Cypress tanzte, als gäbe es kein Morgen. Sie konnte die Beine gar nicht hoch genug bringen, und die entretrois konnten nicht schnell und geschmeidig genug sein. Warum kam Leroy auch nicht nach Hause, damit sie nicht mehr in Ambientes und Bildern leben mußte? Wieso mußte sie jemanden wie Ariel kennen? Oder auch wie Idrina, die offensichtlich nicht mehr loskam von diesem rothaarigen Knirps, der zu lange Ballett studiert hatte.

Einem emotionalen Kurzschluß nahe, zwängte Cypress ihren Körper in ihre Straßenkleidung. Die Hosen rutschten einfach nicht über die Hüften; sie schwitzte immer noch. Die Bluse klebte ihr am Rücken, als wäre ihr jemand auf den Fersen. Ein Tag, der zu viele alte Bekannte mit sich gebracht hatte; Menschen, die sie weggepackt hatte, damit sie in irgendeiner Ecke, wo niemand sie finden konnte, ihr Leben aushauchten, aber irgendwie tauchten sie doch wieder auf. In voller Größe, wohlbekannt und alt. Cypress fragte sich, ob Erinnerungen einem vielleicht einen andern Geruch verliehen oder bewirkten, daß man nicht mehr wußte, was man tat. Sie atmete tief ein, während sie bis zehn zählte, und atmete dann wieder aus. In dieser meditativen Verfassung überfielen sie Visionen von Mel Edwards' „Vorhang für William und Peter". Sie hüllte sich in den zarten Stacheldraht ein, wand sich die Ketten um die Arme. Sie wurde zu einer Landschaft aus umsponnenen Drahtschlingen, eine Warnung an all die alten, toten, totgeschlagenen Kreaturen, ihr nicht über den Weg zu laufen. Aber manche Dinge lassen sich nicht durch Stacheldraht und Gewaltandrohungen einschüchtern.

Idrina stand auf der andern Seite der Achten Avenue und aß hot dogs mit Sauerkraut. Sie hatte ein paar heimliche Laster – Würstchen und Limo auf der Straße zum Beispiel. So war das Leben manchmal in New York. Es war so viel vergnüglicher, Cypress zu beobachten, wie sie ihre Sandburgen und Befestigungen baute, direkte Verbindungen zu ihrer Seele an der Ecke der 49. Straße.

Rasch, aber nicht ohne es zu genießen, pirschte Idrina sich von hinten an Cypress heran – wie sie es immer getan hatte, ohne sich zu erkennen zu geben. Nur dieses aufreizende Kitzeln im Nacken. Das Lächeln, das alles mögliche versprach, wann immer Cypress es wollte.

„Hallo, Cypress. Erzähl niemandem, daß du mich an einem Würstchenstand gesehen hast, ich bitte dich. Es würde meinen Ruf ruinieren."

Idrina umarmte Cypress, die ihren Stacheldraht wieder abbaute, mitten in der Stadt.

„Oh, Idrina, ich bin wirklich froh, dich zu sehen. Ich hätte das selbst nicht gedacht, aber ich habe eben Ariel getroffen. Es ist einfach fürchterlich, was er mit sich angestellt hat."

Cypress klammerte sich an Idrina fest. Idrina streichelte ihre Haare, streichelte dieses ungebärdige Kind, das ihnen alles vermasselt hatte. „Komm schon, Cypress. Ich nehm dich mit nach Hause. Was hast du auch hier verloren.“

Cypress leistete keinen Widerstand. Sie wußte, daß Idrina ihr nicht weh tun würde, nicht mehr. Dieses Mal ging sie zu Idrina, um sich zu beruhigen und trösten zu lassen – sie hatte zu viele zu sehr geliebt, Leute, die sich aus nichts mehr etwas machten. Einiges erwartete sie in dieser Nacht, Vergangenes, hinter Festungen verborgen, in denen die Dämonen Götter spielen und das Gedächtnis unsern Sinn für die Wirklichkeit bestimmt. Während sie schlief, tauchte Cypress in diese ihre andern Welten ein, in denen Narben, Pilze und das Entsetzen wild wucherten.

Cypress’ Traum

Es war ganz offensichtlich England nach einem Atomkrieg. Cypress rechnete sich aus, es müsse das Jahr 2014 sein, wenn nicht später. Nichts in ihrer Umgebung kam ihr bekannt vor; das Grau war unerbittlich, monoton, nur unterbrochen durch vorbeihuschende Frauen in leuchtenden Tuniken. Manche hatten Papiere in den Händen wie die Sekretärinnen an der Börse, andere irgendwelche kantigen Gebilde, die Cypress für Waffen hielt. Sie war allein an diesem Ort, sie „gehörte“ einfach nicht hierher wie die übrigen, auf welche Zivilisation sie da auch gestoßen war. Immer wenn die Frauen mit den Waffen in ihre Nähe kamen, verspürte sie das Bedürfnis, ihren Rock unter die Beine zu schieben – oder ihn wegzuwerfen, ganz weit weg. Irgend etwas stimmte nicht mit ihrem Aussehen, ihrer Einstellung, wenn sie auch nicht genau wußte, was oder inwiefern. Sie versteckte sich in dem Schatten entlang der Tunnel – eines Tunnels nach dem andern, stromlinienförmig und endlos –

und beobachtete die weißen, braunen und goldenen Frauen dieser Welt.

Jemand entdeckte sie. Eine andere Frau in einer roten Tunika brachte sie zu einer offiziellen Stelle in dieser grauen Welt, wo sie als Überlebende vorgestellt wurde. Die Führerin, die Königin, das strahlende Oberhaupt dieser Gesellschaft war eine hochgewachsene, rothaarige Frau, die Cypress willkommen hieß und ihr immer wieder versicherte, daß sie nun in Sicherheit sei. Cypress fragte, wovor, denn sie dachte, daß der Krieg vielleicht noch weitergehe, was jedoch nur bedingt der Fall war. Nachdem die Bomben den Planeten verwüstet hatten, waren Männer und Frauen irgendwie getrennte Wege gegangen. Natürlich, dachte Cypress, natürlich. In einem Krieg bleiben die Frauen zurück, während die Männer kämpfen und töten. Und ist dann schließlich alles zerstört, sind es die Frauen, die mit der Unfruchtbarkeit der Böden, der bleiernen Schwere der Himmel kämpfen müssen. Inzwischen bedeutete jeder Atemzug den Tod. Die auf dem Planeten übriggebliebenen Frauen hatten sich jedenfalls in diesem unterirdischen Unterschlupf in der Nähe Englands gesammelt; schon seit vielen Jahren, wie sie sagten. Die Männer lebten irgendwo auf der westlichen Hemisphäre, nur darauf bedacht, wieder in den Besitz ihrer alten Rechte zu kommen, der Rechte, zu plündern und zu zerstören. Bis jetzt hatte die Kolonie der Frauen alle Angriffe erfolgreich abgewehrt; Gewalt, sagten sie, diene ihnen nur zur Selbstverteidigung.

Cypress wurde in die neue Welt eingeführt, jedoch nicht als die Person, die sie war. Alle Spuren einer von Männern beherrschten Kultur mußten aus ihrer Seele „herausgefiltert" werden. Die wahre Matriarchin in ihr, die Macht und Stärke verkörperte, mußte entwickelt werden. Der Bevölkerung fehlte es an nichts: Nahrungsmittel, Kleidung, Unterkunft oder auch Kunst, alles war da. Die Frauen sorgten dafür wie schon in der alten Welt. Hier gab es jedoch keine Patriarchen, die Befehle erteilten und Forderungen stellten. Hier gab es nur Mütter und Töchter. Die „Mütter“ standen an der Spitze der Hierarchie; es gab keine größere Ehre als den Titel der „Mutter“, der jedoch nichts mit Mutterschaft zu tun hatte. Frauen, die keine Kinder hatten, gehörten einer höheren Kaste an als die „Gebärerinnen“, wie sie genannt wurden. Die „Gebärerinnen“ waren auf öffentlichen Versammlungen nie zu sehen, sie durften auch keine leuchtenden Farben tragen, da sie ja auch Söhne zur Welt bringen konnten.

Die „Töchter“ arbeiteten in den Kinderkrippen, den Fabriken, den Büros, machten Kunst und dienten beim Militär in einem Universum, in dem Männer weder zu sehen waren noch erwähnt wurden. Ein paar junge Mädchen, die Cypress auf die Seite nahmen und über jene andere Welt ausfragten, in der es Männer gegeben hatte, wurden sofort zurechtgewiesen; Cypress wurde von den Wachen eingeschärft, die jungen Gemüter nicht mit dem Schmutz der Vergangenheit anzustecken. Nachdem die jungen Mädchen gescholten worden waren, führte eine andere Gestalt in Gelb sie durch eine Passage, die immer enger und niedriger wurde, bis Cypress und diese Frau, Gisa, sich nur noch auf dem Bauch vorwärts bewegen konnten. Schließlich hörte Cypress Stöhnen, heftiges Atmen und Schreie, wie sie nur Frauen während der Wehen ausstoßen. Gisa sagte: „Das sind die Gebärerinnen, unsere eigentlichen Mütter.“

Cypress wollte ihr schon ins Wort fallen und erwidern: Nein, meine Mutter ist in Carolina, aber sie sagte sich, daß ihre Begleiterin sie nicht verstehen würde. Die „Gebärerinnen“ befanden sich in einem riesigen schwarzen Loch von der Größe eines Fußballstadions. Cypress dachte: Es wäre überhaupt nicht nötig, sie in einen Schoß zu stecken; wir sind der Schoß, aber solche Gedanken waren hier unangebracht.

Gisa erklärte: „Man muß schon etwas verbrochen haben, um Gebärerin zu werden: den Vorschriften zuwiderhandeln, stehlen oder sich sonstwie seltsam verhalten.“

Cypress war fassungslos: „Du meinst, Kinder zu kriegen ist eine Strafe?"

„Ja ... warum sollte denn jemand Kinder kriegen wollen."

Cypress dachte an die Fruchtbarkeitspillen, die Retortenbabies, die Ersatzmütter und was noch alles zu ihrer Zeit getan worden war, um Kinder zu kriegen. Und für Gisa war es völlig unverständlich, wie man auch nur auf den Gedanken kommen konnte.

„Weißt du, was sie noch machen?" fragte sie Cypress, die den Kopf schüttelte. „Sie bringen die meisten männlichen Babies um. Sie haben es noch nicht geschafft, schon vor der Geburt eine Auswahl zu treffen; wenn sie nicht genügend Männer von draußen einfangen, um die Bevölkerungszahl aufrechterhalten zu können, werden die männlichen Babies, die sie nicht umgebracht haben, hierbehalten und aufgezogen, damit sie Spermen produzieren. So nennt sich das doch, nicht wahr?"

„Ja."

„Und die Spermen lassen die Mütter einfrieren. Niemand braucht sie also zu berühren", versicherte sie Cypress, die sich danach sehnte, Leroy zu berühren, seinen Mund und seine Muskeln zu spüren, um sich zu beweisen, daß dieser Ort nicht existierte.

„Aber wo sind sie?"

„Eingesperrt natürlich." Gisa lächelte, sie war in Sicherheit.

„Willst du sie sehen? Wir müssen aber aufpassen, es ist nämlich streng verboten. Wenn sie uns erwischen, machen sie uns zu Gebärerinnen."

Cypress fragte sich, ob sie ihre Stellung in der Kolonie gefährden sollte, nur um einen Mann zu sehen. Sie hatte schon genügend Männer gesehen; für sie waren sie bei weitem nicht so interessant wie für Gisa. Ein Vorhang öffnete sich, und Cypress sah ihre Mutter in den Wehen; ihre eigene Mutter aus Charleston war hier in dem schwarzen Loch und brachte ein Kind zur Welt; um sie herum standen die weiblichen Wachen mit kleinen Indigos und Sassafras', Mini-Mahlons und Lallahs in den Armen.

„Oh, mein Gott." Cypress konnte ihre Stimme nur mit Mühe dämpfen. „Jesus Maria." Die meisten „Gebärerinnen" waren schwarz oder lateinamerikanisch. „Oh, mein Gott, nicht auch das noch." Cypress hielt sich, einer Ohnmacht nahe, an den Wänden fest; ihr kam alles hoch, die ganze Sklaverei und Unterdrückung.

„Das ist meine Mutter. Ich muß sie sofort hier rausholen."

Sie wiederholte diesen Satz immer wieder, während Gisa sie geduldig daran erinnerte, daß jeden Augenblick die Wachen hier auftauchen könnten, daß niemand wisse, wann. Und Cypress konnte ihr nicht erklären, daß ihr Volk das schon immer getan hatte, gezeugt und ausgetragen, bis sie zusammenbrachen, bis der Körper kapitulierte. Kinder, die geboren und nie wieder gesehen wurden, Geister, die vernichtet, verkauft und herumgeschubst wurden, bis man sie überhaupt nicht mehr als Menschen betrachtete. Gisa versuchte sie zu beruhigen und führte sie in einen schwarzen Tunnel, an dessen Ende ein breiter Graben sichtbar wurde. Hinter ihm erhob sich ein riesiges Gebäude aus Glas, das von bewaffneten Wachen mit purpurroten Helmen umgeben war. Cypress entdeckte in dem Wasser Alligatoren und Krokodile. Sie erschauerte. Und da waren sie auch schon. Die Halbwüchsigen in den unteren, die jungen Männer in den mittleren, die Alten in den oberen Geschossen. Es herrschte ein ohrenbetäubendes Getöse. Die Männer kamen zu den Glaswänden, die sie einschlossen, und spritzten ihr Sperma in die an ihrem Gefängnis entlanglaufenden Röhren.

Cypress dachte an all die Pornoshows, die sie gesehen oder von denen sie gehört hatte; an die Frauen, die vor dreihundert Männern auf einer Bühne masturbierten; an Frauen, die von Trapezen hingen, so daß jeder für den Eintrittspreis ihre Muschis lecken konnte; Frauen, die von einem Mann zum andern weitergereicht wurden, zum Analverkehr gezwungen, geschlagen und mit Messern traktiert wurden. Dieses Schauspiel fiel in dieselbe Kategorie. Obwohl niemand die Männer berührte oder bei ihren „Verrichtungen“ beobachtete, die Erniedrigung wohnte ihm genauso inne. Cypress fragte sich, ob der Junge auf der dritten Etage nicht Ariel war; er sah aus wie Ariel, und sie hätte ihn gerne herausgeholt. Dann hörte sie eine der Wachen brüllen: „Beeil dich, Alter. Wir können nicht den ganzen Tag auf dich warten.“

Cypress schaute zu den obersten Kästen hoch und erblickte ihren Vater, die Hände auf dem Rücken, sich weigernd. Cypress war wie betäubt.

„Okay, dann mal los“, sagte die Wache, und sein ganzer Käfig knisterte vor Elektrizität, er sollte durch Elektroschocks gefügig gemacht werden.

Cypress schrie: „Daddy, Daddy!“, und die Wache rannte hinter ihr her. Es war Idrina, die sich vor Lachen schüttelte, während ihr Vater immer noch in dieser tosenden roten Glut saß. Cypress wimmerte „Daddy, Daddy“ in den schwarzen, gewundenen Tunnels und Höhlen mit den lachenden Idrinas, den masturbierenden Ariels, während die ganze Kolonie, die sofort von ihrem Verrat gehört hatte, sich anschickte, die Verbrecherin zu fangen und zu bestrafen.

Cypress wachte auf – rennend, zumindest hatte sie das Gefühl, sie wäre gerannt. Ihr Körper schmerzte wie nach einem Gewaltmarsch, und das Laken war zerwühlt wie das Unterholz um eine verlassene Stadt. Sie stöhnte, sie schwitzte. Sie heulte, nahm sich selbst in die Arme. Wiegte sich und schüttelte den Kopf. Nein, das war nicht wirklich, so etwas gab es nicht; es war ein Traum gewesen, und alles war wieder in bester Ordnung. Aber wohin sie auch blickte, überall sah sie ihre Mutter in diesem Loch, ein Kind nach dem andern gebärend. Und ihren Vater in dem knisternden Käfig, die Arme auf dem Rücken … überall Leiden und Qualen … ihre Gesichter erschienen ihr zum erstenmal häßlich, und das durch einen Traum.

Gewöhnlich tröstete sie Leroy, der aus der Tiefe seines Schlafs ihren Arm umklammerte, verzweifelt bemüht, nicht zu sehen, was er sah. „Er hat sie umgebracht, hat sie umgebracht. Towbin irrt sich; er hat nichts kapiert.“ Cypress ließ ihn weiterreden. „Er hat Mama wegen dieser Schlampe umgebracht.“

Cypress hatte sich zwingen müssen, sich diese Gemeinheiten anzuhören, die Leroy seinen Eltern unterschob, diese bösen Dreierbeziehungen, dieses Gespinst aus Lügen und Sehnsüchten, in das er als Junge verstrickt gewesen war.

Ja, das Beste war für ihn gerade gut genug gewesen. Und hätte es nicht East Louis gegeben, mit dem sich jedes Kind herumschlagen mußte, wäre er ein richtiger kleiner Lord Fauntleroy gewesen. Für ihn waren es keine Gerüchte, diese Dinge, die sich die Leute über seinen Vater und diese Frau erzählten. Es war die Wahrheit. Und die Abende in Gesellschaft seiner Mutter, die vor ihrem letzten Cocktail saß, bis sie den Motor des Eldorados vor dem Haus hörte, waren für Leroy der Beweis, daß sein Vater Eleonora und ihren Geranien irgendeine italienische Schlampe vorzog, eine Frau, die seine Tochter hätte sein können.

Solche Hirngespinste lösen sich normalerweise von selbst auf, wenn aus kleinen Jungen Männer werden. Aber Leroy war ein Mann, der in seinen Träumen Stimmen hörte: „Die Weißen haben deine Eltern umgebracht, deine Angehörigen ermordet. Wegen einem Weiberarsch haben ein paar Weiße deine Mutter hochgehen lassen. Und dein Papa hing so an dir, daß er deine Mama wegen dieser weißen Schlampe sterben ließ ... da hast du's, die Nigger, nun ... nun?“ In solchen Augenblicken suchten Leroys Hände nach Cypress. Und Cypress wiegte ihn, fuhr mit ihren Fingern durch seine Rastalocken, verjagte die Alpträume, seine Tränen auf ihren Schenkeln. Cypress mußte sich zwingen, ihm zu sagen: „Vergiß es, Leroy. Es ist vorbei. Erinnere dich an die angenehmen Dinge ...“ Eigentlich wollte sie sagen: „Wir kriegen sie schon. Sie sollen dafür bezahlen. Einer muß dafür bezahlen.“

Und nun, in einer Stellung, die sie nicht im Unterricht gelernt hatte, Arme und Beine gekrümmt wie ein sterbender Tausendfüßler, legte Cypress ein Gelübde ab, die Stimmen ihrer Träume als Zeugen, das Bild ihrer festgebundenen, blutenden Mutter und ihres hilflosen Vaters in der Glaszelle vor Augen. Sie gelobte, die Ihren zu rächen. Sie schwor bei den verbrannten Gliedern ihres Vaters und dem Lächeln ihrer Mutter, die aus der Gluthitze Charlestons entführt worden war, daß sie es nie zulassen würde, von den Weißen zu einem häßlichen, hilflosen und verlorenen Wesen degradiert zu werden. Und sie schwor sich, Leroy nie wieder zu sagen, er solle sich an die angenehmen Dinge erinnern; er sollte sich an alles erinnern – das würde sie ihm sagen. Sie kam mit dem Kopf unter dem Kissen hervor und suchte auf den Wänden nach den Bildern, die sie erstarren ließen. Die Gesichter waren immer noch da, aber sie hatte keine Angst mehr. Und Idrina lachte nicht; sie lag ganz ruhig in Cypress' Armen.

Cypress ließ die Tunnel, Höhlen und Schatten der andern Welt zusammenstürzen. Sie hörte auf ihr eigenes Blut: ihre Gegenwart würde eine tödliche Bedrohung sein für all diejenigen, die ihre Vorfahren, ihre Freunde, Leroy verletzt und verstümmelt hatten. Wie diese Frauen vor ihr, die sich ihre Bündel auf die Köpfe luden und auf Felder gingen, die ihnen nicht gehörten, wie die „Gebärerinnen“ in ihrem Traum, die immer nur Kinder zur Welt bringen mußten, die sie nie aufziehen durften, klammerte sich Cypress an ihren Körper, den Körper einer Tänzerin; der Beweis ihres Mutes, ihre beste Waffe, ihre Festung: Blut, Muskeln und der Wille, die Welt zu verändern.

Meine allerliebste C.!
Hast Du das Paket mit den Kostümen bekommen, die ich schnell zusammengenäht habe? Ich hoffe, Deine neue Truppe kann sie gebrauchen. Bezahl sie aber erst, wenn Du auf eigenen Füßen stehst!

Ich kann es noch gar nicht fassen, daß Du nun zu einer großen Truppe gehörst, die im ganzen Land ihre Vorstellungen gibt ... schick mir bitte alle Zeitungsausschnitte, vor allem wenn Du in größeren Städten auftrittst, in denen wir Verwandte haben.

Du bist immer noch im Ballettkorps ... das ist ein Anfang. Gut so. Ich hopse hier herum und stelle mir Dich in all diesen niedlichen Ballettröckchen und Spitzenschuhen vor – Du weißt gar nicht, wie glücklich ich bin. Der Herr wird es Euch danken, diese Benefizveranstaltungen für schwarze Christen. Und er segne Euch dafür, daß Ihr Euch während einer ausgebuchten Saison dafür Zeit nehmt. Ich bin mächtig stolz auf Dich.

Alles Liebe,
Deine Mama

PS: Wie heißt denn diese Gruppe – ich habe Euch das amerikanische Negerballett genannt. Diese andere Gruppe, das Afroamerikanische Ballett, gefällt mir nicht ... wer hat so was schon gehört!

„Hier ist die Auslandsvermittlung. Sprechen Sie bitte."
„Vielen Dank ... Leroy, Leroy, bist du dran?"
„Huh?"
„Leroy, ich bin's, Cypress. Ich hab's geschafft. Ich hab's wirklich geschafft."
„Was denn, Baby ... Jesus Maria, wie spät ist es denn bei dir?"
„Weiß ich nicht, ich habe gefeiert."
„Was denn, mein Liebling ... ich bin noch gar nicht ganz da ... kannst du das noch einmal wiederholen."
„Verstehst du mich?"
„Ja, ja ... ich liebe dich."
„Rate, was? Ich bin in einer Truppe; ich gehe auf Tournee."
„Aber, mein Schatz, in zwei Wochen komme ich zurück."
„Ja-ah, ja-ah, du kannst mich ja irgendwo treffen ... laß mich mal überlegen ... oh, ich bin so glücklich! Also in zwei Wochen sind wir in Orangeburg, South Carolina."
„Was?"
„Ich tanze in einer Gruppe, die sich *Soil & Soul* nennt ... sie treten überall auf, um Geld zusammenzukriegen und um die Kampfmoral zu stärken ... du weißt schon, Bürgschaften, Prozeßkosten und so weiter, für die Bürgerrechtsbewegung."
„Aber Cypress, da ist doch der Teufel los, die weißen Prolos. Du mußt auf mich warten, bevor du dabei in die Luft gesprengt wirst."
„Nein, Leroy, so schlimm ist es nicht. Wir bekommen

denselben Schutz wie Rap Brown und die Black Panthers, und Ralph Featherstone ist auch dabei … verstehst du?"

„Cypress, hör gut zu. Was redest du da über Politik, das ist nicht dein Ressort, oder? Verstehst du etwas von Waffen, Cypress? Und von Weißen und von Bomben?"

„Ich weiß, daß was getan werden muß. Wir haben uns geschworen, daß es mit dieser Scheiße ein Ende haben muß, oder nicht? Haben wir nicht gesagt, daß einer dafür bezahlen müßte?"

„Ja, Liebling …"

„Oh, laß den Liebling. Du hockst irgendwo in Frankreich. Dir sollten die Ohren dröhnen, aber was hörst du – Europäer, die baß erstaunt sind, daß du Noten lesen kannst."

„Cypress, du bist unvernünftig."

„Das Leben hier ist auch nicht vernünftig, oder hast du das vergessen?"

„Wann reist du ab?"

„Übermorgen."

„Okay. Ich komme."

„Nein, du brauchst nicht zu kommen. Ich wollte dir nur erzählen, was … na ja, diese Sache. Ich war so stolz auf mich. Und nun brülle ich mich mit dir an …"

„Cypress, ich komme zurück, weil ich dich heiraten will."

„Ach, Leroy, wie toll."

„Solltest du nicht ‚Ja, Leroy' sagen? Was meinst du mit wie toll?"

„Der erste Auftritt ist in einer Kirche. Einer Kirche in Valdosta, Georgia."

„Der erste Auftritt vielleicht, die Hochzeit findet aber bei deiner Mutter statt."

„Leroy, ist das dein Ernst? Du willst mich wirklich heiraten?"

„Ja, das will ich, wenn du damit einverstanden bist und deine selbstmörderischen Pläne aufgibst."

„Beim Tanzen ist noch keiner umgekommen."

„Wenn du in einer Kirche in Valdosta tanzt, kannst du ohne weiteres in die Luft gejagt werden. War das nicht die Kirche, in der vor ein paar Monaten eine Bombe hochging?"

„Ja, deshalb müssen wir auch wieder dorthin zurück."

Leroy hätte sie am liebsten gepackt und geschüttelt und wäre am liebsten über das Wasser gewandelt, um sie zu küssen – mit den Wogen, dem Salz und der Musik, die er gerade hörte, während er mit ihr sprach. Tauben flatterten um die Tuilerien, den Pont Royal und den Louvre; Sonnenstäubchen tanzten an seinem Fenster vorbei. Paris war eine große Versuchung, aber diese Frau am andern Ende der Leitung war der größte Schatz, den er besaß.

„Hör zu, Cypress, können Soil & Soul ein paar Tage ohne dich auskommen?"

„Na ja, das wäre nicht gerade sehr korrekt ..."

„Aber sie könnten es?"

„Ich nehme schon an ..."

„Kann ich ohne dich auskommen?"

„Du bist ja schon weiß der Himmel wie lange weg ..."

„Möchtest du, daß ich ohne dich auskomme?"

„Nein."

„Gut, dann bin ich in zwei Tagen ..."

„Leroy, soll die Hochzeit wirklich bei Mama stattfinden?"

„Mein Gott, Cypress, für was hältst du mich? Zuerst halte ich förmlich um deine Hand an. Dann holen wir den Pfarrer."

„Ach Leroy ..."

„Nicht, ach Leroy, außer ich kriege auch was ab."

„Ich hab alles für dich aufgespart."

„Wirklich, stimmt das?"

„Liebling, du weißt doch, was für ein altmodisches Mädchen ich bin."

Sassafras hatte sich nach Kräften bemüht, eine anständige Ibejii, eine Santera zu werden. Und sie hatte nur einen Wunsch, ochá, den Zustand der Heiligkeit, zu erreichen. Weiß zu ihren élèkes zu tragen. In der Nähe der geistlichen Oberhäupter zu weilen. In dem New World Found Collective, in dem sie und Mitch seit über einem Jahr lebten, war für ihr Seelenheil gesorgt, aber damit hatte es sich auch. Die Ernten waren bisher immer sehr mager ausgefallen. Sie kamen alle aus der Stadt, hatten in ihrem ganzen Leben weder eine Hacke noch einen Heuhaufen gesehen, und nun mußten plötzlich Körner gemahlen, Häuser gebaut werden, war Wasser herbeizuschaffen, alles Dinge, mit denen sich kein schwarzer Nationalist in Newark oder Los Angeles je beschäftigt hatte.

Mitch machte alles nur noch schlimmer. Er beklagte sich ständig, weigerte sich, mit den andern zusammenzuarbeiten, respektierte nicht ihre Gottheiten, fluchte und trauerte Zeiten nach, die keineswegs so gut gewesen waren. Schießbuden an der Hauptstraße. Falschgeld, das sie in Long Beach abgesetzt hatten. Der Geschmack von Johnny Walker Black in Watts während einer brütendheißen Sommernacht. Er verließ häufig das Kollektiv und kam verdreckt und wirres Zeug redend wieder zurück, einfach eine Schande.

Aber abgesehen davon, mochte Sassafras ihr neues Leben. Sie machte Kleider für die Mitglieder, für Feste, für Rituale und für die Touristen, die kamen, um sich die neuen Africans anzusehen. Sassafras genoß großes Ansehen, und wäre Mitch nicht gewesen, so hätten sich bestimmt mehrere Männer mit neuem Bewußtsein um sie beworben.

Mama Mbewe beschwor sie, doch Schluß zu machen. Sie warf ihre Kaurimuscheln, um von den Geistern die Zukunft zu erfahren. Sie bemalte Sassafras mit cacario, der weißen Kreide, die die Seele von allem Übel befreit. Immer und immer wieder schüttelte Mama Mbewe den Kopf, langsam und traurig.

„Sie sagen, du mußt dich von einem Mann trennen. Einem Mann, der dich vom rechten Weg abbringt. Und der noch nicht soweit ist, den Segen der Geister zu empfangen."

Sassafras wußte das schon. Erst vor zwei Tagen hatte Padrino Oba Babafumé ein weißes Huhn holen lassen, das er über ihren Kopf hielt, bevor er sie dann mit fünf frischen Orangen und dem Huhn losschickte, Gaben, die sie in strömendes Wasser werfen sollte, damit Oshun und Shango ihr beiständen. Ihr beiständen und den Einfluß von Mitch ausschalteten, der von Elégua und Oya beherrscht wurde. Mitch hatte monatelang nur Weiß getragen; nicht um ochá zu erlangen, sondern einfach nur, um seine natürlichen Instinkte unter Kontrolle zu halten.

Es hatte überhaupt nichts genützt. Shangos Geburtstag rückte näher. Und Sassafras webte Ihm zu Ehren einen riesigen roten Wandbehang aus Baumwolle und Bast. Mitch war nirgendwo zu sehen.

Man konnte schon die herbeigereisten Padrinos und Madrinas mit den Riten zu Shangos Geburtstag beginnen hören. Caboé. Canta para Ebioso. The Abaqua. Durch die wild wuchernden Wälder Louisianas dröhnten Trommeln und Gesänge. Sassafras gefiel die Vorstellung, daß sie schon von den Sklaven gesungen worden wären, wenn die Weißen ihnen nicht ihre Götter gestohlen hätten. Und sie ihnen nicht so entfremdet hätten, daß die Leute in Baton Rouge den „verrückten, fanatischen Niggern" dort draußen immer nur aus dem Weg gingen.

Mama Mbewes Stimme hallte durch die Wälder, durch die behelfsmäßigen Hütten, in denen sich Weber, Töpfer, Maler, Musiker, Tänzer und ganz gewöhnliche Leute, die einfach nur ein anderes Leben anfangen wollten, eingerichtet hatten.

Shango para icoté
Shango para icoté
O de mata icoté
A la ba obaso icoté
A la ba obaso icoté

In dem Versammlungshaus war das Geburtstagsgeschenk für Shango – ein Berg frischer, unversehrter Äpfel – aufgebaut. Ein Halbkreis nicht zu Ende gerauchter Zigarren schwelte auf dem Boden, eine Warnung oder ein Geschenk für seine Anhänger. In Rot und Weiß gekleidet, mit oder ohne élèkes brachten sie der Gottheit mit der Axt ihre persönlichen Gaben dar: Flaschen mit selbstgebranntem Whisky, Bananen, Messer, langstielige Äxte, leuchtend bunte Tücher, Hemden, Kopfbedeckungen. Shango war der Krieger, der The New World Found vor Plünderern, übelgesinnten Weißen, Abtrünnigen beschützte. Sassafras' Ziel war es, eine Priesterin Oshuns zu werden, wie Mama Mbewe. Zu heilen, Liebe und Schönheit zu verströmen, wo immer sie auch war. Dieser böse Geist über ihrem Haupt brachte jedoch alles durcheinander.

Bevor Sassafras zu dem Bembée ging, rieb sie sich mit Florida-Wasser ein: ein Spritzer auf die Stirn, unter die Arme, auf den Nabel, auf Schamhaare, Kniekehlen, Fußrücken. In jede Ecke ihrer Hütte stellte sie ein Glas Wasser mit Honig. Und auf die Schwelle der vorderen Tür Waschblau, auf die der hinteren Ammoniaksalz, damit während ihrer Abwesenheit keine bösen Geister in das Haus eindrängen. Sie nahm vorsichtshalber auch noch einen Strauß Feldblumen mit, eine Opfergabe für Oshun, ihre große Mutter, falls sie, wie das in ihrer Natur lag, eifersüchtig wurde während der Festlichkeiten zu Ehren Shangos.

Shango para icoté
Shango para icoté
O de mata icoté
A la ba obaso icoté
A la ba obaso icoté

Shango war Sassafras' Beschützer, ihr zweiter Vater. Sie wußte, sein Geburtstag war bedeutsam. Hatte sie Ihm zu Ehren nicht auch Bourbon und Zigarillos besorgt? Sassafras versuchte den Eindruck zu erwecken, sie mache sich wegen Mitch überhaupt keine Sorgen. Mitch hatte nichts damit zu tun. Das versuchte sie den andern zu suggerieren.

Der Weg zum Versammlungshaus war schlammig – schwarze, fruchtbare Erde. Sassafras störte es nicht, daß der Deltaschlamm durch ihre Sandalen drang. Sie raffte ihren Buba. Machte kleine Schritte. Auf dem Weg zu ihrem Vater. Shango und Oshun waren neben Hilda Effania und Alfred ihre himmlischen Eltern. Sie dachte, ihr Wunsch sei vielleicht schon erfüllt worden, aber sie sollte trotzdem ihre Bitte vorbringen.

Trommeln, Trommeln, Trommeln, die die Gläubigen begrüßten. Sie zum Tanzen animierten. Shango besiegte die Wälder und alle menschlichen Gegner. Als Sassafras die Tür öffnete, war sie überwältigt von den Gerüchen. Räucherstäbchen, Zigarettenrauch, Whisky, Reis und Bohnen, Lammcurry, Honig. Sassafras fiel vor Madrina Mbewe, Mama Kai, Madrina Iyabodé, Madrina Kai, Papa Aklaff und Padrino Musa, Padrino Obalaji und Mama Sumara auf die Knie und nahm ihren Segen in Empfang. Einer nach dem andern ging zu Shangos Apfelberg, um zu beten und seine geheimsten Wünsche zu enthüllen. Als Sassafras flach auf dem Bauch vor Shangos Gaben lag, legten die acht Heiligen ihre Hände auf sie. Sassafras war gesegnet. Sie hatte sich etwas vom Boden erhoben.

Shango hatte sich ihres Körpers bemächtigt, von ihr Besitz ergriffen. Als die Heiligen ihre Hände von ihren Schultern, ihrem Rücken, ihren Waden und ihrem Kopf nahmen, blieb sie einfach völlig selbstvergessen liegen. Die Hände geöffnet. Sassafras betete um ein Kind. Die Hände hält man geöffnet, damit die Götter ihre Geschenke in sie legen können.

Als Sassafras sich schließlich bewegte, versicherten ihr Mama Mbewe und Mama Sumara, daß ihr Wunsch erfüllt worden sei, daß sie aber sehr bald in Ungnade fallen würde, wenn sie sich nicht von Mitch trennte.

„Der neue Erdenbürger wird verflucht sein, wenn du dich nicht von dem Vater lossagst. Glaub uns, er ist unrein."

Mitch saß unter den Magnolienbäumen in Baton Rouge und döste. Er war in bester Stimmung, dachte an seinen ersten Gig mit Coltrane und übersah dabei völlig, daß Trane schon längst tot war. In dem Drunter und Drüber des Bembée sah Sassafras Mtume Satá brennende Stäbe schlucken. Shango hatte ihn erwählt, Shango hatte ihm die Gabe des Feuerschluckens verliehen. Madrina Iyabodé raste durch die Feiernden, Shangos Axt schwingend. Sie ging auf alles, was aus fester Materie bestand, los. Madrina Kai zitterte so stark, daß niemand ihre Gewänder zu berühren wagte. Mitch erschien in seinen Ich-hab-das-schon-du-kannst-dir-ja-denken-wie-lange-getragen-Klamotten; außer Sassafras und den Göttern bemerkte ihn jedoch keiner. Er war umringt von Brüdern, die weiß der Himmel woher gekommen waren. Ein so böser Geist durfte nicht unter ihnen weilen. Mitch ließ natürlich seine übliche Tirade los: „Ihr-Arschlöcher-meine-Frau-ist-da-drin." Wenn er gewußt hätte, daß sie schwanger war, hätte er sich vielleicht etwas zusammengenommen. Aber höchstwahrscheinlich wäre er noch ausfälliger geworden.

Er konnte jedoch weder den Narren noch den brüllenden Löwen spielen. Keiner konnte sie aufhalten. Die Trommler brachten sie nur noch mehr in Rage. Die andern Tänzer machten ihr Platz. Sassafras war erfüllt vom Zorn Oshuns. Wie kannst du es wagen, mich zu verraten? Sie stampfte mit dem Fuß auf. Wie kannst du es wagen, meine Schönheit nicht zu erkennen? Sie zog einen Spiegel hervor, in dem sie sich selbst bewunderte. Wie kannst du es wagen, nichts für mein Kind vorzubereiten, das ein Geschenk der potencias, der Geister ist. Sie entriß Madrina Sumara einen Topf Honig und tanzte. Sassafras tanzte, preschte durch die Menge und schleuderte Honig auf die Gesichter, Gewänder und Hände derjenigen, die Oshun auserwählte.

Mitch fand das Ganze sehr seltsam, bis sich dann Sassafras ihm und seinem Saxophon näherte, Oshuns Autorität in ihrem Schritt. Sie holte einen Klumpen Honig nach dem andern aus Madrina Sumaras Glas und stopfte ihn in den Trichter seines Instruments. Er war wie vor den Kopf geschlagen. Sassafras, den Befehlen Oshuns gehorchend, beschmierte das ganze Saxophon mit dem Honig von Madrina Kai, Madrina Nashira, Madrina Mbewe, bis er endlich soviel Anstand zeigte zu schweigen.

Sassafras war ganz in Weiß gekleidet. Sie betete. Sie webte Stoffe, ohne sich Gedanken zu machen, für wen. Sie war in Ungnade gefallen. Mama Mbewe, Mama Sumara, Mama Iyabodé hielten die ganze Nacht Hähne über ihren Kopf. Gegen Morgen hatte sie eine Vision von ihrer Mutter. Sie lag auf einem Bett von Orangen, umgeben von brennenden gelben Kerzen, und aß Honig.

„Ich denke, ich nehme all diese Geister einfach mit nach Hause. Ich glaube, zwischen Webrahmen bin ich am besten aufgehoben. Etwas entstehen lassen: Stoffe, ein Kind, nur eines."

Liebe Sassafras!

Natürlich kannst Du nach Hause kommen! Was, denkst Du wohl, müßtest Du anstellen, damit ich meine Kleine nicht mehr liebe? Ich denke vielmehr daran, daß wir beide uns irgendwie zusammentun könnten ... vielleicht eine Boutique mit Deinen Sachen zum Aufhängen und meinen für nützliche Zwecke. (Lächeln.)

Du mußt mir versprechen, meinen Brief weiterzulesen. Jetzt sofort, bevor Du was anderes anfängst. Schau Dich an, wahrscheinlich siehst Du aus wie früher, wenn Du etwas angestellt hattest. Dein kleiner Mund kräuselte sich dann, und die Unterlippe schob sich ein bißchen vor. Wenn Du zornig warst, hast Du den Mund irgendwie anders verzogen. Was ich aber eigentlich sagen wollte – wenn einen die Kinder so ganz aus dem Blauen fragen, ob sie nach Hause kommen können, dann stimmt meistens etwas nicht. Deshalb bat ich Dich auch weiterzulesen, ganz egal, was folgt. Ich weiß, Du läßt die Briefe, die Dir nicht passen, einfach in den Papierkorb wandern – ich habe Dich geboren, ich kenne Dich. Und alles ist auch nur passiert, weil Du dachtest, Du müßtest nicht auf Deine Mama hören. Es bleibt also dabei – wenn Du Scherereien hast, komm, und zwar so schnell wie möglich. Vergeude nicht erst Deine Zeit. Jeder macht mal einen Fehler. Weiß der Himmel, in unserer Geschichte wimmelt es nur so davon. Schau Dir diesen Mitch an. Wenn das nicht völlig daneben gegangen ist. Lies weiter. Leg dieses Stück Papier nicht weg.

Du und Cypress, Ihr macht mich wirklich ganz verrückt mit Euren Experimenten. Ihr solltet das Pferd nicht am Schwanz aufzäumen. Ich weiß, Ihr wißt ganz genau, was ich meine. Selbst wenn ich ihn Euch per Expreß zustellen ließe – ich schwör's, ich wäre mir nicht sicher, ob Ihr einen anständigen Kerl erkennen würdet. Es reicht nicht, wenn einer gut aussieht und politisch engagiert ist. Glaubt mir. Aber komm erst mal nach Hause, und ich werd Dir den Kopf schon zurechtrücken. Du wirst eine Menge zu tun haben. Und es gibt niemanden hier, mit dem Du Unsinn reden oder rumexperimentieren kannst.

Nicht jeden Tag kann was passieren. Man steht auf. Frühstückt. Geht zur Arbeit. Kommt wieder nach Hause. Ißt zu Abend, genießt seine Freizeit und legt sich schlafen. Den meisten reicht das auch. Ich frage mich, was ich wohl falsch gemacht habe. Im Grunde weiß ich jedoch, daß ich mich nicht irre. Ich habe einfach recht. Die Welt wird immer verrückter und meine Kleinen mit ihr.

Okay. Das wär's. Du bist mein ein und alles. Aber ich weiß auch, daß Du kein kleines Mädchen mehr bist. Komm nach Charleston zurück und finde vollends zu Dir selbst. (Lächeln.)

Alles Liebe,
Mama

Als Tante Haydee das letztemal den Mund öffnete, bat sie Indigo, etwas unverfälschten Blues auf ihrer Fiedel zu spielen. Das war kurz nachdem Ella Maes Zwillinge zur Welt gekommen waren. Indigo hatte auf der Veranda neben den Zwergkiefern Tante Haydees Hände massiert. Der Seewind hatte ihr Gesicht gestreichelt, so daß es ganz klar und zärtlich aussah. Tante Haydees Hände, dieselben Hände, die Hunderte von winzigen braunen Babies, gelben Kerlchen und schwarzen Schreihälsen entbunden hatten, schmerzten, waren häßlich und unbeweglich. Indigo erzählte Tante Haydee ihre eigenen Geschichten: wie das Krokodil zu seinem Schwanz kam; wo das Kaninchen hüpfen lernte; wieso man dem Wolf nicht trauen konnte. Tante Haydee schaukelte in ihrem Stuhl. Ein Stuhl, der einmal Tante Carrie gehört hatte, der Mutter von Tante Susie Marie, deren Schwester dieses Halbblut aus Allendale geheiratet hatte, nach New York gezogen war und bei einer Schlägerei in einer Bar, in der die Farbigen sich keilten, umgekommen war.

Ella Maes Entbindung verlief ganz normal. Beide kamen mit dem Kopf zuerst an. Und nichts fehlte, weder bei dem einen noch bei dem anderen. Johnny Orpheus hielt Ella Maes linkes Bein fest, während Indigo das rechte hochhob, damit die Babies freie Bahn hatten. Ella Mae schlug nicht um sich. Sie stieß nur ein paar Schreie aus, die Christus noch im Jenseits gehört hätte, aber Tante Haydee murmelte immer nur beschwichtigend, Ella Mae sei ein tapferes, starkes Mädchen, wirklich ein tapferes, starkes Mädchen, das es schaffte, gleich zwei solcher Brocken zur Welt zu bringen.

„Du kannst stolz auf dich sein, Ella Mae. Ich hab kein einziges geschafft. Keines, das meinen Namen trägt. Ich weiß, was du mitmachst, und der Herr wird dir das auch reichlich lohnen. Ich weiß das, Ella Mae. Preß nicht zu sehr. Per Express hat es der Herr nicht vorgesehen."

Indigo hatte bei einer Weißen, die Miz Fitzhugh jeden Sommer kommen ließ, Violinstunden genommen, aber sie konzentrierte sich mehr auf das, was ihr Tante Haydee beibrachte. Frauen entbinden zu helfen, Frauen und ihre Angehörigen zu pflegen. Zuerst durfte Indigo nur auf ihrer Geige spielen, um die Frauen in den Wehen zu beruhigen, bald ließen aber auch die Mütter und die Kinder Indigo kommen, um die Ängste und Sehnsüchte, die sie plagten, zu vergessen. Tante Haydee war keine Närrin. Sie beobachtete eines Abends, wie Indigo spielte und die Flut stieg. Es war schon Ewigkeiten her, daß eine Farbige auf Difuskie das Meer bewegt hatte. Manche meinten, damals, zur Zeit der Sklaverei, hätte es das noch gegeben.

Blue Sunday hieß sie, da sie an einem Sonntag zur Welt gekommen und schwarz wie Pech war. Blue Sunday war Master Fitzhughs Liebling, aber jedesmal wenn er ihr zu nahe kam, fing das Meer an zu schäumen, peitschte ganze Ladungen Salzwasser gegen das Haus, in dem die Weißen lebten. Das ging jahrelang so, bis selbst Master Fitzhugh erkannte, daß sie entweder anfangen mußte, Kinder zu kriegen, oder einfach ein Verlustgeschäft für ihn war. Er mochte ihre kleinen, beinahe unsichtbaren Brüste und ihre Hüften, die sich unter den groben, kratzenden Stoffen, die die Feldarbeiterinnen trugen, abzeichneten. Er schenkte ihr Seidenstoffe und einmal sogar ein französisches Korsett. Blue Sunday band es jedoch einem Schwein um, das sie in seiner Bücherei aussetzte. Als er sie vor versammelter Mannschaft kurz vor der Indigoernte auspeitschen ließ, lachte sie nur. Auf ihrem Rücken waren weder Striemen noch Blut sichtbar. Er überließ sie den Aufsehern, zwei armen weißen Teufeln, mit denen kein anständiger Weißer etwas zu tun haben wollte. Als sie sie wieder ablieferten, war sie immer noch Jungfrau. Master Fitzhugh warf die Bewußtlose auf sein Bett. Als er jedoch in sie eindrang, verwandelte sie sich in ein Krokodil. Blue Sunday war aber ein ziemlich harmloses Krokodil. Sie wollte sich nur nicht unterkriegen lassen. Master Fitzhugh kam mit einem Bein davon, ansonsten war er unversehrt. Die Fitzhughs bauten danach kein Indigo mehr an, und Blue Sunday wurde von keinem Weißen je wieder gesehen. Nur die schwarzen Frauen, die in den Wehen lagen, riefen nach ihr und hörten sich ihre Lieder an, wenn sie es wagten, freie Kinder großzuziehen.

Das erzählten sich die Leute. Tatsache war jedoch, daß Tante Haydee, wenn das Meer stürmisch war und eine Frau in den Wehen lag, Blue Sunday anflehte: „Bitte, erhalte dieses Kind am Leben und mach es so frei, wie du es bist.“ Und Indigo spielte auf ihrer Geige, was immer die Frau sich wünschte. Einmal kam Hilda Effania, um Indigo nach Hause zu holen, nachdem Schwester Lizza Anne achtundvierzig Stunden in den Wehen gelegen hatte, aber Indigo spielte ihre eigene Mutter glatt aus der Hütte. Es gab nichts, was sich zwischen Indigo, Tante Haydee und die neue Generation von Schwarzen schieben konnte. Hilda gab auf. Miz Fitzhugh gab auf. Als Tante Haydee starb – Ella Mae hatte ihre Zwillinge gerade zum erstenmal an die Brust gelegt –, holte Indigo einfach ihre Geige. Und Tante Haydees Seele entschwebte zu einer Melodie, die nur Indigo oder Blue Sunday kannten.

Johnny Orpheus wollte Indigo ein paar Dollar für seine beiden Jungen, Mohammed und Ali, in die Hand drücken, aber Indigo nahm sie nicht an. Sie hatte Tante Haydee verloren – alle hatten etwas verloren, ein ansteckendes Verlangen nach Freiheit. Indigo hätte am liebsten Tante Haydees Asche auf die Wellen gestreut, die ab und zu bis zur Hütte hochkamen, aber sie entschied sich dann doch dafür, Tante Haydee in einem komischen bläulichen Gefäß, das sie als Kind von Onkel John geschenkt bekommen hatte, nach Hause zu tragen. Onkel John hatte ihr erzählt, daß farbige Trapezkünstler es als Spucknapf benutzten. Und wenn sie es nicht taten, wurden sie an ihren Fersen aufgehängt. Es war zwar schon ziemlich lange her, aber genau das, was er ihr erzählt hatte.

Niemand hatte damit gerechnet, aber diese Kleine aus Charleston, diese Indigo, installierte sich in Tante Haydees Hütte aus Lehm, Kalk und Muscheln, als wäre es ihr Zuhause. Niemand bestritt, daß sie Wunder mit ihren Händen vollbrachte und auch so viel Mitgefühl besaß, daß es ihr ganzes Leben reichen würde. Die Leute wußten nur nicht, woher sie eigentlich kam und warum sie plötzlich bei ihnen war. Charleston war weit weg.

Indigo, Tante Haydees Asche in den Armen, wußte, daß sie danach Charleston lange Zeit nicht wiedersehen würde. Es war nicht ihr Zuhause – sie hatte sich abgesetzt wie Blue Sunday. Auf Martinique hätte sie die Asche ihrer Tante auf einer Fähre befördern können, aber zwischen Difuskie und Charleston konnte sie schon froh sein, wenn sie auf etwas Größerem als einem Kanu saß.

Sie war nicht lange auf dem Boot, aber sie machte sich Sorgen. Ihre Schwestern waren Künstlerinnen. Würden sie verstehen, daß sie das, wo sie herkamen, lebendig erhalten wollte? Hilda Effania wußte, daß Indigo sich für Folklore interessierte. Hilda Effania wußte jedoch nicht, daß Indigo das Volk war.

Jemand erzählte, daß an dem Tag, an dem Indigo Difuskie verließ, plötzlich 2000 Blue Sundays auftraten, zu Scott Joplin tanzten, selbstgebrannten Whisky tranken und ihre Beine zeigten. Indigo bestritt das nie, sondern sie hatte Schubladen voll seidener Strümpfe, die keine einzige Laufmasche aufwiesen, und sie ließ auch keinen Tanz aus, wenn die meerblauen Männer, die Sklaven, die wir waren, von der See heraufkamen.

Hilda Effania wußte schon gar nicht mehr, was sie noch kochen sollte, was sie noch in ihrem Haus putzen sollte.

Sie blickte etwas verlegen auf Alfreds Porträt über dem Kamin.

„Weißt du, Al, ich habe getan, was ich konnte, aber ich glaube, sie mögen einfach ganz andere Dinge als wir."

„Mach's halblang, Sassafras. Es ist nichts weiter als ein Baby. Du denkst wohl, du bist die einzige, die das durchmachen muß?"

Indigo erteilte ihre Anweisungen.

„Pressen, sagte ich, stell dich nicht so an."

„Mama hat es dreimal durchgestanden. Von dir verlangt es der Himmel nur einmal – einmal ein freier Mensch." Cypress massierte.

„Ja, mein Liebling, ich bin hier, konntest du je einmal nicht nach Hause kommen? Ja, mein Liebling, ich weiß, du wolltest es anders haben. Aber, mein Herz, ganz gleich, wie du bist, du bist alles, was wir haben, und ich schwör bei Gott, du bist mein Kind."

Mama war da.

Nachwort

Drei Afroamerikanerinnen auf der Suche nach ihrer Selbstverwirklichung. Das ist ein aktuelles Thema weiblichen Schreibens. Zwar hat es unter den schwarzamerikanischen Autoren immer auch schon Frauen gegeben – die Sklavin Phyllis Wheatley eröffnete 1773 mit einem Gedichtband die schwarze Literaturgeschichte in den USA –, aber doch blieb weibliches Schreiben überall in der Welt stets einem patriarchalischen Gestus untergeordnet.

Erst vor wenigen Jahrzehnten begannen sich die Dinge zu ändern, und das weibliche Schreiben hat sich im Zuge der Frauenbewegungen als eigenständiger Diskurs durchgesetzt. In der afroamerikanischen Literatur kann man eine solche Entwicklung seit Anfang der siebziger Jahre beobachten. Im Lichte der Befreiungsbewegungen der sechziger Jahre war das besondere Dilemma schwarzer Frauen sichtbar geworden. Obwohl die Bürgerrechtsbewegung unter Martin Luther King wie auch die nationalistisch orientierten Black Muslims sich kritisch zu den Herrschaftsverhältnissen in den USA stellten, blieben sie dennoch an deren patriarchalischen Strukturen orientiert, so daß sie in ihrem Selbstverständnis immer von einer anzustrebenden Rolle des schwarzen Mannes als Ernährer und Vorstand einer Familie ausgingen. Impliziert ist damit eine untergeordnete Position für die Frau. Eine gewisse Ausnahme machte dabei die paramilitärisch organisierte Black Panther Party. Sie hatte die Gleichberechtigung der Frau in ihr Programm aufgenommen. Unter dem Druck von Subversion und Polizeiterror zerfiel sie jedoch am Beginn der siebziger Jahre.

Zu den Erkenntnissen und Enttäuschungen der Massenbewegungen der fünfziger und sechziger Jahre gehört auch die der schwarzen Frauen über ihre unveränderte Lage auf der untersten Stufe der US-amerikanischen Gesellschaft, obwohl ihr Anteil an den Kämpfen keineswegs geringer war als der der Männer. Namen wie Angela Davis, Shirley Chisholm, Anne Moody und Lorraine Hansberry sind über die USA hinaus bekanntgeworden. Dennoch unterlagen sie weiterhin im öffentlichen Ansehen (auch der Afroamerikaner) Stereotypen wie „Hure des weißen Mannes", „unermüdliche Mutter", „fromme Betschwester", „kastrierende Superfrau" oder „Exotin". In der patriarchalisch und rassistisch strukturierten Gesellschaft der USA sind sie gegenüber schwarzen Männern als Frauen und gegenüber weißen Frauen als schwarze unterprivilegiert. Afroamerikanische Schriftstellerinnen sprechen daher zu Recht von der besonderen „Einsamkeit" der schwarzen Frau.

Diese Einsamkeit zu überwinden sehen Autorinnen wie Toni Morrison, Alice Walker, Toni Cade Bambara, Gayl Jones, Gloria Naylor, Audre Lorde, Maya Angelou, Nikki Giovanni und nicht zuletzt auch Ntozake Shange als ihre Aufgabe an. Ihr Weg zu diesem Ziel ist das Schaffen von Selbstbildern, das Entdecken und Erkunden von Möglichkeiten der Selbstverwirklichung, das Weiterreichen von Botschaften über sich selbst, also das Herstellen von Kommunikation als wechselseitige Versicherung des Seins und des Schönseins, was auch Häßliches nicht ausschließt.

Generell versteht sich die afroamerikanische Literatur seit den siebziger Jahren nicht länger als „Protest" gegen Rassendiskriminierung und dergleichen, sondern sie wendet sich verstärkt Problemen und Belangen sowie der Geschichte und Alltagskultur der schwarzen „Gemeinde" (community) zu. Dieses Merkmal ist männlichem und weiblichem Schreiben der Afroamerikaner eigen. Was die Frauen dabei besonders auszeichnet (und was viele Männer nicht verstehen können), ist die Rückhaltlosigkeit, mit der sie einerseits die schwierigen, historisch belasteten Beziehungen zwischen schwarzen Männern und Frauen offenlegen und andererseits bemüht sind, sich selbst zu artikulieren, das von Männern geschaffene Stückwerk ihres Porträts durch mutige Selbstbildnisse zu korrigieren. Es ist keineswegs so, daß sie beim Stande Null anfangen mußten – Paule Marshall, Margaret Walker, Gwendolyn Brooks und andere waren schon da; aber es kostet doch einige Mühe, das hat Alice Walker in der Beschreibung ihrer Suche nach dem Grabe des 1960 verstorbenen Schriftstellerin und Anthropologin Zora Neale Hurston deutlich gemacht, die verwischten Spuren noch gar nicht so lange verstorbener Autorinnen wie Ann Petry, Nella Larsen, Jessie Redmon Fauset – um nur einige zu nennen – wieder sichtbar zu machen; das heißt unter anderem, ihrer spezifischen Leistung als Gestalterinnen von Frauenschicksalen Gerechtigkeit widerfahren zu lassen.

Die 1948 in Trenton, New Jersey, geborene Ntozake Shange hatte das Glück, in Verhältnissen aufzuwachsen, die man als „gesichert" bezeichnet. An der University of California in Los Angeles erwarb sie den akademischen Grad eines M. A. (Magister of Arts). Zudem studierte und praktizierte sie in San Francisco afroamerikanischen Tanz der Gegenwart. Schon als Kind hatte sie zu schreiben begonnen. Ihren Zugang zur literarischen Öffentlichkeit fand sie im Zusammenhang mit ihrem Engagement in Bewegungen der Afroamerikaner und speziell in einer Arbeitsgemeinschaft von Frauen der Dritten Welt. Öffentliche Lesungen ihrer Texte in Kalifornien und New York gaben ihr Anregungen, die formend auf ihren Stil wirkten. Hauptsächlich waren es Gedichte, die sie „pieces" (Stücke) oder „things" (Dinge) nannte. Zu den Orten, an denen sie las, gehörten Frauenklubs, Schulen und Gefängnisse.

Aus Protest gegen die Sprache, in der man sie gelehrt

hatte, sich selbst zu hassen, legte sie ihren ursprünglichen Namen Paulette Williams ab und wählte aus der Zulu-Sprache ntozake („die mit ihren eigenen Sachen kommt“) shange („die wie eine Löwin geht“). Mit der Betonung kreativer Individualität und der Aura selbstvertrauenden und zugleich anmutigen Kraftpotentials bringt sie sich ein in die Bewegung der Frauen und Schriftstellerinnen. Eine so prononcierte Eigenständigkeit sorgt natürlich auch für Probleme in den eigenen Reihen. Das zeigte sich bei der Broadway-Aufführung ihres aus Gedichten zusammengestellten Tanzdramas (von ihr „choreopoem“ genannt) im Jahre 1976. Es hieß „For Colored Girls Who Have Considered Suicide When the Rainbow is Enuf“ (Für farbige Mädchen, die an Selbstmord dachten, wenn der Regenbogen genügt), ein Titel, der programmatisch fast über allem stehen könnte, was Shange geschrieben hat. Die in mehrfacher Hinsicht innovatorische Schöpfung wurde Opfer eines „Blitzkriegs der Medien“. Das geschah, wie Claudia Tate uns berichtet, nicht zuletzt deshalb, weil das ehrliche Bloßlegen der emotionalen Verletzbarkeit schwarzer Frauen zu einer Zeit kam, als die schwarzen Medien nur positive Selbstbilder akzeptierten.

Die geistig-emotionale Bewältigung von Lebensproblemen junger schwarzer Frauen ist ein durchgehendes Anliegen in Shanges Werk. Das „Schweigen der Mütter“, die fehlende Beratung, besonders bei Gefühlsproblemen und inneren Unsicherheiten des Erwachsenwerdens junger Mädchen betrachtet sie als ein verhängnisvolles Versäumnis. Hilda Effania erfüllt in unserem Roman in dieser Hinsicht eine Art Vorbildfunktion. Darüber hinaus aber legt Ntozake Shange größten Wert auf die Erkenntnis, daß die Kraft zur Überwindung einer unbefriedigenden Situation letztlich aus den betreffenden Frauen selbst kommen muß. Ihr eigenes schöpferisches Vermögen zu erkunden, sich mit sich selbst und diesem Potential zu identifizieren und entsprechende Entscheidungen daraus abzuleiten, dies ist in der Tat auch die

Aufgabe, vor die sie die drei Schwestern mit den exotischen Namen Sassafras, Cypress und Indigo in ihrem 1982 erschienenen ersten Roman stellt. Wie der Gang der Erzählung deutlich macht, ist das keinesfalls als ein egozentrisches oder gar egomanisches Anliegen zu verstehen. Vielmehr erkennen wir es als unabdingbare Voraussetzung zur Überwindung exploitiver oder destruktiver und zur Herstellung produktiver Partnerbeziehungen sowie für das Finden einer sinnvollen, die individuellen Fähigkeiten fordernden und fördernden sozialen Tätigkeit. Eine fürsorgliche und verständnisvolle Mutter wie Hilda Effania, geschwisterlicher Zusammenhalt, Solidarität können dabei eine helfende und Rückhalt gewährende Rolle spielen, also mehr oder weniger günstige Rahmenbedingungen schaffen. Dennoch sind für Indigo zum Beispiel die einzigen Geschöpfe, mit denen sie „richtig sprechen" kann, die von ihr selbst gebastelten Puppen, Geschöpfe ihrer Phantasie also, mit denen sie nicht nur phantasievollen Umgang pflegt, sondern auch freundschaftlich vertrauliche Beziehungen unterhält, mit deren Hilfe sie Krisen bewältigt. Eine Welt der Innerlichkeit, durch die sie mit der Außenwelt in einer Weise kommuniziert, daß sie sich in ihr zurechtfinden und einordnen kann. Später wird dann die Geige zum Instrument dieser Kommunikation. Für Sassafras ist es die uralte Kunst des Webens, für Cypress die nicht minder alte Ausdrucksform des Tanzes. In allen dreien steckt ein Stück vom Wesen der Autorin, die sich mit dem Stoff des Romans lange beschäftigt hat. 1975 hatte die Raymond Sawyer Afro-American Dance Company in San Francisco bereits ihr Tanzdrama mit dem Titel „Sassafras" aufgeführt.

Es ist bezeichnend, daß Indigos Begabung nicht von einer Künstlerkarriere aufgesogen wird. Formales Künstlertum wird im Falle Indigos eher negiert. Die Leute, die ihr zuhören, wollen nicht die Kunst der europäischen Meister bewundern. Indigos Musik ist die Artikulation ihrer eigenen Seelen, weil nämlich „Indigo das Volk war". Daher findet sie am Schluß des Romans ihren Platz in der Hütte der verstorbenen Tante Haydee, die noch das Wissen der afrikanischen Vorfahren über die Geister der Natur besessen hatte. Sie wird deren Tätigkeit als Geburtshelferin fortführen, die magischen Kräfte ihrer Geige zum Lindern seelischer (und körperlicher) Schmerzen einsetzen und den Kontakt zu den „Geistern" und damit zur Geschichtlichkeit ihres Seins und Werdens aufrechterhalten. Indigo ist dazu berufen, denn: „In ihrem Mund war ein Mond."

Zu Zeiten der Inquisition in Europa hätten die ersten Sätze des Romans genügt, die Autorin als Hexe in die Folterkammer und auf den Scheiterhaufen zu bringen. Einen heutigen Leser mögen sie faszinieren oder etwas eigenartig anmuten, vielleicht auch ein wenig verunsichern wie manches im Roman, wenn man zum Beispiel an die verschiedenen Sprachen und Kulturen entlehnten Wörter und Wendungen denkt, mit denen die Autorin dem anglo-europäischen Kulturmonopol auch in sprachlicher Hinsicht beizukommen sucht. Im Zeichen des Mondes, der in vielen Sprachen weiblichen Geschlechts ist und eine zentrale Rolle sowohl im afrikanischen Iris- und Osiriskult wie auch im europäischen Hexenwesen spielt, knüpft Shange ein historisches Band zwischen Europa, Afrika und dem amerikanischen Kontinent, zwischen alten Kulturen und Modernität, zwischen Urreligionen und neuzeitlichen Bestrebungen zur Bewahrung der Welt vor atomarem Untergang und technokratischer Zerstörung der Natur und des Lebens. Die Pubertätsriten, Zaubersprüche und Kochrezepte, die wir im Text finden, sind darauf angelegt, eine Atmosphäre sinnlich-geistigen Empfindens zu schaffen, einen emotionalen Respons anzuregen, das heißt, die Fähigkeit zu stimulieren und zu steigern, in einer Welt, in der „der Mond kaum sichtbar" ist „zwischen all den Hochhäusern" und militärische Macht alles Menschliche zu verdrängen droht, die „Ehrfurcht vor dem Leben" zu bewahren. Die Aktualität einer solchen Schreibstrategie liegt auf der

Hand. Gefühl und Intellekt sind in der Welt, in der Shange lebt, weit voneinander entfernt. „Unsere Gesellschaft gestattet den Leuten, absolut neurotisch und total entfremdet von ihren eigenen und den Gefühlen aller anderen Menschen zu sein und doch sehr respektabel zu erscheinen", sagt sie.

Ein Bezug zum Hexenwesen erscheint nicht nur in diesem Werk. In Shanges zweitem Roman, „Betsey Brown", der 1985 erschien und in seinem Gestus vergleichsweise konventionell daherkommt, trägt die Hauswirtschafterin Carrie stets einen Strick statt eines Gürtels um ihr Kleid gebunden. Als sie ohne Dank das Haus verläßt, nachdem sie heilsame Ordnung in das dort herrschende Chaos gebracht hat, hinterlegt sie ein Stück davon für die heranwachsende Betsey. Der Strick spielt auch heute noch im Ritual moderner Hexen eine wichtige Rolle. Mit ihm wird zum Beispiel bei der Initiation das Längenmaß der neuen Hexe genommen. Der danach zurechtgeschnittene Strick „bindet" die Hexe an ihren Coven (Zirkel); er wird nach ihrem Tod zusammen mit ihren Gerätschaften verbrannt.

Shange gab einem 1984 erschienenen Essayband den signifikanten Titel „See No Evil" (Sehe nichts Böses) und widmete ihn unter anderem „den 500000 ermordeten Hexen", in denen sie vorausgegangene Schwestern im Emanzipationskampf der Frauen sieht.

Einsichten in das Hexenwesen als eine unterdrückte und verfemte europäische Kultur rücken Erfahrungen, die Völker der Dritten Welt und speziell die Afroamerikaner mit der europäischen Kulturherrschaft gemacht haben, in eine historisch differenzierte Perspektive. Von daher wird aus afroamerikanischer Sicht ein neuer, produktiver Zugang zum europäischen Erbe offenbar möglich. Shange hat sich durch eine Adaptation von Brechts „Mutter Courage" einen solchen Zugang verschafft. Man muß bedenken, daß die europäische Klassik und ihr Erbe für Afroamerikaner in einem engen Kontext zum weißen Rassismus steht. Die Hauptschwierigkeit besteht darin, daß weiße Charaktere stets universal repräsentationsfähig erscheinen (ebenso wie ihre Autoren), während schwarze gewöhnlich in einem ethnisch begrenzten Kontext rezipiert werden. Shange wollte den „Dämon" der weißen Klassik direkt angehen, um sich von dem zu befreien, was sie als eine „oppressive Autorität" empfinden mußte. Sie wollte etwas, was „ihnen" heilig war, zu etwas machen, was ihr teuer ist. „Mutter Courage" nahm sie als Gelegenheit, die Geschichte ihres Volkes in den USA neu und kritisch zu durchdenken. Sie entschied sich für die ersten dreißig Jahre nach der Sklavenemanzipation im Jahre 1863. Es sind Jahre des Kampfes befreiter Sklaven um ihre Anerkennung als amerikanische Bürger. Es sind aber auch Jahre „unserer schuldhaften Teilnahme an den genoziden Akten der Kavallerie, der Ausbeutung von Völkern, die nicht englisch sprechen, der Anerkennung des Primats des Dollars", schreibt sie in einem 1980 in der Zeitschrift „Voice" erschienenen Aufsatz. Auf ihre besondere Weise der Aneignung von Kunst und Geschichte gelingt es ihr, „Brechts Meisterwerk", wie sie selbst es nennt, in einer neuen Dimension und Bedeutung aufscheinen zu lassen und zugleich die Geschichte farbiger Leute in einer ihr eigenen Sprache zu präsentieren: „farbige Wagenkolonnen und Städte, schwarze Konquistadoren und Verbrecher, Dirnen und feine Damen eingebettet in die Gründe und Mythen, auf denen meine Erziehung beruht, von denen ich aber ausgeschlossen war." So hat Ntozake Shange ihre eigene produktive Art, oppressive Geister zu bannen, indem sie sie ihren emanzipatorischen Zwecken dienstbar macht im Sinne des Einschlusses von Kulturen der Dritten Welt in ein neuartig universales Konzept der Einschließung aller, der bislang Ausschließenden wie der Ausgeschlossenen. Sie scheint eine moderne, dem logozentrischen Denken widerstehende Hexe zu sein.

Auf jeden Fall ist Ntozake Shange überaus sensibel. Die Geister ihrer literarischen Geschöpfe leben mit ihr und haben große Macht über sie. Sie können sie zum Weinen bringen über das, was diesen Geschöpfen entsprechend ihrer Besonderheit in der Realität zustoßen muß und was sie, die Autorin, folglich *gezwungen* ist, aufzuschreiben. In ein Café verlegt sie daher in schlimmen Fällen den Ort des Schreibens.

Göhren (Rügen), im August 1987 *Friederike Hajek*

Anmerkungen

7 *Geechee* – Aus dem kreolischen Gullah-Dialekt der Negersklaven abgeleiteter Ausdruck für südamerikanische Neger (schmälernde Bedeutung); in den zwanziger und dreißiger Jahren Bezeichnung für einen männlichen Freund und alles Männliche.

8 *Okra* – Auch Gumbo, Hibiscus esculentus, großblättrige Pflanze mit gelben Blüten, afrikanischen Ursprungs. Ihre Schoten werden zum Anreichern von Suppen und Soßen benutzt, vor allem in den Südstaaten der USA angebaut.

11 *Davy-Crockett-Schirmmützen* – Mützen, benannt nach David (Davy) Crockett (1786–1836), einem in Liedern besungenen Volkshelden.

19 *Fletcher Henderson 78* – Fletcher Henderson (1898–1952), amerikanischer Pianist und Bandleader, nahm von 1923 bis 1938 viele Platten auf; 78 – Plattengeschwindigkeit als Indiz für eine frühe Aufnahme.

40 *Gingan* – engl. Gingham, ein Gewebe, sogenannte schottische Leinwand.

47 *Stetson* – Schlapphut, von Cowboys und im ersten Weltkrieg von australischen und neuseeländischen Soldaten getragen.

53 *Duke Ellington* – (1899–1974), amerikanischer Bandleader, Pianist und Komponist, Repräsentant des Swing-Stils.

Svend Asmussen – (geb. 1916), dänischer Jazzgeiger und -gitarrist.

Stephane Grapelly – (geb. 1908), französischer Jazzgeiger und -pianist, zählt gemeinsam mit Svend Asmussen zu den führenden europäischen Jazzgeigern.

Ray Nance – (1913–1976), amerikanischer Jazzgeiger, spielte auch Kornett und Trompete.

Billy Strayhorn – (1915–1967), amerikanischer Jazzpianist, -komponist und -arrangeur, kongenialer Mitarbeiter von Duke Ellington in Komposition und Arrangement.

Stuff Smith – (1909–1967), amerikanischer Jazzgeiger, -sänger und -komponist, Bandleader, Duos mit Svend Asmussen und Stephane Grapelly.

59 *„Cotton Tail“* – Swing-Titel von Duke Ellington (1940).

75 *Dunbar* – Paul Laurence Dunbar (1872–1906), afroamerikanischer Lyriker.

78 *„The Souls of Black Folks" von DuBois* – William Edward Burghardt DuBois (1868–1963), afroamerikanischer Schriftsteller, Historiker und Politiker; „The Souls of Black Folks" erschien 1903.

Cechetti – Enrico Cechetti (1850–1928), italienischer Tanzmeister.

85 *Albert Ayler* – (1936–1970), amerikanischer Tenor- und Sopransaxophonist, Komponist des Free Jazz.

Walter Cronkite – Bekannter amerikanischer Rundfunk- und Fernsehkommentator.

86 *Chicanos* – Amerikaner lateinamerikanischer Herkunft.

87 *Malcolm* – Malcolm X (eigentlich Malcolm Little, 1925–1965), prominentester Vertreter der Black Muslims, einer schwarz-nationalistischen Bewegung, die die Integration der Rassen ablehnte und eine Ideologie des Hasses auf alle Weißen vertrat, wurde 1963 vom Oberhaupt der Sekte, Elijah Muhammad, dessen „Stellvertreter" er war, wegen Meinungsverschiedenheiten verstoßen, gründete die Organisation für afroamerikanische Einheit (OAAU), wurde 1965 ermordet.

Garvey – Marcus Garvey (1887–1940), von den Westindischen Inseln stammender Begründer und Führer der von schwarzem Nationalismus geprägten „Zurück-nach-Afrika"-Bewegung (1917–1925), der bis dahin größten Massenbewegung in der Geschichte der Afroamerikaner.

Archie Shepp – (geb. 1937), amerikanischer Tenorsaxophonist und Komponist des Modern und Free Jazz.

John Coltrane – (1926–1967), amerikanischer Tenor- und Sopransaxophonist, Pianist, Komponist, führender Vertreter der Jazz-Avantgarde.

Olmeken-Gott – Olmeken: Sammelbezeichnung für mehrere, wahrscheinlich verschiedensprachige Stämme an der südlichen Golfküste des alten Mexiko. Typisch für die olmekische Kultur sind kolossale Menschenköpfe aus Basalt, Stelen, Altäre und Figuren von Jaguarmenschen.

89 *Richard Wright* – (1908–1960), afroamerikanischer Schriftsteller.

Zora Neale Hurston – (1901–1960), afroamerikanische Schriftstellerin, Anthropologin und Folkloristin; schrieb unter anderem den Roman „Their Eyes Were Watching God" (1937); starb in Armut und Vergessenheit; wurde durch die schwarze Frauenbewegung der siebziger Jahre wiederentdeckt.

90 *Ma Rainey* – Eigentlich Gertrude Malissa Nix Pridgett (1886–1939), amerikanische Bluessängerin, Tänzerin.

90 *Mamie Smith* – (1890–1946), amerikanische Bluessängerin.

Big Mama Thornton – Willie Mae Thornton, „Big Mama“, amerikanische Bluessängerin, Mundharmonikaspielerin, Schlagzeugerin.

91 *Cakewalk* – Kuchentanz, ursprünglich Preistanz der nordamerikanischen Negersklaven um einen großen Kuchen, der um die Jahrhundertwende auch in Europa bekannt wurde.

97 *Ron Carter* – (geb. 1937), amerikanischer Jazzbassist und -cellist des Modern Jazz.

98 *Ray Charles* – (geb. 1932), amerikanischer Jazzpianist und -sänger, auch Komponist, Organist und Altsaxophonist, Blues- und Soulinterpret.

Little Richard – (geb. 1935), amerikanischer Rock'n'Roll-Sänger und -Pianist.

101 *Aretha Franklin* – (geb. 1942), amerikanische Soulsängerin.

Tolteken – Zur Nahua-Sprachgruppe der utoaztekischen Sprachfamilie gehörendes Volk, das im 9. Jahrhundert auf dem Hochland von Mexiko lebte.

Shakti – (sanskr.) die als weiblich gedachte Energie im höchsten Wesen, hauptsächlich Shiwas.

Navajo – Indianerstamm der Athapasken im Norden von New Mexico und Arizona, den Apachen verwandt, berühmt durch die Verarbeitung von Türkisen zu Schmuck.

106 *Ashanti-Halsband* – Ashanti: Völkerschaft im heutigen Ghana (früher Goldküste) mit traditionsreichem Gold- und Kupferschmiedehandwerk.

107 *Eric Dolphy* – (1928–1964), amerikanischer Altsaxophonist, Klarinettist, Baßklarinettist, Flötist und Komponist, führender Vertreter der Jazz-Avantgarde.

112 *Orisha* – Sammelbegriff für Gottheiten und mythische Vorfahren des im heutigen Nigeria beheimateten Yoruba-Volkes.

116 *Shango* – Gottheit (Orisha) des Blitzes und des Donners, auch Jagdgott und deifizierter König der Yoruba (heutiges West-Nigeria), Vierter Alafin (König) von Oyo. Seine Farbsymbole sind Rot und Schwarz; für die Anhänger dieser Gottheit sind Lüge und Diebstahl unbedingt tabu.

124 *Dashiki* – Hemdähnliches Kleidungsstück mit weiten Ärmeln, westafrikanischer Herkunft, wurde in den späten sechziger Jahren vorzugsweise von Anhängern der Black-Power-Bewegung getragen.

126 *Funk* – Tanzrhythmus afroamerikanischer Herkunft.

Conga – Tiefklingende Einfelltrommel mit schlankem, kegelstumpfförmigem Korpus.

126 *guaguanco* – Beliebter afrokubanischer Tanz des 19. Jahrhunderts.
Salsa – Tanzrhythmus brasilianischer Herkunft.

140 *James-Brown-Revue* – James Brown (geb. 1929), amerikanischer Soulsänger.

143 *Kwanza-Fest* – Kwanza (Swahili): Geburtshaus.

144 *Maulana* – (Swahili): Gebieter, Herr, Herrscher; auch Titel für Gott.

163 *Bhagavidgita* – „Gesang des Erhabenen“, ein im Epos Mahâbhârata eingeschlossenes Lehrgedicht der Gottesliebe.

169 *Damballah* – Schlangengott, oberste Gottheit des Voodu-Kultes.

173 *Ornette Coleman* – (geb. 1930), amerikanischer Alt- und Tenorsaxophonist, Trompeter, Geiger und Komponist, einer der Wegbereiter des Free Jazz.
Steve Lacy – Eigentlich Steven Lakritz (geb. 1934), amerikanischer Sopransaxophonist des Swing, Modern Jazz und Free Jazz.

179 *A-Zug* – (A-Train), New Yorker Metrolinie, die Manhattan mit Harlem verbindet.

197 *Rastalocken* – Dicke korkenzieherartige Locken der Anhänger der Rasta-Kultur, einer Verschmelzung afrikanischer und afroamerikanischer Kultur, die Haile Selassi verehrte, besonders stark vertreten im karibischen Raum (Jamaika). Aus der Rasta-Kultur entstand die Reggae-Musik.

203 *Betty Carter* – Eigentlich Lillie Mae Jones (geb. 1930), amerikanische Sängerin des Modern Jazz.
Prep Schools – (amerik.) Vorschulen.

206 *Mingus* – Charlie Mingus (1922–1979), amerikanischer Jazzbassist, -pianist, -komponist und Bandleader, führender Vertreter des Modern Jazz.
Leadbelly – (1888–1949), amerikanischer Bluessänger, -gitarrist und -akkordeonist.
Lester Young – (1909–1959), amerikanischer Tenorsaxophonist, Komponist des Swing und Cool Jazz.
„Jazz Hot“ und „Le Jazz“ – In Frankreich erscheinende Jazz-Zeitschriften.

207 *Miles Davis* – Miles Dewey Davis Jr. (geb. 1926), Trompeter, Flügelhornist, Bandleader des Modern Jazz (Cool Jazz) und Rock Jazz.

208 *Sun Ra* – Amerikanischer Pianist, Organist, Drummer und Komponist des Free Jazz der afroamerikanischen Underground-Kultur.

209 *Betye Saar* – Eigentlich Irene Saar (geb. 1926), amerikanische bildende Künstlerin.
Romare Bearden – (geb. 1914), amerikanischer bildender Künstler.

210 *Barbara Chase-Riboud* – (geb. 1939), amerikanische Bildhauerin und Schriftstellerin.

211 *Art Ensemble of Chicago* – Free-Jazz-Gruppe in den USA, verbindet Jazztraditionen und -gegenwart in freiem Spiel.

212 *„Appalachian Spring"* – Eines der berühmtesten Tanzdramen von Martha Graham (1944 uraufgeführt), zu dem Aaron Copland die Musik schrieb.

Eartha Kitt – Amerikanische Soulsängerin.

Scarlett O'Hara – Weibliche Hauptfigur in Margaret Mitchells Roman „Vom Winde verweht".

223 *Lord Fauntleroy* – Little Lord Fauntleroy, Titelheld eines früher in den USA sehr bekannten Kinderbuches (1886) von Francis H. Burnett.

227 *Rap Brown* – H. Rap Brown (geb. 1943), führender Vertreter des SNCC (Student Nonviolent Coordinating Committee) in der Bürgerrechtsbewegung, ab 1968 „Justizminister" der Black Panther Party.

230 *Oshun* – Göttin (Orisha) des Flusses Oshun (im heutigen Nigeria).

Elégua – Geht vielleicht auf Elegba zurück; Elegba-Gottheit (Orisha) des Yoruba-Volkes in West-Nigeria; Elegba vermittelt zwischen Himmel und Erde und ist mit der Überwachung der Opfertätigkeit der Menschen beauftragt; wirkt auch als Rachegott im Sinne ausgleichender Gerechtigkeit.

Oya – Weibliche Gottheit (Orisha) des Niger-Flusses (Westafrika), erste Frau des Gottes Shango (Hauptfrau). Die Tränen, die Oya nach dem Tode ihres Mannes vergoß, wurden zum Niger.

232 *Buba* – (Yoruba) kurzes loses Gewand, von Frauen und Männern getragen, könnte die Vorform von Dashiki sein (vgl. Anm. S. 124).